主 编 周红卫 朱 括 郭晓强
副主编 陈 珺 汪华玲

生命教育：
理想与追求

SHENGMING JIAOYU
LIXIANG YU ZHUIQIU

国家一级出版社
全国百佳图书出版单位 西南师范大学出版社
XINAN SHIFAN DAXUE CHUBANSHE

图书在版编目(CIP)数据

生命教育:理想与追求/周红卫,朱括,郭晓强主
编.—重庆:西南师范大学出版社,2012.8(2018.11重印)
ISBN 978-7-5621-5933-9

Ⅰ.①生… Ⅱ.①周…②朱…③郭… Ⅲ.①生命哲
学 Ⅳ.①B083

中国版本图书馆 CIP 数据核字(2012)第 189388 号

生命教育:理想与追求

主　　编:周红卫　朱　括　郭晓强
副 主 编:陈　珺　汪华玲

责任编辑:杨　萍
特邀编辑:翟腾飞
书籍设计:谭　英
出版发行:西南师范大学出版社
　　　　　网址 www.xscbs.com
　　　　　地址 重庆市北碚区天生路 2 号
印　　刷:香河利华文化发展有限公司
幅面尺寸:170mm×240mm
印　　张:14.75
字　　数:378 千
版　　次:2012 年 8 月　第 1 版
印　　次:2018 年 12 月　第 3 次印刷
书　　号:ISBN 978-7-5621-5933-9
定　　价:38.00 元

编委（按姓氏笔画排序）

前　言

　　生命教育是学校教育永恒的主题,让学生尊重生命、热爱生命、敬畏生命是学校教育工作者的历史责任。在南岸区推进"书香南岸,幸福教育"的教育愿景的背景下,重庆市南岸区上浩小学提出:"上浩生命教育 奠基幸福人生"的办学理念,践行幸福教育,让师生在生命教育中幸福成长。

　　重庆市南岸区上浩小学从1995年起,把消防安全纳入学校发展规划,依托少年消防警校,对学生进行消防安全教育,由此积累了大量有关消防教育的方法和进行消防教育的有效途径。学校的消防安全教育工作得到了上级部门的肯定和周围广大社区家长的赞扬,在市内外有一定影响。

　　2008年,是改革开放30年,也是南岸教育以规划建设为主题快速发展的一年。学校在开展消防安全教育10余年的基础上,针对调研中发现的学生生命意识较淡薄,安全意识差,自护、自救知识严重缺乏,学校生命教育内容零散、途径单一等问题,结合学校特色建设,把教育的目标定格在了促进学生终身发展的生命教育上,将实施生命教育作为学校品质发展的核心价值。通过历时3年多的生命教育研究,课题组提炼了以生命教育为核心价值的办学思想,构建了生命教育的良好氛围,开发了生命教育校本课程,让学生感悟生命的美好,聆听成长的声音。

　　我们主编《生命教育:理想与追求》一书,旨在总结经验、吸取教训、解放思想、启示未来。我们希望通过综合分析生命教育实施的现状,顺应全国、重庆市生命教育发展趋势,总结提炼生命教育发展的得与失,研究探讨生命教育重点、难点和热点问题,寻求促进生命教育又好又快发展的途径,宣传推广上浩小学生命教育研究的成果。《生命教育:理想与追求》力求完整地展示上浩小学2008年以来进行生命教育研究所得到的收获,尤其是收录了不少相关案例,相信能为广大教育工作者、关心和支持教育的社会各界人士提供具有实用价值的参考。

　　《生命教育:理想与追求》由三大部分共十章组成。第一部分是"理念篇"。主要包括生命教育概述、生命教育的理论主张和生命教育的理论基础。该部分以生命哲学、人本主义心理学和教育社会学为强大的理论根基,梳理了生命教育的发展脉络,揭示了生命教育的内涵与特征,并从价值论、本体论和方法论的角度提出生命教育的理论主张。第二部分是"行动篇"。主要包括生命教育的课程开发、生命教育的课堂建构和生命教育的教学策略。该部分藉由课程、课堂以及教学这三大领域体现了生命教育理念的贯彻落实,体现了一种基于生命的教育,是对教育本质的回归。"行动篇"是本书的重点部分,集中展现了课题研究的实践成果:"体验式、对话式、人文式"的生命教育课堂教学方式;"感悟生命、关爱生命、珍爱生命、绽放生命"四大实践活动;"以校本课程为载体""以生命课堂为主渠道""以系列实践活动为平台""以学校、家庭、社会联动为保障"等作为实施生命教育的途径,同时提供了不少案例供参考。第三部分是"管理篇"。包括生命教育的办学理念、生命教育的制度规范、生命教育的保障措施以及学校展望。"管理篇"体现了学校把管理与教育和教学结合起来,通过生命教育和教学的开展进一步落实学校管理,并通过管理来加强生命教育,以确保学生的生命安全并促进他们的健康发展。

巍巍南山俯视着学校的巨变,滚滚长江见证着学校的发展。上浩小学仅仅是教育园中的一棵小草,她虽不如名牌学校名声显赫,她却以自身的特点绘就春色满园。我们希望《生命教育:理想与追求》能够成为生命教育研究成果的展示台,发展的沉思录,进取的新坐标。她的正式出版,凝聚着西南大学教育学部、重庆市教育科学研究院、南岸区教育委员会、南岸区教师进修学院的真切关爱与关心,凝聚着区内各校的热情关心与支持,凝聚着学校全体教职员工的倾情奉献和艰苦工作。在此,我们向西南大学教育学部、重庆市教育科学研究院、南岸区教育委员会、南岸区教师进修学院的各级领导专家致以衷心的感谢;向为编写此书提供极大帮助的西南大学教育学部的王牧华副教授及他的团队致以崇高的敬意;向为本书提供参考资料的专家学者、网站以及默默奉献的全体编写人员致以诚挚的感谢;向西南师范大学出版社为本书顺利正式出版给予的工作致以诚挚的敬意。

由于时间仓促,加之编者经验不足、水平有限,本书尚有一些不成熟的部分,敬请大家不吝赐教、共同探讨,谢谢!

编　者

2012 年 6 月

目 录 MULU

第一部分 生命教育 理念篇

　　为了适应时代多变的环境,为了深入落实素质教育,为了拓展学校内涵的需要,上浩小学在以消防安全教育为特色的基础上,紧随社会发展需要,响应新课程改革,逐渐形成以"生命教育"为核心的办学目标和价值追求,确立"上浩生命教育,奠基幸福人生"的办学理念,视生命为教育的根本和依据,努力打造特色学校。上浩小学在借鉴国内外生命教育理论的同时,结合自身发展实际,在实践生命教育的过程中逐渐形成了一套具有本校特色的理念体系。以生命哲学、人本主义心理学和教育社会学为强大的理论根基,梳理生命教育的发展脉络,揭示生命教育的内涵与特征,并从价值论、本体论和方法论的角度提出生命教育的理论主张。

第一章　生命教育概述

　　教育的对象是人,在任何时代教育都是为了培养人而存在的。人是一个现实的、有血有肉、充满着无限潜力与个性差异的生命存在。孔子曰:"吾十有五而志于学,三十而立,四十而不惑,五十而知天命,六十而耳顺,七十而从心所欲,不逾矩。"这表明人的一生是一个对生命不断追求、不断探索、不断领悟、不断感受的过程,这是生命的需求与意义所在。人在寻求自己不断发展的过程中,创造了属于自己的时代。但随着信息化与大工业化时代的到来,人类开始逐渐远离生命的本真,教育也更倾向于"工具性"。视"人"为"物"的教育忽略了学生作为生命个体的尊严、个性,忽视生命成长的规律。教育是为了人而存在的,教育必须面向人的生命,满足生命的发展需求、提升生命的质量。我们应该从生命视角重新理解教育、发展教育,使教育更贴近具体的人、生动的人;提倡尊重生命,唤醒生命发展内在的潜能,使教育能关注生命整体;通过人的自然生命、社会生命、精神生命的全面发展,实现教育培养"全人"的目标,使教育融入到生活实践中去,从而真正实现生命的成长,进而使教育能按照生命的内在需要和发展规律进行,体现教育的人性关怀。

第一节　生命教育的问题之源

　　世界因为有了生命而精彩,生命构成了世界存在的基础。在所有的生命中,人是最特殊的存在。人不断地追寻着自我价值的不断超越。但是在现实的社会中,生命似乎不再有价值,各种"残害生命""漠视生命"的现象屡见不鲜,人正在摧毁自己创造的文明。在这些现象的背后,人们不禁要问教育应该承担什么责任,教育与生命有何渊源?

一、教育中生命的根源

　　什么是教育?这是在了解教育与生命的关联前必须回答的一个问题。纵观中外的教育史,教育的界定尚未达成一致。我国学者黄济在《教育哲学通论》中所列举的中国自先秦至民国的有关教育和教育目的的界说就有41条之多。尽管对教育的界定没有达成共识，但是"人是教育的对象"（乌申斯基语）这一点是肯定的。教育是人类为了维持种族的生存所创造出的一种特殊的活动。教育不论形式如何，都是一种人作用于人的活动，教育的起点是人，其根基就在于生命，教育的起点是人的生命。

（一）生命的意蕴

生命具有直观和神圣的双重含义。我们所认识的生命通常是从生物学的角度来定义的，认为生命是生物最本质的属性，是生物的存在形式。在生物学上人们通常把自我更新、变异与选择以及新陈代谢作为判别生命与非生命的标准。在哲学上，生命被赋予了神圣的意义。生命哲学认为"生命是世界的绝对的、无限的本原，它跟物质和意识不同，是积极地、多样地、永恒地运动着的。生命不能借助于感觉或逻辑思维来认识，只能靠直觉和体验来把握"。① 如狄尔泰认为生命不是实体而是活力，是一种不可遏制的永恒冲动，是一股转瞬即逝的流动。而且他还相信"生命"是一种能动的创造力量，每个人都能够通过自我的内省而体验得到。柏格森认为，"生命之流"是宇宙的本质，它是一种盲目的、非理性的、永恒不息而不知疲惫的生命冲动。从以上两种观点我们可以知道，生命是自然界中存在物的本质特征，生命的存在具有非凡的意义。但是这两种对于生命的解释，都没能体现出人生命的特殊性。

人的生理构造和机体组织是未特定化的，而动物是特定化的，这是人作为生物体与动物的最大差别。对于这点米切尔·兰德曼曾经提到："不仅是猿，而是一般的动物，在其总体的构造上，也比人更多地被特定化了。动物的器官适合于特殊的生活条件，而且每个物种的必要性，像是一把钥匙一样，只适合于一把锁。动物的感觉器官也同样如此。这种特定化的效果和范围也是动物的本能，它规定了动物在各种形势下的行为。然而人的器官没有片面地为了某种行为而被定向，在远古就未被特定化（人的食物也是如此；人的牙齿既非食草动物的牙齿，亦非食肉动物的牙齿）。所以，人在本能上也是匮乏的：自然没有对人规定他应该做什么或不应该做什么。"② 从表面上看来，人的这种未特定化使人成为了自然界中最脆弱的物种。人没有适合自己生存的特定环境，更不像其他动物一样，能够很好地在适宜的环境中生存。这种未特定化，使人的初始生命在自然界中，处于不利的地位，但它与人的更高层次的发展有内在的联系。人的未特定化是一种不完善，这让人的特征没有被限定，人的发展并没有被确定下来，人具有广阔的发展空间和自由的创造

---

① 葛力.现代西方哲学词典[M].北京:求实出版社,1990:124.
② [德]M.兰德曼.哲学人类学[M].阎嘉,译.贵阳:贵州人民出版,1988:195.

力。正是如此才使得人拥有与动物完全不同的生存方式，人不断地在努力追求着种族的进步，成为了超越性的生物。

人是一种具有自我意识的特殊生命存在，具有"种生命"和"类生命"的双重特性。人和大千世界其他生物共同构成了自然界，自然的生命是人存在的前提和基础，因此人首先是一个活着的、有血有肉的生物体，具有自然基础的种生命。但人超越了动物的生存方式，在超越种生命的、非本能的生存方式中求得自身的发展。人是有意识的生命存在，这是人的生命与普通生物的生命本质区别所在。人不满足于像一个普通生物那样简单存活，人并不完全依赖环境、完全归属环境、因环境的改变而改变、因环境而生并因环境而亡。意识使人具有了能动性和创造性，人可以根据自己的要求来改变环境，环境不再完全控制人，成为人生命的组成部分，人用生命去支配环境。正是因为这点，人的生命拥有了独特的属性，人是"超生命的生命"，人作为类生命而存在，这种特性更赋予了人发展的生命动力。

（二）教育基于生命

人的未特定化，让人无法依靠本能来生存，人的生命与自然环境保持着一个开放的空间，人的世界具有开放性。人的生命具有可塑性，人的未特定化，打开了生命与自然界之间进行能量、信息交换的通道，将人的种生命与类生命联系起来。人可以依据外部环境的要求来自我确定同化的信息、作用外部世界的主体机制，这样赋予了人的可教育性。人是具有自我意识的特殊生命存在，懂得发挥自身的主观能动性来改变生存环境。为了能够让种族在自然界中更好地生存下去，于是人创造出这种超越于种生命的活动——教育。人生命的存在为教育的出现提供了前提。人首先是一个具有自然基础的种生命，与自然界的其他生物一样，人的发展也必然会从幼年期到达成熟期。童年期是人生命发展的幼年时期，它的存在为教育的出现提供了生物前提。人只有接受了教育，才能避免未特定化所带来的负面影响，从而世世代代地繁衍生息下去。人的生命与自然、社会、文化都紧密相连，人生存于自然、生命、文化所构建的关系网中。人要想成为真正的人就必须在肉体生命的基础上，获得文化、智慧、道德和人格等精神方面的发展。而这不是生理遗传所能实现的，它只能通过"社会遗传"，教育是社会遗传的最有效的途径。人的生命的需要为教育的出现提供了必要性。

（三）教育为了生命

人的生命具有未特定化，人的生命具有超越性，是开放的。"他必须不断地进行自我再生产，支配这种再生产的动力就是人的超越性。超越性是人的生命本质，生命就是对已有存在状态的不断否定和对新的存在状态的不断创造，是现实与理想的统一。"①因此教育的目的是要促进人的不断超越，贯穿在人的生长过程中，使人不断地否定自我、超越自我、创造新的自我。正如杜威所说："教育过程是一个持续不断的生长过程。"人的生长过程就是生命的发展过程，生命的发展是生命价值的不断提升，是生命意义的不断升华。

教育是一种培养人的活动。教育活动是人为的实践活动，充满价值色彩并为实现一定的价值追求而存在。这种活动是建立在个体的生命基础上的，且是为了人而存在。失去了生命基础，教育就会变得抽象，失去了它存在的意义和价值。健康的身体和健康的心灵为教育的开展创造了条件，同时也成为了教育的内在目的。叶澜教授曾这样来定义教育："教育是直面人生命、通过人的生命，为了人的生命质量的提高而进行的社会活动，是以人为本的社会中最体现生命关怀的一种事业。"②也就是说，教育应该关注每个学习者的个体生命。教育要努力创造人的生命世界，促进人生命世界的不断发展和完善，关注学习者个体生命意义的不断提升，关注学习者个体生命价值的不断提升，关注学习者生命光彩的不断展现。教育是唤起人生命意识、挖掘生命潜能力量的一种活动，只有促进人不断发展的教育才是真正的教育。

教育与生命之间是一种彼此依赖、相互制约的关系。生命是人的深层次核心的存在，生命的成长，需要外界的介入和支持。教育就是为了人的成长发展所存在的。生命是教育的起点，生命的教育贯穿在教育的始终。生命需要教育，教育因为生命的存在而富有价值和意义，教育的本真就在于生命的教育。

二、教育中生命的残缺

人类不断地征服自然、不断地突破，创造了现在物质生活富足的黄金时代。但在这个过程中，人类也逐渐迷失自我，出现了生存危机和生命发展的困境。同时教育也逐渐偏离本真，离培养人的目标越来越远。教育中，人们漠视生命，生命情感匮乏，各种残害生命的暴力事件时常发生。更严重的是人被当成了物，人的教育沦为物的教育，教育面临着困境。

（一）现实教育中生命的陨落

1.漠视生命存在

生命是世界存在和发展的基础，有生命的个人的存在更是人类历史的第一个前提，生命是人最宝贵的东西。生命存在是生命发展的前提，珍视生命本是人类与生俱来的天性，然而与本真背离的教育中，人们开始漠视生命的存在，不顾生命成

---

①冯建军.生命与教育[M].北京：教育科学出版社，2004：37.

②叶澜.教育理论与学校实践[M].北京：高等教育出版社，2000：136.

长规律与内在需要,把人的生命当作可以肆意对待的物品。有的教师不尊重学生,对学生进行任意的侮辱、打骂,不公平地对待学生,使学生受到精神和肉体双重摧残;一些家长不顾儿童的生命健康成长的需要,揠苗助长,摧残孩子。人在幼年时期所受到的伤害难以平复,是生命成长中永远的痛。

据陕西媒体披露:陕西黄陵县一名小学教师因小学生未完成作业,竟唆使全班学生轮番上阵,用教鞭对其进行殴打,持续数十分钟,年仅 9 岁的学生被打得奄奄一息,至今不敢上学。[①]

人都是需要得到别人的尊重、理解与平等对待的,而人的生命意识与人在生命成长时期的经历和感受息息相关。如果孩子从小就成长在歧视、压力的环境中,他对人生就会失去信心、对生存也会厌倦。我们的教育却有时漠视着生命存在的价值,让本应灿烂开放的生命之花过早凋谢。

中国健康教育研究所心理健康咨询中心主任徐岫茹在电话中对笔者说,他们中心设有一条心理咨询热线,在该热线设立之初,他们曾进行过一次统计,在前 9 个月打进热线的 2700 人中,146 人曾尝试自杀或想自杀,其中 80％是中小学生。[②]

2.生命情感匮乏

积极丰富的生命情感激发着儿童的想象力与创造力,使儿童不断地开拓生命世界。生命情感的教育是人生的重大问题,作为人的重要生存方式的教育应该为培养丰富的生命情感奠基。教育中含有丰富的生命情感因素,知识的教育让人认识生命、勇于探索生命的奥秘,在观察、思考、追问、想象中体味生命之真意;道德的教育通过生命与生命的交流,激发人们对优雅、高尚的向往,对卑劣、低俗的厌弃;艺术的教育培养人欣赏美、感受美、创造美的能力,使之更加能够体会到生命之美,情感世界越加丰沛。教育应开发自身丰富的生命情感资源,给儿童丰富的情感体验,培养其生命情感。真实的情感源于现实生活中的体验,脱离生活世界的教育束缚着儿童的思想和天性,使其远离自然的欣欣万物,陷入书本所编织的符号世界中。"把丰富复杂、变动不居的课堂教学过程简化为特殊的认识活动,把它从整体的生命活动中抽象、隔离出来,是传统课堂教学观的最根本缺陷。[③]"缺乏生命意识的教育剥夺了学生体验生命情感的权利,知识化的课程、模式化的教学使教师忽视对学生生命情感的培养以及学生自然情感的迸发。

3.生命意义丧失

漠视生命存在和生命情感匮乏的重要原因是教育并没有真正让人了解生命的本意。直面人生命的教育不但应该教人认识人生,更应该教人生之意,只有领悟人

①杨晓升.中国教育,还等什么[M].北京:经济日报出版社,2001:193.
②庞振超,曹保印.生命中不能承受之重[N].中国教育报.2002-02-1(5).
③叶澜.让课程焕发出生命活力——论中小学教学改革的深化[J].教育研究.1997(9):4-5.

生之意、懂得生命意义追求的人，才会更珍视生命，更好地实现自我的价值。教育应该是意义的教育，教人自主选择，在追寻人生意义中有目标、有价值的生活，而我们的教育在这方面是失败的。教育或者对生命意义的教育置之不理，或者幻想给学生所谓纯净的天空，灌输给学生崇高的理想、远离尘嚣的人生目标，使学生在面对纷繁的现实时，从高空一下跌落尘埃，在现实面前不知所措；或者教给学生过于世俗的人生目标，把生活外在的目的变成生命的追求教给学生，使学生曲解生命意义。缺少生命意义教育和各种误导使学生感到生活空虚，除了学习之外不知做什么好，自己不知学习是为了什么，把考大学、找好工作等阶段性目标作为人生的最终追求，出现了精神危机。

(二)传统教育中生命的消解

1.教育遮蔽了生命的完整性

教育到底是为了培养什么样的人？这是教育的核心问题。浮躁与功利的现代社会，使教育不再关注人本身而是关注社会的需要，因此教育不再是培养真正的"人"的活动而是为社会培养机器，培养成所谓的"有用之才"。人是自然生命、精神生命、社会生命的统一体，是具有内在潜能的生命整体。人在受教育的过程中，本应占据着主体地位，但是在功利化社会的摧毁下，教育却变成满足社会需要的工厂，教育所培养出来的人是一件件器物。人在教育过程中被放置在客体的地位。教育满足的不是人生命的需要而是社会的外在需要，教育完全背离了生命的丰富内涵。当政治需要时，人被培养成为政治人；当经济需要时，人又被培养成为经济人；人生命的意义被渺小化，人本来完整的生命变成社会的某一方面，人成为了片面的工具人。人的工具化导致了人性的缺失，人存在的价值被抹杀。不断发生的中小学对生命的自残和对他人生命、自然生命的漠视的事件，本质上就是对生命完整性的忽视。

2.教育对生命灵动性的压抑

信息时代和大工业化时代的到来需要标准化的知识人才，于是教育就把学习者投放在"教育工业生产"中，按照之前所计划的统一的流程和控制程序，把人制造成了标准化的教育商品。在"工业化"的教育中，人被当成了无生命的加工产品，教育这个现代化的大工厂运用标准化、规范化、模式化的流水线批量生产人。对此德国哲学家雅思贝尔斯曾经批判道："在人的存在和生成中(以人的年龄、教养与素养差别的区分)，教育环境不可或缺，因为这种环境能够影响人一生的价值定向和爱的方式的生成，然而现行的教育是越来越缺乏爱心，以至于不是以爱的活动——而是以机械的、冷冰冰、僵死的方式去从事教育工作。"[①]在这样的教育中，人的个性和生

① [德]雅斯贝尔斯.什么是教育[M].邹进,译.北京:生活·读书·新知三联书店,1991:1.

命活力被扼杀殆尽,人生命的存在也只能是一种"挣扎"。挣扎着去应对各种所谓"人才"的评价。精神生命本是自由的,精神生命的存在让人的生命具有灵动性。个人只有在他的价值抉择时,遵循生命的应然与实然,生命才是具有灵动性的。

3.教育对生命独特性的忽视

现代社会日益呈现出高度的多样化、多元化趋势,作为社会的一个重要组成的教育应该与社会的发展趋势相适应。在片面追求升学率、压抑个性、束缚思想,以升学为唯一目的的教育体制中,许多学生的个性被过早地磨灭,他们在接受教育的过程中逐渐被"同化",学生的想象力和创造力被束缚。个体的生命是独特的,是个性化的存在,每个个体生命都是存在差异的。人是教育的对象,人的生命是教育的起点,教育首先要做的是尊重个性,而不是培养个性。教育要欣赏学生生命的独特性,给个性一个施展和张扬的空间和机会,这样才会为个体生命创造力的展现创设条件。

生命是教育的本真所在,然而传统的教育却偏离了本真,功利主义、"工具"论主宰着教育。美国诗人艾略特(Thomas Stearns)曾这样讽刺现实的教育:"个人要求更多的教育,不是为了智慧,而是为了维持下去;国家要求更多的教育,是为了要胜过别的国家;一个阶层要求更多的教育,是为了要胜过其他阶层,或是至少不被其他阶层所胜过。因此,教育一方面同技术效力相联系,另一方面同国家技术的提高相联系……要不是教育意味着更多的金钱,或是更大的支配人的权利或更多的社会地位,或至少一份相当体面的工作,那么费心获得教育的人便会寥寥无几了。"[1]教育培养人只是为了社会的发展,社会的需要成为教育的唯一追求,社会取代人的生命成为了教育的基点,教育中生命的意义在逐渐消解。

生命是教育的根源。教育存在的价值就是为人的生命发展奠定基础。教育的过程是生命的不断积淀、发展的过程。"教育要引导生命的发展方向;教育要为生命发展提供动力;教育要唤醒生命的意识,挖掘生命发展的潜能;教育要张扬生命的个性。"[2]现实的教育对于生命原点的偏离,呼唤着教育对生命本真的回归。人类文明的不断进步,需要教育植根在生命的土壤中。

三、教育中生命的追寻

人只有一次生命,人的一生都在探索生命的意义。意义是人的生命存在的根本特征和最终的依据。生命是教育的根源,教育是一种建立在学生个体生命基础上的活动,是直面人生命的一种活动,是唤醒人生命意识的一种活动。教育本身就包含着丰富的生命资源,所以关怀生命是对教育回归生命本真的呼唤。教育要促

---

①金生鈜.理解与教育[M].北京:教育科学出版社,1997:25.
②冯建军.生命与教育[M].北京:教育科学出版社,2004:152-155.

进、实现人对生命意义的追寻，就必须做到以下几点：

(一)教育应延长个体的生命时间

生命是人最宝贵的财富，生命的价值在于不断地抗拒死亡、战胜死亡、获得新生。受到自然规律的限制，肉体生命存在的时间是有限的，但是教育可以促使我们战胜不必要的"死"，获得有意义的"生"。人类从诞生之日起，就面临着各种的挑战和考验：自然灾害侵袭、疾病蔓延、战争肆虐、经济萧条……但是人类还是勇敢地生存了下来，教育帮助人能够更好地面对命运的挑战和失败的挫折，并获得对自身的超越，使其自身的复杂度以及存在层次度提高，从而获得生命时间的延长。在有限的人生中，在生死之间，教育应该在生命全程的视野下关注当下的生命质量，通过自己的启发、传授、引导，使青少年直面生命的挑战，不断获得成长，不断增强对各种突发、复杂情况的应变能力，提高自身存在的层次以获得生命的延长。

(二)教育应创设生命自由成长的空间

人是处在现实中、关系中的人，"生命存在于相互依赖之中，社会—历史的影响经由这一共享的关系网络表现出来"。① 人一方面受到现实关系的制约，又在努力摆脱和超越这种关系的束缚，实现生命的自由。自由是生命的内在需求，人的发展必须是基于自由的发展而非束缚性的压抑，人的自由在不同的关系中得以实现，表现为人与外部世界的主体自由，人与人之间以及人与社会之间的社会自由，与自身发展之间的个性自由。教育作为一种人作用于人的活动，它应体现出参与主体的自由，教师要创设学生主体参与的课堂情境，提供学生自我发展的教学空间，鼓励学生广泛参加正常的社会交往，体验全面的生活教育，促成个体的社会性自由发展。教育是触及人灵魂深处的活动，而不只是理性知识和认识的堆积。教育要为个体生命提供促进其精神成长的可能空间，使个体的主体自由、社会自由和个性自由的潜在力量得到发挥，使个人能够最大限度地获得自我创造的动力，从而促进其健康成长，不断实现对自我的超越。

(三)教育应帮助个体获得丰富的生命体验

生命体验不仅仅是情感，也不仅仅是面对某种对象的感觉，或者是自身身体变化的感觉，而是经历过生命的磨难、奋斗，在付出过自身的努力和主动争取后的一种体验。这是一种生命成长的感觉，是对孤独、挫折感的战胜，是对迷茫和困惑的超越。在本体论意义上，认为体验是生命存在的方式，不断的体验构成了人的永不停息的生命，它使人不断地追寻生命的意义和价值，不断实现对生命的超越和创造，是一种"内在于人的身体并改变人的身体存在形态的经验"②。生命问题是关涉

---

① [美]埃尔德.大萧条的孩子们[M].田禾,马春华,译.南京:译林出版社,2002:430.
② 孙利天.21世纪哲学:体验的时代? [J].新华文摘.2001(7):38.

人的心灵深层的精神活动,它不能用科学的方法来认识和分析,而只能通过对生命的真切体悟和对生活的深刻理解才能实现。以生命为价值取向的教育要抵达人的心灵深处而不是浮泛在主客分离认知的表层,就必须从对外在事物的执著追求中转向对人的内心世界的追求,转向对生命意义的引导。每一个学生都是有自己独特的过去、现在和未来的,当他们进入学校时,已带着完整的对自我、对世界认知的方式。教育从生命体验入手,可以激发他们既有的完整性认识。在学校教育中,生命体验以其时间的连续性使学生不断地将个体的发展纳入到体验的体系之中。

(四)教育应提升个体的生命境界

人在自己的一生中,拥有一个怎样的生命境界,他就拥有一个怎么样的人生。在世界的意义中所反射出来的是人生生不息的生命能力和人对自己生命意义坚持不懈的追求。教育是以生命的发展为本的活动,它应促进个体生命的发展,遵循个体生命发展的规律,提升个体的生命境界。哲学家冯友兰将人生境界划分为四个境界:自然境界、功利境界、道德境界与天地境界;美学家宗白桦提出人生有六个境界:功利境界、伦理境界、政治境界、学术境界、艺术境界和宗教境界;人本主义心理学家马斯洛把人的需要划分为五个层次:生理的需要、安全的需要、爱和归属的需要、尊重的需要和自我实现的需要。虽然从分类上有着差异,但他们都把超越生理的、物质的、功利的境界向道德的、宗教的境界攀升,实现人生的自我价值,作为人之所以为人的精神标志。所以说教育要通过引导人进行自我反思、与人沟通和交往,通过对人的生命的教化与养育,促进人生命境界的提高。

总之,人是一个有意义的存在,人的生命意义的追求和获得是人生命的一种自觉的活动,是人生命存在的本质特征。而人对自己生命意义的追问和获得是在教育的引导下实现的,没有教育,没有教育对人生意义的启发和引导,人就不懂得去追寻生命的意义,也不知道如何去追寻生命的意义。因此,教育对于生命意义的追寻具有十分重要的意义和价值。

第二节　生命教育的发展脉络

20世纪20年代美国学者开始探索死亡教育(death education),50年代末60年代初正式兴起,成为教育的一门分支学科,之后随着研究不断深入,发展为"生死教育"(life-and-death-education),西方许多发达国家纷纷效仿美国,在中小学开展生命教育,至20世纪末已基本普及。20世纪90年代生命教育引入我国,于是我国的生命教育扬帆起航,在全国范围内展开并取得了一定成效,在研究成果方面也呈现出一定的本土化特色。在生命教育的热潮下，上浩小学立足于学校本身的办学特色和学生的实际需要，并联系时代背景，开展了生命教育的实践活动，形成了"上浩小学生命教育，奠基幸福人生"的办学理念。

一、西方生命教育的发展

西方国家明确标举"生命教育"（life education）的概念，是在1979年澳大利亚悉尼成立的"生命教育中心"（life education center），该中心旨在让孩子们远离毒品、暴力与艾滋病。但是由于文化背景与社会状况的不同，每个国家对于生命教育的理解会有所不同，每个国家的生命教育也各具特色。我们可以从其他国家生命教育的经验中，获得丰富的资源。

（一）美国的生命教育

美国的生命教育起初是以死亡教育的形式出现的，美国的死亡教育名为谈死，实则通过死亡教育让孩子树立正确的生死观念，以正确的态度保持生命、追求生命的价值和意义，死亡教育是教育的一种形式。美国是世界上最早开展生命教育的国家，1968年，美国学者杰·纳·华特士首次明确提出生命教育思想，并且在美国加州创建阿南达村阿南达学校，开始倡导和践行生命教育思想。到1976年美国有1500所中小学开设了生命教育课程，到20世纪90年代美国中小学的生命教育基本普及。为推广生命教育，美国成立了各种专业协会，出版了许多专业及普及性的书籍和杂志。如成立了"美国死亡教育学会""死亡教育与咨商学会"，出版了《生死学》《死》等特别的杂志，各种书籍、影片、视听教材更是不计其数。美国生命教育的实施因地而异，如印第安纳州通过互联网及电子传媒推动生命教育；Life Skill Ministry是另外一个专门训练青少年生活技能的机构，用来帮助青少年远离犯罪、贫穷等。目前美国的生命教育大致分为品格教育、迎向生命挑战的教育、情绪教育三部分。①

美国的生命教育的实施已经形成了一套科学的、完整的体系。生命教育渗透到了其教育的各个方面。20世纪80年代以来，针对青少年中道德问题严重以及犯罪率提高的问题，美国开始实施品格教育。强调学校、社区以及家长的相互合作，以实践为基础，帮助孩子形成正确的价值观。学校设有"美德周""美德月"等教育活动，学校还经常组织学生到养老院、孤儿院、残疾儿童中心参观，培养他们的同情心以及生命平等的观念。为了提高全体美国人的科学素养，美国国家研究委员会理事会1994年通过了《美国国家科学教育标准》，该标准中系统地阐述了生命科学教育，明确规定了各年龄阶段的学生学习的生命科学内容。在生命科学的教学过程中，教师往往让学生通过自己的亲身实践来感受生命，如让学生亲手栽种花

①王学风.国外中小学的生命教育及启示[J].外国中小学教育.2007(1)：43.

草、照料小动物等。

（二）英国的生命教育

英国的基础教育非常重视生命教育,强调对人的尊重,强调教育的开放与自由。学生可以自由地在学校展现自己自豪的作品,如文章、论文、设计等以及自己喜欢的事物,如自己崇拜的名人照片或是科学体育照片。学校每周有一到两次集会对学生进行奖励,就算是对一些有残疾的学生,学校也同样对他进步的地方进行表扬。老师会定期跟不快乐的学生谈话,并且给他们佩戴"快乐娃"。为了让孩子更好地生存,英国的学校和家庭都非常重视绅士教育。在家庭中,家长不会溺爱孩子,在尊重孩子人格的前提下,对孩子进行严厉的管束。孩子在学校也会接受磨难训练。如英国著名的伊顿公学,在冬天学校不会开暖气,让学生只盖一条毛毯睡觉。对于死亡教育的问题,有些英国中小学为青少年开设了有关死亡的课程,学校会定期聘请医院的护士或殡葬行业从业人员走进课堂,为学生讲解人死时会面临什么情况,并且让学生轮流通过角色替换的方式,模拟一旦遇到亲人因车祸身亡等情形时的应对方式,体验突然成为孤儿的感觉。

除此之外很多学校都成立了生命教育中心。这是一个颇具特色的毒品预防宣传机构,目的在于引发孩子对生命的热爱。中心设有专业人员,开设生命教育和训练课程,在专业人员的引导下,让学生学到关于"自己"的知识,例如探索身体有哪些功能,友谊和情绪如何影响到自我的决定等,这些课程有高度的互动性,学生可以在这些课堂上畅所欲言;社会和家长也可以参与到生命教育中心,与学校配合对学生开展生命教育活动。

（三）日本的生命教育

日本教育家谷口雅春于1964出版的《生命实相》一书中首先提出生命教育。后来针对青少年的杀人、自杀、破坏、浪费等现象日益严重的现实,日本于1989年修改《教学大纲》,其中明确将尊重人的精神和对生命的敬畏的理念作为道德教育的目标。生存教育是日本生命教育的重要内容之一,它的重要特点就是吃苦教育,从幼儿园开始,日本就注重培养儿童的"吃苦意识"和生活自理能力。保育大纲对3岁到6岁的儿童应该做什么都有明确的规定,如幼儿园会给大班的孩子做"忆苦饭",无论严寒酷暑,孩子都必须进行室外锻炼。为了让儿童体会到自己与身边自然与社会的关系,日本从1992年起,废止了小学低年级阶段的社会科和理科,新开设了生活科。在生活科的教学中,儿童通过具体的体验和活动,掌握生活必要的习惯和技能。学校每年会组织秋游和春游,活动的内容由学生自行组织和安排,教师只是起监督作用。

针对现在日本青少年由于课业负担过重引起青少年的心理脆弱以及青少年自杀现象,日本提出了"余裕教育",这也是生命教育的重要内容。"余裕教育"的口号是"热爱生命，选择坚强"，目的是让青少年通过"余裕教育"认识到生命的美好和重要，使他们能面对并很好地承受挫折，使他们更加热爱生命，珍惜生命。余裕教育者认为，热爱生命的主要内容之一，是要求人与自然和谐相处，并热爱其他生命。为此，"余裕教育"活动鼓励学生经常到牧场体验生活。

当然除了以上列出的几个国家外，还有许多国家在进行着生命教育活动，如德国的善良教育、澳大利亚的凌弱问题教育、瑞士的生死感知教育等。此外，西方国家在实施生命教育中，还非常注重性教育和环境教育。1993年英国政府颁布了《中小学性教育法》，规定所有的公立中小学应有计划地对在校学生进行性教育。在澳大利亚，学校对儿童进行性教育时，会邀请家长参与。在环境教育方面，如在"地球日"这一天，美国的中小学教师都会组织学生开展丰富多彩的保护地球活动。德国中小学则制订了系统的环境教育计划，在每一学科的教学中都渗透环境教育的内容。

二、我国生命教育的发展

与西方国家不同，我国的生命教育起步比较晚，生命教育的内容、方法、途径正在探索之中。从全国范围来看，生命教育尚未形成完整的体系，但是我国在生命教育方面，特别是在中小学的生命教育上还是取得了一些成绩，逐渐开始形成具有中国本土特色的生命教育。

（一）台湾生命教育的发展

台湾是我国最早研究并实践生命教育思想的地区。20世纪末90年代初，台湾某些大学的课程中已经有了生命教育知识的影子。1997年，由于台湾学校一再发生暴力和自杀事件，"台湾前教育厅"厅长陈英豪认为在学校实行生命教育已经迫在眉睫，并希望生命教育能够贯穿在教育的始终。同年"台湾省政府教育厅"在台中市的天主教晓明女中内设立"伦理教育推广中心"，次年更名为"生命教育推广中心"，并出版《台湾省国民中学八十七学年度生命教育教师手册》，可视为第一部由官方提出的生命教育指导纲领。[①] 为推动生命教育的全面实施，"台湾教育当局"于2000年2月宣布设立"学校生命教育专案小组"，同年8月又正式成立"教育部生命教育推动委员会"，规定2001年为台湾的"生命教育年"，发布"生命教育先导计划"。这项生命教育计划推动了4年，以高中及国中学生为优先对象，逐年推广到小学及大学，以使生命教育在学校教育中能够全程化、完整化的实现。

台湾生命教育主要有生命教育课、综合课、渗透式三种实施途径。开设独立的生命教育课是生命教育最基本的途径。目前，台湾的中学均设有生命教育课程，并

①钮则诚.从台湾生命教育到华人生命教育[J].江西师范大学学报：哲学社会科学版，2006(2)：13.

配有专门的生命教育教师,并且为了生命教育能更好地开展,还编制了生命教育教材以及生命教育教师教育手册。由于生命教育与道德教育、人生观教育、环境教育、美育的交叉关系,在内容上难免会出现与其他学科的重叠,也不利于发挥学校生命教育资源的合力,于是开设了综合课。综合课是将生命教育作为综合课程里的一单元进行教授,如"生存教育""生命美育",这样既能将生命教育与其他学科的教育联系起来,又能使学生掌握系统的生命知识。综合课是台湾各小学采用的主要形式。生命教育主要通过教学、课外活动来实施。通过与生命教育相关的各科目讲授生命教育的知识,可以调动教师参与生命教育的积极性,也可以促进学生在实践中掌握生命知识,形成正确的生命态度、生命意识。

(二)香港生命教育的发展

1997年亚洲金融危机爆发,这场灾难造成了香港经济的骤然下滑和失业率的急速攀升,整个社会风貌因此萎靡,香港人的自信心严重下降,自杀事件急剧增多。为了增强香港人的抗逆境和适应社会变化的能力,生命教育问题受到了社会各界的广泛关注。2002年香港撒玛利亚防止自杀会获得香港赛马会慈善信托基金520万港元赞助,成立了香港第一个生命教育中心,并致力于向社会传播预防自杀及珍惜生命的信息。香港生命教育的对象非常广泛,几乎覆盖了香港的各个年龄阶段的公民。香港在2003年实施了针对四到六岁儿童的"活在彩虹上——幼儿生命教育计划",目的是通过对幼儿进行人与自己、人与他人、人与环境、人与世界四方面的生命教育,促进幼儿精神各方面的和谐发展。大中小学生是生命教育的主体,在各个阶段的学校都会实施生命教育计划。香港对教师进行专门的生命教育培训以提高生命教育的有效性。近年来,在对教师进行培训的同时,针对家长的生命教育培训也日益受到重视,家长和学校联手强化了生命教育的效果。香港圣公会福利协会以"个别关怀,全面照顾"为使命,特别编辑了《窗外有晴天——长者生命教育》教材,向老年人宣扬珍爱生命的理念,也培养年轻人尊重老年人的态度。

(三)大陆生命教育的发展

相较于港台地区的生命教育而言,我国大陆的生命教育起步比较晚。1997年,江苏省实验小学在全国率先提出生命教育研究,该校的小学生命教育课题,于2003年12月被全国教育科学规划办审批为教育部规划课题。2004年4月,在杭州市召开的"两岸三地教师、课程与人格建构研讨会"上,来自北京、上海、南京、杭州、香港、台湾等地的40多位专家教授纷纷呼吁,必须重视校园"生命教育",这说明"生命教育"这一现代教育理念已开始进入我国中小学校园。[①] 2004年11月22日,辽宁省教育厅颁布了《辽宁省中小学生命教育专项工作方案》,标志着辽宁省正

---

① 杨月.我国生命教育面面观[J].中国教师,2005(2):13.

式启动了中小学的生命教育工程。"生命教育专项工作方案"要求："生命教育"将成为一门中小学生必修的重要正规课程,要配备专门的教材和教师。课程的主要内容包括中小学心理健康、青春期、毒品预防、法制、安全、公共卫生、预防艾滋病、环境保护、性教育、国际理解教育等专项教育。2005年6月17日,中共上海市科技教育工作委员会、上海市教育委员会正式颁布了《上海市中小学生命教育指导纲要(试行)》。纲要指出,生命教育要充分利用青春期教育、心理教育、安全教育、健康教育、环境教育、禁毒和预防艾滋病教育、法制教育等专题教育形式,开展灵活、有效、多样的生命教育活动。上海市这一决定意味着生命教育的逐步成熟。我国的四川、湖南等许多省市也积极开展了生命教育,生命教育已经成为一种趋势,它为家庭、学校、社会对未成年人生命安全教育方面的缺失形成有效的补充。

三、上浩生命教育的发展

上浩小学坐落于重庆市南岸区风景秀丽的南山下,学校绿树成荫、校园内的花带四季常青。它始建于1937年,现有18个教学班级、800余名在校学生,教学质量优异,多次获得国家级、市级的奖励。2008年5月,"上浩小学生命教育的实验研究"被成功确定为重庆市"十一五"规划课题,在这3年多的发展中,上浩小学已经形成了"上浩生命教育,奠基幸福未来"的办学理念,生命教育已经发展为学校的特色。

上浩小学从1995年起,把消防安全纳入学校发展规划,依托少年消防警校,对青少年进行消防安全教育,由此积累了大量有关消防教育的方法和进行消防教育的有效途径。消防教育由此成为学校的办学特色。2007年学校实行"集体管理、教师监督,校长决策,以人为本,分层负责,绩效挂钩"的管理模式,制定了"关爱生命、注重人文、激扬民主、追求和谐"的16字工作要求,形成了教育、教学、学校管理"以人为本",突现"人和为根,管理为本,质量为魂,研训为先,创新为贵"的学校管理特色;2008年,在5·12大地震的触动下,深感生命教育的重要,学校修订了2008～2013年《上浩小学"十一五"发展规划》,制定了南岸区上浩小学创建"上浩生命教育,奠基幸福未来"特色学校三年发展规划。同年,学校将五月定为"生命教育月",开展了一系列生命教育活动,并举行了"放飞生命,快乐成长"为主题的"庆六一"活动。2010年,在《国家中长期教育改革和发展规划纲要(2010－2020年)》提出的"把育人为本作为教育工作的根本要求"的推动下,学校决定将教育的目标定位在发展个体人的生命上,确定了回到生命之中,遵循生命发展规律,促进生命健康成长,进而促进人类社会的健康发展的教育宗旨。在具体的生命教育的实施上,上浩小学主要通过以下途径来开展生命教育。

(一)以校本课程开发创新生命教育载体

课程是教学的载体,上浩小学通过校本课程这个载体,对学校现有的资源进行选择、整合、拓展、补充等加工、创造,将国家课程、地方课程相结合,编写了校本课程《生命之花》和《火花》。其目的在于引导学生认识和理解生命的意义,热爱生命,掌握生存的技能,形成积极向上的人生观和适应社会的能力。上浩小学还将生命教育纳入正常的教学计划中,每学期开设课时为3～6课时,由各班班主任利用班队会时间进行教学。在教学时采取全校教师分年级组集体备课,确定教学方法,并定期开展生命教育讲座,定期上研究课,课后集体讨论,从而更好地开发和挖掘校本教材。每学期,课题组将联合学校教导处对学生、教师进行问卷调查、个别抽查等,以此考查生命教育校本课程的落实情况。学校还依托校刊《一缕阳光》,展示师生们参与生命教育活动的成果,有学校特色发展规划、教师论文、学生与教师的故事、学生习作、优秀书画、各项活动掠影等。学校在校本化和个性化的过程中得以落实生命教育,让生命教育更加符合学生成长的需要,让每个孩子的生命更鲜活,让每个孩子的生活更快乐,让每个孩子健康快乐地成长。

(二)以生命课堂落实生命教育主渠道

课堂教学是教育实践的一个重要环节,更是学校教育的主要途径。学校的生命教育只有落实在日常的课堂教学中,赋予课堂以生命的色彩,用灵性和激情激活学生的思维,用智慧与诗意唤醒学生的想象,唯有如此,才能让课堂阳光普照,让课堂满堂华彩,让生命因此而神采奕奕。上浩小学将生命教育落实在课堂教学的各个环节,从教学目标的设定到教学设计再到课堂教学,无不体现了生命教育的理念。教师在进行课堂教学中,不断深入挖掘各个学科的生命资源,将生命教育渗透在课堂教学中,引导学生认识生命、敬畏生命、尊重生命、关怀生命、充盈生命、超越生命。上浩小学的生命教育在新课程理念指导下,本着对生命的理解和尊重,从课堂教学的目标、过程、主体、评价等几方面入手,构建出了体验式生命课堂、对话式生命课堂、人文式生命课堂三种课堂教学方式。让师生在生命课堂中共同体会生命世界,共历生命成长,共寻生命的真谛。

(三)以系列实践活动搭建生命教育平台

生命意义寓于实践中,实践活动能够让学生更好地体验生存感受,培养学生的生命情感。丰富多彩的校园文化活动与课外活动是促使学生智、体、美全面发展的重要途径,它完善了学校教育,影响着学生的人生观、价值观、世界观的形成。上浩小学开展了一系列的校园文化活动来推进生命教育,形成并设定了校园四大主题文化节。即点燃读书激情,共建书香校园——读书节、创新与实践——科技节、真情与智慧——文化艺术节、我运动,我健康;我运动,我快乐——体育健康节。上浩小学还根据少先队月主题安排,在各个中队中每月开展一次以"感悟生命、关爱生命、珍爱生命、绽放生命"为主题的班队会。这些活动既能培养学生对艺术的爱好和兴趣,也提高了学生的身体健康素质,增强了学生的主动性、自觉性、责任感和对自身生命价值的认同感。健康向上的校园文化氛围,使学生在参与校园文化活动的过程中,受到生命意识的教育。

(四)以学校、家庭、社会联动保障生命教育实施

生命的整体性是个体生命形成和发展的基础性条件,在生命的进程中,个体从来就不是某一部分单方面的切入,而是以整体的形式参与始终。因此生命教育也是全方位的,它的贯彻落实,需要学校、家长、社会的共同参与。上浩小学在开展生命教育的过程中与家长、社区共同合作组织了许多意义丰富的生命教育实践活动。这其中包括感悟生命的实践活动、关爱生命的实践活动、珍爱生命的实践活动、绽放生命的实践活动。感悟生命的实践活动是让学生去探访大自然中的每一片花草、每一棵树木,看一看小草露头时的姿态,闻一闻树木吐翠时的气息,听一听鸟儿飞落枝头时的鸣叫,了解自然界花草树木的生长特点,使学生感受生命的活力,体会生命的意义;关爱生命的实践活动是通过"六一捐款""回报父母""远足""蔬菜调查"等活动,让学生学会尊重、学会关爱、学会感恩、学会爱自己、学会爱家乡;珍爱生命的实践活动主要有"我为家乡添美丽""节约用水,为生命止渴""红色革命""安全在我心中"等活动,学生在活动中学会珍爱生命,学会面对挫折挑战,形成乐观向上的人生态度,培养学生的安全意识,懂得自我保护;绽放生命的实践活动主要有"向假冒伪劣产品说不""参观科技展览馆""小小厨师会""购物"等活动,让学生在实践中锻炼生存的能力,更好地适应未来的社会生活,迎接社会的各种挑战。

第三节　生命教育的内涵与特征

一、生命的内涵与特征

生命教育的立论根基是对生命的阐释,生命本来的内涵与特征规定了生命教育的内涵,我们可以从生命内涵和特征中揭示人的生命之意,不断完善生命教育,从而追寻生命的价值。

(一)生命的内涵

人的生命具有丰富的内涵。自然生命、精神生命、社会生命实现了人与自然、人与自我、人与社会的交换和协调。自然生命是人的生命存在的物质载体和本能性的存在方式,是最基本的生命尺度。人是一个特殊的自然存在物,人的生命不只是肉体的固定组成、自然自在的顺序发展和本能冲动的任意释放,他还能意识到自身生命的存在和发展,并且能够对其作出自主的选择。这就使人的自然生命与环

境形成一种既相互依赖又相互对抗的特殊联系。只有保持二者间的动态平衡,生命才能获得正常的发展,才能拥有一个健康、完整的坚实基础。精神生命是人之所以为人、人之所以不同于动物的根本所在。意识性使人的生命扬弃了动物自在的本能,成为精神自为的存在。"人不满足于生命支配的本能生活,人的生活是经过理解的生活,人要规划自己的人生、创造自己的价值,这说明'人'已超越了'生命'的局限,要去追求高于生命、具有永恒意义的东西,已属于'超物之物''超生命的生命体',这才所以称之为'人'"。① 我们知道人的肉体生命所关注的是人的生理、物质欲望的满足,是对于自身的物性、感性、有限性暂时的实现。精神生命指导和提升了人的肉体生命,将自然生命提升至理性、无限和永恒的高度,使人的生命不再受到本能、欲望和环境的制约,探寻到生命的真谛。社会生命也是人生命的特殊属性,人总是处于一定的社会关系中,并承担了一定的社会角色。人的社会性存在方式,提升了人生命的价值。忽视人生命的社会性及其与他人的关系,只是强调人精神生命的自由,就会破坏人与人、人与社会的协调关系,最终使每个人都不自由。人只有通过自己的社会角色以及相应权利和义务,才能意识到自己存在的社会价值,充实并引导自然生命和精神生命。

自然生命、精神生命、社会生命是人生命的三维,它们之间相互关联、相互影响、相互包容、相互融通,共同构成了人完满的生命。三者的协调发展,才是人生命的全面发展,才是人生命的真正发展。

(二)生命的特征

1.生命的独特性

世界上没有两片完全相同的树叶,也没有两个完全相同的个人,即使是孪生兄弟,不同的活动、不同的环境、不同的人生经历,也会使他们成为不同的人,这表明生命具有独特性。任何生命都是独一无二的,不可替代的,而且正是生命的独特性,赋予了人存在的价值。生命不仅意味着生存、活着,而且更在于生命的意义,在于自主支配自己的生命,在于凸显生命的独特个性。"生命作为一种特有的生活方式肯定而成为标准,它有责任保护和实现自己的形式。"② 生命一直在探索自身存在的价值,探寻自身存在的实在性。因为没有个性的生命只能是理性的抽象,不存在于现实世界,从而不具备实在性,没有任何意义和价值。

2.生命的有限性

生命的有限性首先体现在生命的时间性上。"我们在现世的人生无论是什么

①高清海."人"的双重生命观:种生命与类生命[J].江海学刊.2001(1):77.
②[德]费迪南·费尔曼.生命哲学[M].李健鸣,译.北京:华夏出版社,2000:51.

样子,也无论它会延续多长的时间,我们总要背负着在时间中存在的重轭"。① 时间是不可逆转、不可重复的,它融会了过去、现在和未来,死是任何生命未来的唯一方式,生命有它的开始也有它的结束。生命的有限性还体现在生命的未完成性上。生命随着时间不断地变化,因此生命具有不确定性。人的历史没有一个完成的期限,人永远是可能性的存在,可能性永远高于现实性,人永远处在未完成的状态中,无论人怎样去完成,愿望的实现一般都会留下一部分的不满足。

3.生命的意义性

生命在时间上的有限性,使生命的存在具有一种悲剧性的色彩。但是人的生命有限性不同于一般生命的有限性,人的生命是一种独特的有限性。当他意识到自己的有限性时,就在有限中分享了无限。当人认识到生命必将死去时,他就会从整体上把握生命,并从整体出发确定生命各部分的意义,从而追求"成就之死"。"成就之死"就是一个人通过自己的创造性活动赋予自己、人类以新的意义之后死去。正如尼采所言:"当你们死,你们的精神和道德当辉灿着如落霞之环照耀着世界;否则你们的死是失败的。"②生命的未完成性也决定了生命发展的无限可能性。而生命超越有限走向无限的唯一途径即探究生命的价值及意义,使生命成为意义存在。

4.生命的更新性

生命的更新性不仅体现在生命的变化性中,还体现在生命的创造性中。从生物学上来讲,生命一直在不断地进行着新陈代谢,不断地转变物质和能量以获得自身的存在。创造性是人类生命所特有的性质,生命的本质处在不断的生成和不断的建构中,生命永远向着未来开放,人不断地通过创造未来,实现生命的意义性。德国哲学家卡西尔将活动归结为人的本质,他所说的活动指的就是创造性活动,他断言"自觉性和创造性就是一切人类活动的核心所在,它是人的最高力量,同时也标志了我们人类世界与自然世界的天然分界线。"创造性赋予了生命的独特性与意义性,独特性和意义性是人立足于世界的依据,只有这样的人才具有存在的价值与必要。因此更新性是人生命的基本特征之一。

二、生命教育的内涵

生命本身的复杂性决定了生命教育丰富的内涵。因此研究者所处的社会环境、教育背景、价值观的不同,对于生命的理解也会不同,生命教育的定义与内涵尚未达成共识。

(一)生命教育的界定

到底何为生命教育? 不同的学者从不同的角度出发对生命教育作出界定,以

①[美]艾温·辛格.我们的迷惘[M].李健鸣,译.桂林:广西师范大学出版社,2001:161-162
②段德智.死亡哲学[M].武汉:湖北人民出版社,1996:25.

下几种是比较有代表性的。

1.从生命教育内容的角度界定生命教育

这种观点认为："生命教育就个体本身而言,是关乎全人的教育,目的在于促进个体生理、心理、社会、灵性全面均衡发展;就个体与外界的关系而言,是关乎与他人、与自然万物、与天(宇宙主宰)之间如何相处之教育,其目标在于使人认识生命(包括自己与他人),进而肯定、爱惜并尊重生命;以虔诚、自护之心与自然共处共荣,并寻得与天(宇宙)的脉络关系,增进生活的智慧,自我超越,展现生命意义与永恒的价值。"[①]

2.从生命与生命关系的角度来定义生命教育

阎光才认为:"个体对生命意义的把握主要来自日常生活世界中与他者间的互动,'生命教育'的内涵就是对个体生命存在及其绵延与生活世界之间关系的一种启发。"[②]郑晓江提出:"'生命教育'的本质在于让人们处理好人生中的'生命与生活的紧张',正确体认生活的可贵,建立生活的正确态度与目的,从而追求人生的更大价值与意义,终则获得对生命的超越。"[③]

3.从思想道德教育层面界定生命教育

这种观点认为,学校"生命教育"就是通过对中小学生进行生命的孕育、生命发展知识的传授,让他们对自己有一定的认识,对他人的生命抱珍惜和尊重的态度,并让学生在受教育的过程中,培养其对社会及他人,尤其是残疾人的爱心,使其在人格上获得全面发展。[④]

4.从价值追求角度界定生命教育

该观点认为,生命教育是教育的一种价值追求,其内涵基本上由"生命"决定。所以,应该从生命的特征(独特性、有限性、意义性和更新性)以及生命存在的领域(自然领域、生活领域和精神领域)来探讨生命教育的内涵。[⑤] 肖川和徐涛也从同样的角度指出"生命教育是一种寻求以人的生命本体为基础,以尊重人生命的尊严和价值为前提,以对人生命的整体性、独特性、生成性和开放性高度关注,从而促使完整的人的发展为目的的教育。"[⑥]

5.从生命发展过程角度界定生命教育

这种观点认为,生命教育是在学生物质性生命的前提下,在个性生命的基础上通过有目的、有计划的教育活动,对个体生命从出生到死亡的整个过程,进行完整

---

① 吴庶深,黄丽花.生命教育概论:实用的教学方案[M].台北:学富文化事业有限公司,2001:19.

② 阎光才.走向日常生活的生命教育[J].教育科学研究,2005(5).13-15.

③ 郑晓江.关于"生命教育"中几个问题的思考[J].福建论坛,2005(9):6.

④ 王学风.台湾中小学的生命教育[J].现代中小学教育,2002(7):5

⑤ 张美云.如何在课堂教学中实现生命教育[J].教学与管理,2003(2):6-7

⑥ 肖川,徐涛.论语文教育中的生命教育[J].教育理论与实践,2005(11):54

性、人文性的生命意识的培养。引导学生认识生命的意义，追求生命的价值，活出生命的意蕴，绽放生命的光彩，实现生命的辉煌。[①]

综合众多研究者的观点，生命教育大致包括两个层次：一是生存教育。包括生命意识教育和生存能力教育。它着眼于从外在的、自然的向度来定义"生命"，把"生命"看成是人的生命存在，强调人要尊重生命，包括爱惜个体自身及他人的生命，甚至是整个大自然的生命。二是生命价值的教育。站在社会的立场上，关注社会生命与类生命，强调生命意义的升华，以寻求个体与自身、与他人、与社会、与自然的和谐境界。[②]

基于以上的观点，我们认为，生命教育是引导学生感悟生命关爱生命，鼓励学生珍爱生命；引导学生发觉生命的意义，体验生命的价值，发展和完善自身的生命，提高自身生命质量，形成积极的人生观、世界观、健全的人格的一种教育活动。对青少年进行生命教育，目的是使他们既认识到生命的伟大和崇高，又认识到生命的渺小与脆弱；既了解人类的生命价值，又了解自然界中其他生命的意义；既关注自身生命，又关注、尊重、热爱他人的生命；既积极创造生命的价值，又自觉提升生命的价值。

(二)生命教育的三维

生命是自然生命、社会生命和精神生命的统一体。教育要实现其培养人的目的，要完整地把握生命教育的本质，就必须完整而全面地理解生命。基于对生命的内涵和认识，我们认为可以从基于生命的教育、关于生命的教育、为了生命的教育三个维度来把握生命教育的内涵。

1.基于生命的教育

基于生命的教育是生命教育的第一个层次，它应该帮助学生正确认识生命和理解生命，形成生命意识，基于生命的教育实际上就是珍惜和保存自然生命的教育，这是生命教育的基础和首要前提。因为只有生命存在，才能提升生命质量，探索生命的意义。人的自然生命是人存在和发展的基础。世间万物存在着、生长着，人作为万物之灵和其他生命体和谐共处、顺应自然法则是人类的生存之道也是世界欣欣向荣之本。人类不但应该关爱其他生命体的生命，更需要关爱自己的生命，现代人的可悲之处就在于人不但蔑视他类、他人的生命，而且无视自己的生命。教育承担着提升人们的生命观念、引导人关怀、热爱生命的重任，依靠教育的力量推动人生命观的更新以推动社会文化的进步，解决当前无视生命的教育问题是教育应该做而且必须做的。生命首先要存在然后才能发展，对生命正确认识，形成关爱

①刘济良.生命教育论[M].北京：中国社会科学出版社，2004：8-9.
②冯建军，武秀霞.生命教育：研究与评论[J].中国德育，2008(8)：29

生命的态度是生命存在的保障和发展的前提。生命教育应该在认识和尊重生命的基础上引导学生去关爱生命,给人类和其他物种的生命一份关心和爱护,产生积极的情感体验,为生命的共存共荣开辟空间。最后获得各种生存技能,在生命受到威胁的时刻能够保护自己。

2.关于生命的教育

人的生命存在于错综复杂的社会关系网络当中,因此生命教育要教会人如何在这种关系中生存。社会为生命活动提供历史的积淀、现实的境遇和未来的指向,它构成了生命活动的实际内容。社会生命是自然生命的延续,构成精神生命的表达内容,没有社会生命的人就没有精神生命可言。关于生命的教育应培育人的社会生命即于社会中培养人丰富的社会属性,使人能立足社会,把社会的发展与个人生命的发展历程融于一身。社会人都是作为家庭成员、社会公民和从业者而存在的。因此为了让人更好地承担自己的社会角色,教育应分为"生活教育""公民教育"和"专业教育"三个方向。生活教育是培养人家庭观念、家庭责任感、生活态度、情趣、生活自理能力的教育,它使人学会生活;公民教育是旨在培养人公民素质的教育,使人成为合格的社会成员;专业教育是培养与提供人职业素质的教育,使人谋生、乐业。学校教育应培养学生丰富的社会属性,多为学生提供各种社会实践的机会,理论与实践相结合,提高学生的社会实践能力,为学生步入社会开始真正的社会实践奠基。学校教育不应只为人的生存而应为人健康、幸福生活于社会之中服务,以培养人健全的社会生命来推动社会进步,为人的发展创造更美好的社会环境。

3.为了生命的教育

为了生命的教育主要指的是生命意义的教育。生命意义的实现需要人精神生命的绽放。精神生命是自然生命的升华、社会生命的体现,是人生命的精髓与特质。人作为精神的存在,人的超越首先是精神的、意义的超越。崇高、善美的意义可以使生命活得更丰富、更有内涵、更精彩,低俗、庸碌的意义只能让生命在无为中消沉。教育应该引导人去主动认识、追求真善美的意义,使人在意义体验、追求中肯定自我、完善自我,不断去提升生命质量、实现人生社会价值和自我意义的融合。生命教育追求的是实现生命和教育的共生长,在教育提升自身意义的同时实现教育者和受教育者生命意义的升华。为了生命的教育应该培育人的生命的情感和意志,它们是生命的最初动力,能激发生命的内在活力,使生命之花绽放,焕发生机,真正体现生命之"生"。情感关涉生命的内在体验、生命对客观世界的态度以及生命行为的指向,美好丰富的情感能让人充分体味生命之美、世界之真。尼采认为意志使人最终战胜生活的磨难而成为超人,意志软弱的人是不幸的弱者,意志坚强的人才是生活的强者。生命成长中应该高扬这种生命意志。情感和意志作为人的主观动力、生命的冲动使生命能执著向前。教育不是要教给学生意义的内容,而是陶冶学生的情感,锻造学生执著的意志、坚定的信念,形成学生善于追求的理性精神。教育要引导学生不断去追求意义,不断去获得意义,使学生在生活中自成自为,领悟意义、创造意义,从而超越现实状况,走向真善美的生活。

三、生命教育的特征

生命教育是基于人的生命,通过人的生命,促进生命发展,提升生命的质量。生命是教育之本。生命对教育而言,不是外在的发展对象,而是教育的内在构成。教育本来就应该是生命教育,生命教育是教育的品性。生命教育是诉求生命本真、彰显人性关怀、融入生活实践的教育。

(一)诉求生命本真

生命是教育的起点,是教育的根源,因此诉求生命本真是生命教育的第一要义。人的生命的独特之处在于,人的生命不仅是存在的,而且是有意义的。生命教育不仅要教会学生尊重生命、关爱生命、珍视生命,还要引导学生超越完善生命并且提升生命的价值。德国思想家阿尔贝特·史怀哲认为,一切生命都有生命意志,每个生命都是应当敬畏的。生命是唯一的、有限的,是地球上最宝贵的东西。任何人的生命存在都具有不可替代的意义和作用。我们反对脱离生命空谈意义,以生命的牺牲为代价,而赞叹“死的光荣”。如果连生命都置之不理又何来体悟生命的意义呢？教育必须以个体的生命为基础才会完成自己的真正的使命。生命本身的本体地位、生命的珍视、生命的尊严,是学校教育应该尊重的。生命教育既要尊重、珍视和保护个体的生命,使个体生命认识到自身生命的宝贵和有限性,还要引导个体尊重他人的生命,学会与他人、社会、自然和谐的相处,学会关爱、宽容,学会共同生活。

人的生命虽然是有限的,但是对于生命意义的追寻却是无限的,每一个个体都是在不断地超越生命的有限生存而追求无限的存在。个体生命在实践活动中完成对现实世界的超越,同时不断进行自我否定与自我生成,实现自我人格境界的提升,完成对自身的超越,这是一个伴随生命终生的过程。生命教育要唤醒个体生命的自我意识和超越意识,促使个体不断地思考生命的意义,对现实的规定性进行批判、反思与否定,从现实生活中提升生命的价值,启迪人的精神世界,建构自身的生活方式,对现实和自身的存在进行超越,以实现人的价值生命。

(二)彰显人性关怀

生命教育的本质是解放生命的教育,是一种富有人性的教育,其根本目的在于“育人”而不是“造物”,它把人当做主体,当做有血有肉的鲜活生命。因此,生命教育的过程成为了生命与生命的交流,有别于传统教育把人当做“物”的训练的过程而无视人的生命的存在。教育不同于训练,训练忽视人与人的心灵相通,而教育应该是“人与人的主体间的灵肉交流活动”,是人与人的精神的契合。因此,生命教育讲求人与人的交往,而这种交往是人与人心灵的交流与唤醒。只有这种教育才能触及到人的灵魂,引起人的灵魂深处的激荡。教育过程就应充分尊重学生意愿,尽量满足其要求,培养他们的多种兴趣爱好,凸显教育对人的人性的关怀。以往的教育过于看重个体生命以外的东西,而忽视了生命的需要,忽视了生命的激情与冲动,淡忘了对人的心灵和智慧的开发以及对人的情感与人格的陶冶,使人成为被外物所驱使的"工具",放弃了对生命的感悟。因此,以往的教育只会用一种机械的、僵死的、古板的方式去进行"训练"。生命教育在生命与生命、灵魂与灵魂的碰撞、相遇中,唤醒着生命的潜能,实现着人性的复归。所以,生命教育是充满人性关怀的教育,它把对生命的尊重与爱彻彻底底贯穿其中。

(三)融入生活实践

"生活就是一个有生命的东西在一个环境里生生不已的活动",[①]人在生活中舒展着自己的生命,享受着生命的意义和生活的乐趣。生活就是生命的亲历和实践,是生命的一种自主、自由的伸展。教育家梁漱溟认为生命与生活实际上是纯然一回事,一为表体,一为表用而已,生命就是生活的延续。生活的目的就是生命,生命是教育存在的价值,因而生活是教育的营养。传统教育以教育为未来生活准备为价值取向,割裂了教育与生活的内在联系,学生学到的是脱离生活实际的枯萎的语言符号和知识气泡。而生命教育却需要融入生活,为了生活而教育。生命为生活的教育并不是为未来生活作准备,而是把生活作为教育的归宿,为生活的教育是以人为本的教育,它把个人的世界还给个人,使学校成为个人真正生活的场所,使个人在生活中获得有益于身心和谐发展的经验。为了生活的教育要实现与生活的整合。教育与生活血脉相连,教育是特殊的生活,生活是广义的教育,生活提供教育的养料,教育又是为了生活,创造着生活,生命离开了生活即会不复存在。因此,教育离开了生活,也无法培育"有生命的人"。生活与教育相整合必须重构生活世界,生活的教育给予的应是经过教育本身简化、净化和改造的社会生活,对日常的生活世界进行批判性重构,创造一种教育性生活。

---

①冯建军.生命与教育[M].北京:教育科学出版社,2004:178-179.

第二章　生命教育的理论主张

　　生命是教育的根本和起点，"如果生命不再存在，对人而言的一切价值都不复存在。"①教育在市场经济条件下，越来越盲目地追求功利化的目的，把学生的成长看做是"产品"的输出，往往更多地关注学生的社会效益和工具价值，渐渐远离了我们身为"人"的本真的价值，那就是生命的关怀。因此，学校在深切关注社会上频繁发生的校园自杀事件、暴力事件等有关学生安全问题的基础上，决定开展以认识生命、敬畏生命、尊重生命、关怀生命、充盈生命及超越生命为目标的生命教育，为学生奠定人生幸福的基础。

第一节　认识生命、敬畏生命

一、认识生命、敬畏生命的意义

1.了解生命特点，感悟生命美好

　　生命教育首先要从认识生命开始。认识生命，就要了解生命的特点，体验生命的特质，感受生命的美好。日本思想家池田大作曾说："最崇高、最尊贵的财宝，除生命外断无他物。"②之所以生命如此的宝贵，就是因为生命是有限的，任何人都无法摆脱自然生命终会消逝的宿命。人的自然寿命始终抗衡不了时间的流逝，时间是任何生物体都无法战胜的敌人。更何况人生在世，福祸旦夕，无人能料。生命的路途中总会出现各种各样的偶然事件，这种不可预测性更注定了生命短暂有限的时光。其次，生命是不可重复的，生命区别于其他事物的最明显的特征之一就是它不具有重新来过的可能。无论是谁，都改变不了这既定的生存法则。每时每刻生命的过程都是现场直播，在尝试的前提下，正确选择如何度过生命的旅程。再次，生命是独特的，社会学家米德指出："每一个别的自我都有自己的独特个性，有自己

---

①孙利天.死亡意识[M].长春:吉林教育出版社,2001:48.
②[日]池田大作.我的人学(下卷)[M].铭九,译.北京:北京大学出版社,1990:257.

唯一的模式;因为那种过程之内的每一个别的自我,虽然在它由组织的结构中反映了作为整体的那种过程的行为方式,但也是从那种过程之内自我的独特与唯一角度反映的。"①这也就是说,人类社会中独特生命个体是存在的基本形式。每个个体生命都是世界上独一无二的,每个个体都具有与众不同的特点,都具有自己的优点和长处。最后,生命具有创造性,德国哲学家卡西尔断言:"自觉性和创造性就是一切人类活动的核心所在,它是人的最高力量,同时也标志了我们人类世界与自然界的天然分界线。"人的创造性活动展现了人的意义存在,正是生命在不断更新和发展中实现着人生价值,才有"人"能够称之为"人"的可敬。正是由于生命的这些独有特征,才使我们在教育过程中,要使学生能够明知,人的生命仅仅只有一次,它是不可逆的过程,并且生命是短暂的,脆弱的,没有预演和重来。因此,生命才体现出它的独特价值和珍贵之处。我们要让学生深刻地认识到生命的有限性、唯一性和不可重复性,使之能明白生命是如此的宝贵,进而能够懂得保护生命、珍爱生命的重要性。

人的生命不同于其他生物体,因为人不仅仅是自然的存在物,也是社会的重要组成部分。这就决定了人的生命属性兼具自然属性与社会属性。人的自然属性指人的生理和自然本能,强调的是生物学上的意义。而人的社会属性主要包括人的关系性和能动性。马克思、恩格斯指出:"人们在生产中不仅仅同自然界发生关系。他们如果不以一定的方式结合起来共同活动和互相交换其活动,便不能进行生产。为了进行生产,人们便发生一定的联系和关系,只有在这些社会联系和社会关系的范围内,才会有他们对自然界的关系,才会有生产。"②人的能动性是人具有思维和语言的表现,在漫长的人类进化和发展中,人不仅能够认识自然,还能够改造自然。正如恩格斯所言:"动物仅仅利用外部自然界,单纯地以自己的存在来使自然界改变;而人则通过他所作出的改变来使自然界为自己的目的服务,来支配自然界。这便是人同其他动物的最后的本质的区别。"③人的生命的这两种属性并不是孤立存在的,它们始终并存。因此,充分了解生命的这两种属性,有利于我们更完整地认识生命本身,有利于我们更有效地实施生命教育。上浩小学进行生命教育的首要意义就是使学生加深对生命的认识和理解,了解生命由来的过程,了解母亲孕育生命的艰辛,了解生命的生理机能,从自然生命的认识逐步深入到精神生命的认识,建立起生命认识的完整体系。

2.体认生命尊严,珍视生命存在

生命是教育之本,是教育存在的根本性依据,离开了生命的教育,也就不能称之

---

① [英]史蒂文·卢克斯.个人主义[M].阎克文,译.南京:江苏人民出版社,2001:138.

② 马克思恩格斯全集(第6卷),北京:人民出版社,1961:486.

③ 马克思恩格斯全集(第20卷),北京:人民出版社,1971:8.

为教育了。当今的工具化社会盲目迅速地追求效益与产出,渐渐背离了我们对生命最原始的敬畏法则,越来越忘记了追求任何其他事物的前提是活着,生命常常被遗忘在角落里。一旦有惨痛的事情发生时,才突然意识到生命是如此的不堪一击。有很多人都是在失去时才真正理解拥有时的可贵。能够健健康康活着的时候,却没有发现生命的美好与珍贵,没有感受到生命的伟大与神奇。因此,教育要让学生懂得敬畏生命,不仅要敬畏人的生命,也包括自然界一切有生命的生物。然而小学阶段的学生处于生理和心理都尚不成熟的阶段,经常会恶作剧地残害小鸟或是老鼠,甚至有意或无意地践踏蚂蚁,这些都是在践踏和残害自己的生命。虐待、残害小动物的事件也很多,如湖北省孝感市一名小学生,因为不堪忍受母亲的训斥,将酒精洒在了一只小猫咪的身上,用打火机点燃,把小猫咪活活烧死。这些触目惊心的事件让人担忧。孩子们对生命的漠视和残忍态度亟须我们拯救。当我们听到或看到这样的现象时,不禁毛骨悚然。我们的教育要搭建的平台不仅仅是知识技能的传输,更重要的是搭建学生的心灵,让他们从小就要懂得生命的敬畏之义。

生命教育作为一种关怀生命的教育理念,应该将"大生命"观作为一种世界观和方法论传授给学生,让学生认识到"生命"应包括一切生物界的生命,即人之生命和自然环境中一切动物、植物的生命,且每一种生命都有其存在的价值。正如史怀哲所说:"过去那套只关心我们与其他人关系的价值系统是不完全的,所以会缺乏向善的原动力,只有立足于'敬畏生命'这一观点,我们才能倾其所爱与这个世界的其他生命建立一个灵性的、人性的关系。"①也只有在这样的大爱情怀下才能够使人们真正地珍惜一切生命,从而热爱自身生命,体验生命之美好,也才能坦然地面对生命的困境,在与困难的斗争中,活出人生的滋味和精彩。让学生懂得敬畏生命是上浩小学实施生命教育的关注要点之一,并要把这种对生命的态度切实地融入生活中,使孩子们对自然界中的生灵都怀有爱护尊敬之心。

二、认识生命、敬畏生命的表现形态

1.具有强烈的生命意识

现代社会的飞速发展给人们带来了压迫感,人口众多、人际关系复杂、环境污染严重和竞争日趋激烈,这些因素都容易使人陷入焦虑与不安,影响人的生命质量。物质与科技的发展却给人们带来了更大的生存压力和精神困惑。就如同海德格尔所说:"物性的过分扩张就会导致人性的匮乏与生存危机"。所以,现代社会的物质生命大大改善的同时,精神世界的建设却在走向失落。这样的失衡导致生命意义的缺失,形成了物质社会的"异化生命"。处于成长阶段、心理发育尚未成熟的

---

①肖川.教育的理想与信念[M].长沙:岳麓书社,2002:256.

小学生,由于学业压力、缺少父母关爱、承受挫折能力差等多方面原因,对生命漠视的现象在部分学生中滋生,一旦遇到困难就消极退缩,可能仅仅因为老师的一句批评或一次考试失败,就会选择极端的方式。这些悲剧的发生,主要原因是学生的生命意识淡薄,使他们缺乏对生命的正确认识和理解。那么什么是生命意识呢？生命意识就是人的生命为了适应自身生存和发展的需要,依据先天的基因,加上后天的教化而形成的具有对客观事物解读、摄取、表现和改造的潜在的智慧和欲求。它包括生命的存在意识和生命的价值意识两个方面。一方面,人要认识到生命存在的唯一性、不可替代性、不可逆性,把保持生命的存在作为人类活动的第一原则;另一方面,又要认识到生命的存在只是人的存在的基础,而绝非是人的存在的最终目的,生命的存在还应该体现出它的社会价值和意义,还应该以其创造性去成就生命本身的价值。这就要求教育工作者在教育教学过程中,自身首先树立生命教育理念,更多地关注学生的生活和经验世界,不仅教授给学生知识点和技能,更要培养他们尊重生命、敬畏生命和珍爱生命的意义感,从而提高他们的生命意识。

生命作为人的物质载体,是人生存和实现人生价值的物质基础。具有生命意识,首先要懂得珍惜生命,这是基础和前提。因为只有生命存在,才能谈得上发展和质量的问题。具有生命意识的人,能够认识生命的可贵,珍视生命的存在,欣赏生命的美好,体味生命的乐趣,磨炼生命的魅力。在面对挫折时,能够以积极乐观的心态应付,不会轻易放弃。其次,具有生命意识,不仅要求我们懂得珍惜生命,更要求我们去寻求生命的意义和存在的价值。这是一种超越物性的精神取向,它不仅包括自我的幸福和人生价值的实现,还包括对人类、对自然界的关怀。因此,生命信仰的重建是生命教育的最高追求。学生要具有正确的人生态度,远大的人生理想,积极的人生观和价值观。生命意识对小学生而言,就是需要具备认识自我、认识生命的有限性与脆弱性、生命的独特性与创造性。学生应该意识到生命的过程是不断发展、不断完善、不断超越的过程。

2.具有一定的道德人格

阿尔贝特·史怀泽在《敬畏生命》一书中,以"敬畏生命"为核心的生命伦理学告诉了我们生命与道德的关系。人的幸福的获得,不是对物质的满足,而是道德价值的追求。敬畏生命正是史怀泽针对道德文明建设提出的。所谓敬畏生命,也就是体认生命的尊严与可贵,并珍视生命,在每一个生命之前保持谦恭与敬畏之意。史怀泽认为,"生的意志"是神圣的,应予肯定、尊重,"生的意志"一切生物都具有。史怀泽对生命的认知从人类扩展到包括人类在内的地球上所有有生命的生物。并认为"善是保存和促进生命,恶是阻碍和毁灭生命,如果我们摆脱自己的偏见,抛弃我们对其他生命的疏远性,与我们周围的生命休戚与共,那么我们就是道德的。只有这样,我们才是真正的人,只有这样,我们才会有一种特殊的、不会失去的、不断发展的和方向明确的德性。"①自然中充满了生命,我们与自然中的生命密切相关。我们不再仅仅为自己活着,应该意识到,任何生命都有价值,我们与它们不可分割。同时,我们也应该认识到对他人生命的尊重,能够主动去关心他人,爱护他人。正如史怀泽所说:"生存与道德息息相关,而且这个关系不断成长……我感到必须敬重所有即将出现的生命,有如敬重自己,这就是道德的基本原理。真正有道德的人会遵守这个规矩,帮助所有亟待救援的人,他会避免伤害任何活着的物体。对他而言,生命是神圣的——伦理本身就是要无限伸展对所有生命的责任。"史怀泽的理论给我们提供了关于生命与道德的思考,生命教育的目标之一也就是培养学生养成良好的道德人格,让学生懂得如何做人是奠定学生人生发展的根本。道德是实现生命质量的最高要求,是我们在有限的生命里一直需求的价值目标,是我们不断完善自我的重要衡量标准。在认识生命、敬畏生命的基础上,形成正确的道德认知。上浩小学实施生命教育的过程极为关注学生道德的成长,学生不仅要有健康的身体,更要有健康的心灵和优秀的品质,教会学生做人是教育的不变追求。在小学阶段,孩子们做到适应环境和集体生活、与他人友好相处、多为别人考虑、愿意关心帮助他人、善待小动物等,若是这些最基本的道德要求能够实现,便是生命教育迈向成功的一步。

三、认识生命、敬畏生命的实现路径

上浩小学在开展生命教育时,以多种途径包括课程建设、课堂教学、综合实践以及家长学校和社区活动等形成教育的合力,共同构建上浩小学生命教育奠基幸福人生的体系。在认识生命、敬畏生命这一部分,主要以课程内容的影响和课堂教学的浸润为主。

其一,通过身体健康教育的内容,有计划地开展健康知识传播,使学生具有健康意识和健康态度,掌握必要的健康知识和技能,促进学生自觉地采纳和保持有益于健康的行为和生活方式,减少或消除影响健康的因素。其二,开展安全教育。预防和应对意外伤害(安全应急与避险)、社会安全、自然灾害以及影响学生安全的其他事故或事件等。帮助和引导学生了解基本的保护个体生命安全和维护社会公共安全的基本常识,树立和强化安全意识,正确处理个体生命与自我、他人、社会和自然之间的关系,了解保障安全的方法并掌握一定的技能,从而提高学生自我保护、自我生存能力,使之能科学、及时、有效地处理实际生活中的各类安全问题,形成适应现代社会生活的技能。其三,开展心理健康教育。普及心理健康基本知识,树立心理健康意识,了解简单的心理调节方法,认识心理异常现象以及初步掌握心

①阿尔贝特·史怀泽.敬畏生命[M].上海:上海社会科学院出版社,1995:19.

理保健常识。其重点是学会学习、人际交往、升学、生活和社会适应及情绪管理等方面的常识。其四,开展劳动与技术教育。学习和掌握常用的技术基础知识和技能,树立劳动服务于社会、劳动可以创造社会财富的思想观念;认识各种常用材料和工具及其不同用途,体会材料和工具对技术、对人类的意义;通过作品的设计、制作及评价活动,了解简易手工制作的一般过程,掌握相应的制作方法,体验劳动的可贵和创造的愉悦;了解家乡人民创造的优秀劳动成果,感受家乡劳动人民的勤劳和智慧,激发热爱家乡、热爱人民的思想感情。

在教学中实施生命教育是最直接最有效的方式之一。充分发掘教学实践的生命意义空间,培养学生强烈的生命意识,给予学生最大的生命关怀,使学生懂得敬畏生命、珍爱生命。

认识生命、敬畏生命是小学阶段首要培养的生命意识,由于年龄特点和心理机制尚未成熟的特点,小学生对周围事物充满好奇心,特别是对小动物喜爱又没有轻重,常常无意识地伤害到它们。因此,小学阶段要让孩子懂得任何生命都是可敬的是很有必要的。

教学案例(上浩小学汪华玲教师提供)

一年级下册一篇课文《两只鸟蛋》这样写道:"小小的鸟蛋凉凉的 ,拿在手里真好玩。妈妈看见了,说:'两只鸟蛋就是两只小鸟,鸟妈妈这会儿一定焦急不安。'我小心地捧着鸟蛋,连忙走到树边,轻轻地把鸟蛋奉还……"

孩子们用稚嫩的声音读完课文之后,我问:"这是怎样的两只鸟蛋呢?"

有孩子回答:"小小的、凉凉的鸟蛋,拿在手里真好玩。"

"这样好玩的鸟蛋,小作者是怎么处理的呢?"

有孩子说:"作者接受了妈妈的建议,把它轻轻地放回去了。"

"那你们赞同作者的做法吗? 谁来说说理由。"

教室里异口同声地响起了"赞同! 赞同!"接着就是一片"小树林"。

我请了一位同学,他站起来很认真地说:"一只鸟蛋就是一只小鸟,我们当然不能把它拿来玩了!"另一位同学说:"人有生命,动物有生命,鸟妈妈正在孵的鸟蛋也有生命,我们都要爱惜呀!"还有一位同学说:"我读过一本书,说鸟妈妈生下一个鸟蛋是不容易的,我们不应该弄坏鸟妈妈生下的蛋。"……

看着孩子们认真的神情,我欣慰地说:"看来呀,不光是课文小作者有爱心,我们同学们也很有爱心! 我想,要不了多久,两只鸟蛋在鸟妈妈的精心呵护下,一定会变成两只小鸟,在空中自由飞翔的,那时,它们会多么感谢课文中的小作者呀!你们说是吗?"

"是!"

"所以,孩子们,大自然中的动物和植物都是有生命的,为了让世界更美好,我们也要做一个和课文作者一样善良、一样有爱心的人,不要让生命受到伤害,你们同意吗?"

"同意!"孩子们齐声回答。

……

阅读这首小诗,我们看到了一个可爱的孩子,在母亲的启发下,把手中的两只鸟蛋轻轻送还鸟窝的事。再读小诗,小孩幼小心灵萌生出的那种对生命的珍爱,对小鸟的关爱以及对大自然的热爱之情不由深深地感动了我,也感动了班上那些幼稚的孩子们,所以孩子们一个个提出了很多关于如何保护身边动植物的方法,隐藏在孩子们内心中的善良、爱心被悄无声息地调动了出来。我想,这就是语文学科渗透生命教育的优势。

这篇短小的课文萌动着孩子们幼小的心灵,通过这个故事,会引发孩子们以往生活中怎样对待小生命的思考。通过这样一个平实而真实的情节体验,联系生活经历,自然地去渗透生命的敬畏意识,了解自然界中任何生命的珍贵,使孩子们的心灵充满爱的光芒,在一点一滴的累积中,渐渐强化孩子们对生命的欣赏与热爱。

总之,通过课程内容的传播,使学生了解生命的由来、生命的发展、生命的独特特征、生命的意义与价值等,从而树立起热爱生命意识、珍视生命态度、尊重生命尊严和敬畏生命神圣的强烈责任感。

第二节 尊重生命、关怀生命

一、尊重生命、关怀生命的意义

1.保护人的尊严

"尊严指的是人基于所处的社会关系和人自身的需求,通过一定的形式而具有或表现出的一种不可冒犯、不可亵渎、不可侵越或不可剥夺的社会存在状态。"[1]人的尊严体现着人的肉体、生命、心灵、精神等的尊贵和庄严,具有不可替代、不可亵渎、不可剥夺和不受侵犯的特征。它区别于动物或其他生命形式的一种特殊的尊贵性。从人的社会属性来看,人的尊严既包含着对自己的自尊、自重、自爱、自律、自主的道德要求,也包含着对他人尊重、平等待人、不蔑视人、不伤害人的道德要求,是自尊与他尊的辩证统一。"它要求把人真正当成人,承认人作为一个人所应

---

① 韩德强.人的秩序性尊严之构成——论尊严形态在不平等社会关系中的现实性[J].文史哲,2008(3).
163.

有的最起码的社会地位并且保证每个人受到社会和他人最起码的尊重。"①人人既有实现自己的人格尊严、生命价值的道德权利,也有尊重他人的生命尊严、独立人格的道德义务。因此,人类社会中,每个个体的生命都是独一无二的、不可取代的,没有人的生命就没有人的发展和社会的发展。因此,生命尊严是人与生俱来的权利,是个体生命与发展的前提,每个人既要珍爱自己的生命,关注自身生命质量的发展,实现自我生命价值,也要尊重他人生命,敬畏他人的生命尊严。

生命尊严作为人生存与发展的前提,那么人格尊严将是人精神需求的最高形式。人格尊严是人性发展水平的至高表达。它包含人的尊严、价值和品质,是人与其他动物区别的内在规定性。通过人的主体意识、独立人格自由意志、自主精神等在现实社会中得以实现,并凝结于人性尊严之中,推动人们对崇高道德的向往与追求,实现从传统社会的依附性人格向公民社会的独立性人格的转变。人格尊严,使每一个认识到自己是一个独立的、自由的、与他人地位平等的人,具有不依附于任何人并自立于世的独特个性和健全人格,能够按照自己的兴趣、爱好、能力、愿望等自觉主动地发展个性。

对于人的尊严,古今中外都有许多相关的论述。我国传统文化十分强调人的尊严的道德意义,认为"无恻隐之心非人也,无羞恶之心非人也,无辞让之心非人也,无是非之心非人也"(《孟子・公孙丑上》)。道家则认为人本无贵贱之分,人的主观臆断才形成了等级差别,"以道观之,物无贵贱;以物观之,自贵而相贱"(《庄子・秋水》)。中华民族的深厚文化传承与发展孕育了我们以尊严伦理为价值的道德追求。德国著名古典学家康德对人的尊严进行了深刻系统的表述,认为尊严的价值高于一切、重于一切,是最高价值。"每个人都有权要求他的同胞尊重自己,同样他也应当尊重其他每一个人。每个人都不能被他人当做纯粹的工具使用,而必须同时当做目的看待。人的尊严(人格)就在于此,正是这样,人才能使自己超越世上能被当做纯粹的工具使用的其他动物,同时也超越了任何无生命的事物。"②所以,康德认为,人之所以都拥有尊严,是因为人是具有心灵和精神的生命,拥有理性的自觉性,理性是人高贵、尊严的基础,所以要尊重人,守护作为人的尊严。保全人的尊严是尊重生命的重要意义所在,若是没有了尊严,就无从谈起生命的意义,更无从谈起尊重生命、关怀生命。

2.激扬生命活力

意大利教育家蒙台梭利指出:教育的目的在于帮助生命力的正常发展,教育就是助长生命力发展的一切作为。关注人的生命才是教育的本真。教育本是一项直观生命并以提高生命力价值为目的的神圣事业,教育理应关注人的生命及其价

①王利明,杨立新.人格权与新闻侵权[M].北京:中国方正出版社,1995:97.
②Immanuel Kant.The Meta Physics of Morals[M].Cambridge:Cambridge University Press,1996:209.

值，关注人性之完善。生命教育以生命为核心，它立足生命、发展生命、完善生命的基础是尊重生命，让生命在自我体验、自我确证中主动生长。尊重生命是发展生命的基础，没有尊重的发展是非生命主体自主选择与认可的、是被动的、没有根基和后劲的发展。尊重人的生命就要尊重生命的自由本性、创造特质与丰富多样，不能人为压抑也不能强制塑造，要激发学生生命的内在活力，把生命发展的主动权还给学生。因此，在学校教育中，无论教育内容、教育方法，还是教育形式，都应该自觉地渗透一种对生命的价值关怀意识，促进组成人的生命的各个要素的协调发展。正是在这种以关怀为底蕴的教育中，教育与人之生命才共同进步。

苏霍姆林斯基说过：教育——首先是人学。学生是人，不是学习的机器。既然是人，他就有自己的感情、自尊，有自己丰富的精神世界。生命本应是激情飞扬的。可是我们的教育总是以近乎完美的标准苛求学生，批评、挑剔、冷漠对生命激情的需要，折断了生命飞扬的翅膀。诗人泰戈尔说："童年是一个文明人一生中唯一可以在树权和客厅的椅子间作出选择的时期，难道因我已是成人不便这样做去剥夺孩子的这种权利吗？……我知道，在这个实际世界上，鞋子是要穿的，道路是要铺设的，车子是要使用的。然而，在孩子受教育时期，难道不应该让他们懂得，世界并非是客厅，而是一个诸如自然的东西，而他们的肢体之所以被造得如此的美妙，正是对自然的一种回应。"然而今天的孩子是越来越多封闭在一个狭小的空间里，他们本该无拘无束、自由自在地享受童年的乐趣。关怀生命的责任之一就在于激发和激励生命的内在力量，给予学生最大的人文关怀，让学生体验到进步的快乐，建立赏识教育的观念。

激扬生命的活力是关怀生命的应有之义，激发生长的力量，激活成长的要素，让每个孩子的脸上充满朝气，洋溢热情，让孩子们的心里感受到生命的美好与成长的快乐，感受到生活的多彩与学习的乐趣，能够在与老师、同学的交往中，在集体的生活中，获得良好的自我肯定与满足。上浩小学生命教育就是要以学生生命活力的展现为重要评价指数，小学阶段的孩子正值天真烂漫的季节，他们的生活应该充满欢声笑语，充满童真童趣，充满希望与美好，生命对他们而言，更多的精彩还在未来，生命教育的重要意义就在于唤醒学生的生命活力，为生命的发展奠定基础。所以，上浩小学教师们像春风化雨那样，利用各种途径，善于抓住教育契机，珍惜每一个有效的教育细节，恰当地找到教育载体，不露声色、不露痕迹地拨动学生心灵的琴弦。

二、尊重生命、关怀生命的表现形态

1.理解生命差异

美国教育家爱默生曾说："教育的秘密是尊重学生。"学生无论年龄的大小、知识的多寡，作为一个生命，他都有自己完整的生命和独特的个性。"每个人之间有所不同,即都有其自我独特性,具有不可重复和不可取代的唯一性,这种自我独特性或唯一性是每个人得以存在的根据和理由,因而也是每个人有其个人价值的理由和根据。"①正是由于生命个性的存在,才有了人存在的意义和价值。这种个性与差异是教育最直接的基础、最真实的前提和最可靠的依据。学生个体之间,无论是生理还是心理都存在着较大的差异,既表现在智商、性格等先天的差异,又表现在兴趣、爱好等后天的差异。个体在身体状况、思想观念、行为习惯、心理状态、道德认知、生活经历以及家庭背景等方面无不存在着不同。这些来自于本身与外界环境的不同塑造了每一个独特的生命。反映在学习上,每个学生的学习兴趣、学习方法、学习习惯、学习效果、学习能力等都不能一概而论。这种既定的客观事实与多样性的个性特点,就从尊重生命、关怀生命的角度而言,首先要理解这些生命的不同。然而长期以来,在教育理论与实践工作中,片面地强调个体在教育过程中全面发展,达到统一的标准,用统一固定的评价标准去衡量教育活动的结果,忽视受教育个体在教育活动中的能动性、积极性、创造性,忽视差异的存在与培养。生命教育的开展绝不能忽略这一点,因为每个学生的生命都具有闪光点,每个生命个体都具有可塑与发展的潜力。我们的目的就是开启学生生命的智慧之门,播撒阳光与爱的种子,让每个生命都能够得到尊重与关怀,得到肯定与赞扬,让每个小生命都能茁壮快乐地成长起来。那么,认识学生的差异,理解学生的差异是我们教育工作者体现尊重与关怀生命的重要方式之一。差异不是教育的负担,而是教育的资源。差异对个体发展具有决定性的意义,差异是发展的基础,是实施教育的起点,没有差异就没有教育。因此,我们在教育教学中注重了对学生差异的分布特点的了解,注重了因材施教、因势利导地鼓励学生创造性地发展个性特点。其次,差异是发展的动力。世界上每一差异中就已经包含矛盾,差异就是矛盾。矛盾的运动是事物发展变化的内部原因和内在动力。作为集体成员的学生,恰恰是其个别差异构成了学生集体的丰富性和多样性。差异意味着个体发展的不平衡性,不平衡的个体间的相互作用构成了发展的动力。再次,差异是特色教育的本源。先天素质的差异与后天环境的不同,逐渐累积了个体独具特色的生命形态。这就要求学校根据个体的差异实施特色教育,从特色教育角度去认识差异,正确对待差异,开发差异,不拘一格育人才,任何层次的学生都能找到自尊的归属,优等生不会被埋没,差生也能得到合适的发展。上浩小学生命教育的特色之一就是对全部学生的关注,不放弃每一个学生,充分挖掘每个学生的个性特长,使每个学生都体验到成功的快乐和自我价值,不以学业成绩来衡量学生的好坏,相反,更多地关注后进生,了解他们的家庭背景、成长环境以及心理状态,帮助他们找到学习困难的原因,逐步地建立起他们的自信。

---

① 韩庆祥,邹诗鹏.人学——人的问题的当代阐释[M].昆明:云南人民出版社,2001:290.

2.充满人文关怀

生命教育是充满人文关怀的教育,是把尊重和关怀贯穿其中。人文关怀是对生命关怀的一种态度,意味着对生命本体地位的清醒认识,意味着我们承认每个生命体都有成长的内动力,都有成长的可能空间,也都需要成长。充满关怀,意味着我们对待生命不再是"压抑",不再是"漠视",也不再仅仅是出自于自然性的"良知",而是一种建诸于关注、尊重基础上的支持、鼓励,是对个体成长的积极介入,是学校教育主动而自觉地影响个体生命,使之健康成长的行为。

人文关怀也是教育的一种需要。从关怀对象的视角看,关怀生命是个体生命的需要,被关怀是人的基本精神需求,教育要促进人的和谐健康发展,就要满足人的基本精神需求。从关怀的主体看,"关怀"取向得以确立,正是基于对生命内涵与学校教育内涵的理解。只要明确了学校教育的任务,意识到了生命的本性、生命的追求、生命成长的基本机制,就有了关怀生命的合理的基础和职业自觉性,也使自身的关怀具有持久而强大的内动力。充满关怀也是生命教育的一种行为方式。学校教育的关怀,意味着尊重与信任,意味着对生命的唤醒,意味着推动、促进每一个人的生命自主、能动、积极的成长。学校教育对学生生命的发展不是靠传统的工业化思维方式"培养"来的,而是靠全部的学校教育生活滋养而成的。管理者的管理思维与行为、教育者的施教态度与方式、校园环境设施的建设,展示着学校的文化与对生命的态度,潜移默化中滋润着生命的成长,这就是学校教育的价值。

我们倡导的生命教育是在彼此的生命碰撞中,唤醒生命的潜能,实现着人性的复归。生命教育就是"人"的教育,它要把人当做主体,当做有血有肉的鲜活生命。因此,生命教育的过程是生命与生命的交流,它不同于把人当做"物"的训练过程。"教育则是人与人精神相契合""人对人的主体间灵肉交流活动"。[①]生命教育诉诸人与人的交往。教育交往的过程就是诉诸对话、通过理解实现精神的共享。对话是两个以上主体的语言交流活动,但不是任何的语言交流都是对话。"真是决定一种交谈是否是对话的,是一种民主的意识,是一种致力于相互理解、相互合作、共生和共存,致力于和睦相处和共同创造的精神的意识,这是一种对话意识。"[②]所以,教育活动中,教师不能总以师者的姿态,对学生耳提面命。在对话中,师生之间是平等的,教师的作用是帮助学生获得知识,促进学生的自我生成。对话的过程是不断理解的过程。这种理解不仅是师生之间的理解,还指叙事对文本符号的理解,指向文本符号和话语的意义。这种符号化的文本不是纯粹的符号及其组成,它保持了主体的灵魂和生命体的复杂意义和信息。在理解的过程中,体现与他人的情感、意识和人格力量的沟通。教育主体间通过平等的对话与理解,形成了主体间性。这种

---

①雅斯贝尔斯.什么是教育[M].邹进,译.北京:生活·读书·新知三联书店,1991:2-3.
②滕守尧.文化的边缘[M].北京:作家出版社,1997:177.

主体间性既表明交往中的统一性,也表明交往中的差异性。因此,在这里,共享将是在一个民主平等自由的氛围中实现的。它最终关注的是人的潜力如何最大限度地被挖掘出来以及人的内部灵性的生成。

三、尊重生命、关怀生命的实现路径

1.引导生命发展

如果没有教育,生命可以发展,但是有了教育,生命会更好地发展。学校教育是加速和促进个体生命发展的有效途径。因为学校教育是一种特殊的实践活动,它通过各种活动形成人的认知和心理特征。这些学校教育教学活动,是有计划、有目的、有组织地进行的,教师和学生是学校教育中的特殊主体。教师闻道在先,术业有专攻,掌握教育教学的规律,了解儿童身心发展的特点,在教育过程中具有明确的教育责任,从而有目的地引导学生的发展。学生是处于人生发展的某一阶段、身心需要得到扶持和发展的人,他们有明确的发展要求和学习愿望,期待得到教师的指导。教育对生命的引领作用,主要表现在对后天发展方向的定位。"人是未完成的,具有极大的可塑性。如果任其发展,就像荒山上的树丛,杂乱无章,东倒西歪,最终也成不了参天大树。人如何发展,教育承担着引领生命航向的作用。"①因此,在教育教学中,学生的生命成长需要学校和教师的帮助和引领,尤其是处于小学阶段的学生,心理机能发育尚不完全,对社会认识浅薄,极易受到外界不良因素的影响,造成身心的伤害,甚至误入歧途。所以,在小学生身体心理快速发育的阶段,要及时施加正确的影响,保证个体生命的健康成长。教师要爱每一个学生,尊重每一个学生,把关怀作为一种习惯,建立关怀型师生关系,在关怀中让学生体会到被爱与期待,使其能够形成正确的人生观、价值观。

教学案例(上浩小学张定红老师提供)

我班有这样一个学生。母亲因病早逝,父亲无文化,性格内向不善言谈,教育方法简单粗暴,下岗后开出租车维持生活。伯伯、伯母可怜孩子从小失去母爱,对孩子的要求尽可能满足,就造成他性格暴躁,说什么就是什么,稍不如意就大发脾气。在学校,同学与他意见不合就出手打人,没有学习兴趣,作业可做可不做,面对老师的批评教育左耳进右耳出,甚至顶嘴,无理取闹。

美国心理学家威廉·詹姆士说:"人类本质中最殷切的需求就是渴望被肯定。"心理学也认为,每一个学生都有成为好孩子的欲望,教育就应该让教育对象找到"我是好孩子"的感觉。如果能做到这一点,便是一种成功。针对他对自己"坏孩子"的评价,我决定从对他的行为评价入手。我以宽容、尊重、欣赏的态度,抓住他日常行为的

---

①冯建军.生命与教育[M].北京:教育科学出版社,2004:153.

火星:课上,不但孩子的聪敏在课堂上不断得到表扬,连讲题后对全班说的一句"谢谢",我也带动全班为他鼓掌……他的一言一行都成为了我树立孩子信心的契机;课下,我又诚恳地小到说话的语调、大到为人处世,一点一滴教给他,帮助他树立新形象……我不仅留心展示孩子的优势,更为孩子创造更多闪光的机会:做操时,我用自己的肢体语言示意他站直,在他站直的一刹那,我及时请周围同学以他为榜样;大扫除时,他抢着做最重最脏的活儿,挥汗如雨时,又委之以劳动委员重任……"优点轰炸赞美法"发挥了巨大作用,终于有一天,我从科任老师口中得知他有进步了,课堂上不再故意捣蛋,犯了错也能接受老师的批评教育,学习成绩也在逐步提高。

随着时间的推移,他的周围渐渐多了许多朋友,有一天孩子竟出乎意料地提出想与我聊天,并请我为他提发展建议,还特别说明:"您就是对我发火,我也接受!"孩子心灵之窗的打开,令我心中感动不已,也使我更加体会到"教育是一门艺术",教育者只有用爱心才能拉近师生关系,成为学生的知心人。

后进生产生的原因是不同的,表现也有差异。但他们也有极强的自尊心。他们需要理解,需要帮助,更渴望得到同优等生一样的师爱。无论产生后进生的原因是什么,后进的表现如何,家长把孩子送入学校,就意味着将其最珍贵的生命交给了学校。家长们不仅关注孩子的学习情况,还关注老师对孩子的表情、态度,关注孩子的生命状态。而教师们在努力研究课程、考试、规范等种种规定,帮助学生今后进入成人世界获得一张通行证的同时,却恰恰忘记了对儿童至关重要的这两个字——"幸福"。幸福的童年不仅是表现出色儿童的特权,获得"幸福"的童年同样是后进生的权利。而帮助后进生"幸福"地成长,仅靠耐心、细心和强烈的责任心是不够的,更要有一颗爱心和一套科学的方法,从而使教师与后进生心与心的交流、碰撞,共悟爱的真谛的过程,成为师生生命体交相辉映、融合一体、健康发展的过程。

总之,转变后进生的最有效的方法就是:用人类最高尚的情感、最美好的语言——"爱"去与他们交流。把他们看成活生生的、丰富多彩的人,把自己的心血、才智、温柔、激情凝聚在对他们的爱中,用伟大的爱包容他们、滋润他们的心田。而孩子们在爱的潮水的包围中,也会由无助变得抬起头来走路,并不断地萌发出更多的良好愿望,同时更悟到什么是尊重、理解与信任这些爱的最基本内涵,在"被爱"中学会了"爱"。以健康的情感、健全的人格,"幸福"地成长,展翅高飞。

2.张扬生命个性

马克思关于人的发展的观点既承认人发展的普遍可能性,又承认人发展个别差异性。马克思认为,"即使在一定的社会关系里,每个人都能成为出色的画家,但这绝不排斥每个人也成为独创的画家的可能性。"①只要社会为人的发展创造足够

---

①马克思恩格斯全集(第3卷)[M].北京:人民出版社,1960:460.

的条件,每个人的各种能力都会得到发展。然而由于每个人的先天遗传条件和后天社会环境的不同,人与人的发展存在着种种差异,这种差异正是人的个性。个性是指"个体在生理素质和心理特征的基础上,通过社会和教育的影响及主体的社会实践活动,在身心、才智、德行、技能等方面所形成的比较稳固而持久的独特特征的总和。"①

因此,个性也理解为生命的独特性,是个体动机、需要、兴趣、特长、倾向性以及认知思维方式的综合反映,它使人对事物的反映带有个人的选择和特征,形成个性化的精神世界。因而生命教育关注的不是空洞的、抽象的生命,而是具体的、真实的生命。而"教育的基本作用,在于保证人人享有他们为充分发挥自己的才能和尽可能牢牢掌握自己的命运而需要的思想、判断、感情和想象方面的自由。"②而压抑人的个性,就等于扼杀人的生命,生命教育是要充分发展人的个性的教育,是让生命呈现丰富灵动、多彩各异的图景的教育。但教育要培养的个性,必须是正常的、健康的个体,既要与社会协调,又要与个人身心协调,是在全面发展基础上的个性。德智体全面发展体现在人的身上,并不是整齐划一的,必然表现出客观的差异。因此,教育不是去"养成"个性,而是尊重个性,给予个性施展和绽放的机会。在目前的班级集体教学的情况下,提供适合每个学生个性发展的空间和机会很难做到,但是,我们要尽量创造一个让学生感到安全、轻松的环境,使他们在学习方式、学习进度的选择上多一点自由的空间,尽量照顾到个性的发展。理想的生命教育应当在充分认识和肯定个性生命的基础上,给他们创造一个良好的发展空间和舒适的人文氛围,引导他们认识自我、张扬个性、完善人格,追求意义、实现价值,展现自己与众不同的人性光辉,书写独具特色的生命篇章。

第三节　充盈生命、超越生命

一、充盈生命,超越生命的意义

1.追寻生命意义

生命不仅仅在于简单地"活着",更在于"活着"的意义。因为人生苦短,稍纵即逝。正如鲍曼所说:"意识到生命的短暂性使得人们只把价值寄托于永恒的延续性

---

①杨兆山.教育学的"个性"概念[J].中国教育学刊.1996:4.

②联合国教科文组织国际 21 世纪教育委员会.教育——财富蕴藏其中[M].北京:教育科学出版社,1996:69.

之上，这间接地证实了生命的意义：无论我们生命多么短暂，在出生与死亡之间的那段时间都是我们求得超越的唯一机会，是我们在永恒中获得立锥之地的唯一机会。"赫舍尔也强调："人的存在从来就不是纯粹的存在；它总是牵涉到意义。"① 所谓意义，艾温·辛格认为意义一般有两层含义，一层是认识上的，另一层是价值上的。当我们在认识的意义上使用"意义"一词时，一方面，我们是在寻求某种解释，是要阐明某种事情或某个事物；另一方面，我们使用"意义"一词时，往往和个人的情感和情绪有关。它揭示、表明我们的最高价值，体现出我们所怀抱与追求的理想。这理想是我们行动的目标和生活的依据。

生命教育需要追问人为什么活着？人活着的意义在哪里？我们的教育目标在基础层面是认识生命、珍惜生命，更高的目标则是教学生体悟生命意义、实现生命价值。哲学家冯友兰划分了人生的四种境界：自然境界、功利境界、道德境界与天地境界。在生理的、物质的层面逐渐升华，实现道德的、宗教的目标是人为之人的精神标志。马斯洛的需要层次理论可以给我们一个很好的解释：生理的需要、安全的需要、爱和归属的需要、尊重的需要、自我实现的需要。人首先在满足基本的生存需要后，开始逐渐追求精神生命的价值，如何让我们的生命更加丰满，将是我们的关切点。

在现实的教育理论研究和教育实践领域，由于功利主义态度导致的教育本体价值追求的偏移，教育在人自身之外寻找着赖以存在的逻辑起点，导致教育的生命意义的缺失。生命存在的主要向度就是意义的追寻。"从某种意义上说，人是一种以'意义'为生存本体的高级动物。人最不能忍受的是一种空虚的、无意义的生活。对意义的追寻，对人的生命和世界的根本意义的理解和阐释，是人的一切生命活动的根本出发点，是人类文化活动的本质。人在世界上的生存、活动、创造，都必须以对自己的价值意义的把握为前提，即必须了解和认识'我是谁''我所生活的世界怎么样''我在世界的位置如何'以及'我们是什么''我们从何处来''我们往何处去'这样一些属于人生本源性的问题。"② 人正是对自己生命的不懈的审视活动和批判态度中来认识生命的意义的；正是对自己生命不断的严肃认真的自我反省和自我考察中来发现生命的尊严的；正是对自己生命的不断建构和不断丰富中实现生命的价值的；正是对自己生命的不断升华和不断超越中来证明生命的高贵的。所以，对生命意义的追寻是人类自救、发展和完善的最原始和最持久的驱动力。

人的生命意义更多地是在追寻精神层面的意义，正如马斯洛所说"精神生命是人的本质的一部分，从而，它是真实自我的一部分，人本身的一部分，人的族类性的

---

①［美］赫舍尔.人是谁［M］.隗仁莲，译.贵阳：贵州人民出版社，1994：47.
②袁祖社.意义世界的创生及其自为拥有——人的超越性与自由本质探究［J］.陕西师范大学学报：哲学社会科学 2001（1）.77

一部分,完满的人生的一部分。"①精神生命是人的生命的至高特性,而人对自己生命意义的追求和扣问,对自己生命存在合理性的思考和探寻是人的精神生命活动。因此,生命的意义存在是我们精神生命充实而丰盈的体现,是我们不断超越生命的源动力。意义赋予了生命特别的存在感,它使人在不断追求"意义"的过程中得到发展、完善与升华。

2.实现生命价值

首先,关于生命价值的理解,可以追溯到我国古代的哲学思想。儒家提倡中庸生命思想,其中孔子提出用"德""仁"规范自己;道家则奉承安命思想,认为人的生命承接应合乎自然规律,即使遇到挫折也要顺其自然,事物的变化发展,要注意阴阳平衡,要求回归自然,最终才能成就"仁义";禅宗学说既有儒家的积极入世的生命态度和生命情怀,也有道家超脱物质生命的出世哲学,其提倡人体生命都要有"佛性",要以平常心态对待任何事物,要用宁静的心境感受生命、顿悟生命,提升生命的价值。中国传统的生命价值观具有较强的生命理性,缺少知识理性的逻辑推理,随着时代的发展与变迁,生命价值在现代学者们的研究中被赋予新的内涵。生命价值在起点上要保全物质生命。其次,要丰富精神生命,以人文意义为立足点,强调人的价值的实现、人的尊严的崇高和人格的健全完整,也就是要理解人的行为、关心人的内心世界的需要,特别是关心人的精神状况,使人在自由的环境中成长和发展。最后,价值生命的实现,即以和谐发展为终极目标,强调作为主体的人应与客观物质世界保持相互平衡和适应的关系,即要达到与自身、与他人、与社会、与自然整体的和谐发展,提高人的生命智慧,推动社会向前发展,最终实现人的生命价值。

我们可以把生命的属性分为"实然"的和"应然"的。"实然"的属性是指生命已经达到的或者说是已经具备的;"应然"的属性指目前还没有达到而是生命正在追求的对象性存在。生命就是在"应然"与"实然"的不断转化之中,实现着对自身的超越,对现存的超越,这种超越是每一个灵魂深处永远不灭的火花。这是因为具有这种不断追求的超越动力,才使得生命的有限性具有了无限的可能。

在促进个体生命发展的意义上,超越成为教育的本质规定。"教育赋予人以现实的规定性,是为了人否定这种规定性,超越这种规定性。一切现实的规定性只能规定人的现在,而不是要去解决他的未来。理想的教育并不是要以各种现实的规定性去束缚人、限制人,而是要使人从现实性中看到各种发展的可能性,并善于将可能性转化为现实性。它要使人树立起发展和超越现实的理想,并善于将理想付之于现实。培养一种理想与现实相统一的人,超越意识和超越能力相统一的人,这

①[美]马斯洛,等.人的潜能和价值[M].沈弘,等,译.北京:华夏出版社,1987:223.

才是教育之宗旨。"①

然而，长期以来，我们培养的学生都是有理而无情、有智而无慧的"单面人"。学校教育教学对学生自身资源的开发与利用，只不过是小小的一部分。作为人类的特殊活动，教育绝不仅仅是单纯的文化传递过程，更应该体现对人生命的唤醒与潜能的挖掘。人类学研究表明，人作为宇宙中的"精粹"，具有极强的自我谋划能力，即具有强烈的内在自我发展的动因，并外在地表现为不满足于已有定论，不屈服于任何权威，力求表达自己的观点及主张。同时，也表现为不安于现状，不断地挑战自己的人生极限。因此，人具有思维与创造的能力，不断去突破自我与改造世界，在这个过程中，才体现出人生的价值，才实现了生命的价值。超越生命是上浩小学生命教育的最高形态，学生生命意义的追求和价值的实现是生命不断走向完满丰盈的至高境界，是学生整个生命生涯最核心的部分，不可能在小学阶段就能全部实现，我们仅是为学生提供一个正确的方向和引导，重要的是让学生从小就能具有这种执著的生命诉求。

二、充盈生命、超越生命的表现形态

1.生命形态丰盈

刘济良教授曾把人的生命分为四种存在形态：自然生命、精神生命、价值生命和智慧生命。自然生命是人的生命存在的物质载体和本能性的存在方式，是最基本的生命尺度。人的自然生命是其他一切的前提和基础。从这个意义讲，首先，我们应该保全我们的自然生命。自然生命的健康、完整是我们首要的生命保障。其次，作为万物灵长的人类不同于其他动物的最主要因素是人拥有着思维与情感，这就是精神生命的体现。人的精神生命使得人的自然生命提升至理性的高度，超越了自然生命的属性，赋予人灵魂的意义，走向由有限到无限的永恒。再次，人活着的目的和意义形成了人的价值生命，人的价值生命"作为对自然生命的否定，对精神生命的超越及在感性活动中实现对二者的统一，是一种自为之有的存在状态"。② 也就是说，人的价值生命在类化的过程中，扬弃了其自然生命的自在性，超越了精神生命的内在性和主观性而获得的一种新的个体性的生命形式，这种个体性的生命形式是真、善、美三种生命内在尺度的完整统一。最后，由于人具有创造性的特点，能够不断改造自己、改造世界，这是人的智慧使然。正如高清海所说："人除了本能生命，还有一个智慧生命，智慧生命的本性就是'超越'。"③人的智慧生命是人对自己生活诗意的超越追求，是人对精神升华的诗情守望。因此，人的智慧生命是人探索宇宙的奥秘和洞察人生

---

①鲁洁.论教育之适应与超越[J].教育研究,1996(2):5.

②余潇枫.人格与人的"价值生命"[J].求是学刊,1999(1):38.

③高清海.人就是"人"[M].沈阳:辽宁人民出版社,2001:19.

意义的渴望,是促进历史的发展和提升人类境界建新的生命世界的渴望,是为人类追求"安身立命之本"和确认"最高的支撑点"的渴望。

这四种生命形态呈现逐渐递进升华的趋势,从人的生命属性与特点归因,构成了人从自然到精神的跨越,从有限到无限的挑战。那么可以说,这四种生命形态的饱满便是生命充盈的最佳诠释。落实到教育中,学生生命的丰满就是要表现出这四种生命形态的完整与实现。学生不仅要有健康的体魄,还要有健康的心灵;不仅要有目标和追求,还要有创造性的活动。在学习生活中,要体现出对知识的渴望,对方向的明确,对自我的实现要求,在目标达成的过程中表现出持续的动力和不断突破的自我进步,以充实的客观活动作为载体实现精神世界的丰盈与饱满。

2.生命主体幸福

生命教育的主要面对对象是学生,因此在这里主要探讨学生主体的充盈生命、超越生命的表现形态,即是学生主体的幸福体验。上浩小学生命教育的根本目的是提升人的生命质量,实现人的全面发展,为人的终身幸福奠定基础。正如著名教育家乌申斯基说:"教育的主要目的在于使学生获得幸福,不能为任何不相干的利益牺牲这种幸福,这一点是无需置疑的。"

美国著名教育家诺丁斯提出了幸福与教育的关系。她强调"幸福既不是教育,也不是生活的唯一目的,但它是一个核心目的,并且它可以用作判断我们所做的每一件事的标准。"[1]教育的核心目的可以不止一个,但其他目的与幸福目的相比,因其优先性的差异而不在一个层面上,或者说教育的其他目的诸如获得一份理想的工作、好的经济回报等,都服务于"幸福"这一更高层次的目的。在诺丁斯看来,当我们把幸福的全部内涵理解为经济上的成功时,这种"功利论"或"工具论"的幸福观将给学生带来巨大伤害,将导致人生命的"异化"和终极意义的失落。所以,"当我们思考教育与幸福这一问题时,我们需要明白孩子们现在体验到幸福的具体所在,也要思考如何更好地为孩子们将来的幸福作准备。"[2]由此可见,诺丁斯所期望的幸福是学生现时幸福与长远幸福的辩证统一。这才是生命的价值追求所在,学生幸福应该是一种可持续的生命过程体验。所以,"教育从根本上说就是培养人们感受幸福、追寻幸福、创造幸福的能力。教育之于幸福不是外在的,它是教育本身的应有之义"。[3]

学生幸福不是一个抽象的概念,而是体现在学生学校教育生活的真实体验中。这种幸福源自于学生个性化的体悟。也就是说,真正的幸福应当与个体的人生目标结合,在不断追寻人生目标的过程中去体悟、去达成。对于学生而言,学习是他

---

①Noddinds,Nel.,Happiness and Education[M].Cambridge University Press,2003:5.

②Noddinds,Nel.,Happiness and Education[M].Cambridge University Press,2003:29.

③冯建军.教育的个体享用功能[J].上海教育科研,2002(1):30.

们的核心生活。教育能否给学生以幸福,成了他们整个生活是否幸福的主要标准;教育能否培养学生以幸福能力,也是关系到他们以后能否幸福生活的重要因素,因此,我们可以从生理、心理和伦理三个层次进行分析。首先,按照马斯洛的需要层次理论,物质需要是人类生存的基本需要,也是首要需要。实践证明,物质需要的满足是构成学生幸福不可缺少的必要条件,因为"教育增进学生幸福价值的首要体现就在于尊重学生的需求,培养学生的健康生命"。[①] 其次,在必要的物质需要得到满足后,构成学生幸福另一要素是人际关系。人际关系要素的满足大致包括安全需要的满足、归属与爱的需要的满足以及自尊的需要的满足。人际对于学生来说,期待得到老师的爱,得到同伴的关心,既是他们本能的要求,又是他们个性健康发展所必需的情感因素。如果能够经常得到老师关爱、同伴关心,必定会获得心理上的满足。有了安全感与爱的满足,幸福的感觉自然会生成。还有就是学生自尊需要的满足,这对每一个学生来说,是至关重要的自我价值的肯定。再次,从精神、伦理要素来分析学生的幸福。人之为人,不在于肉体的生命形式,而在于精神,在于道德。学生幸福的精神要素,主要包括求知需要、自我实现等方面。孔子说"朝闻道,夕死可矣"(《论语·里仁》),说的就是学习与求知带给学生的巨大幸福。在教育教学过程中,求知需要的满足是让学生能够快乐地学习,求取真知,转识成智,进而从学习中感受与体验幸福。精神或伦理幸福的最高表现,则是自我实现的需要得到满足。赵汀阳先生明确指出,"从最简单的意义上说,幸福生活等于创造性的生活","创造性的幸福不仅是激动人心的,而且同时是一种人生成就,一种贯穿一生的意义"。[②]学生的生命过程是不断挑战自我、不断丰富自我、不断实现自我的创造性过程。生命丰盈的实体就是创造性的活动,生命超越的本质也同样来源于人的创造。在不断丰富和超越生命的历程中,幸福是伴随生理、心理和伦理不断建构和生成的。

三、充盈生命、超越生命的实现路径

1.开发生命潜能

人作为生物体,与动物的最大差别在于动物的生理构造和机体组织是特定化的,而人是未特定化的。这种未特定化意味着自然界把尚未完成的人放在世界之中,它没有对人做出最后的限定,在一定程度上给人留下了未确定性,给人留下了广阔的发展空间和创造的自由。因此,人的未特定化,表明了个体自身的发展蕴藏着无限的潜能。人的生命充盈、超越的过程在一定意义上就是潜能的不断开发。未特定化使得人能够决定自己的行为方式,表现出创造性。"人必须靠自己完成自

---

①王卫东,常淑芳.由马克思主义幸福观论教育增进学生幸福的价值[J].教育科学研究,2008(3):14.
②赵汀阳.论可能生活——一种关于幸福和公正的理论(修订版)[M].北京:中国人民大学出版社,2004:23.

己,必须决定自己要成为某种特定的东西,必须力求解决他要靠自己的努力对自己解决的东西。他不仅可能,而且必须是创造性的。创造性完全不限于少数人的少数活动;它作为一种必然性,根植于人本身存在的结构中。"①

有些哲学家把超越性看做人的生命本质。德国哲学家马克斯·舍勒把超越性看做人的生命本质,他指出:"人,只有人——倘使他是人本身的话——能够自己作为生物——超越自己。"②马克思更进一步指出,超越绝不仅仅是一个精神过程,而是人的实践活动。人在实践中产生自我意识,并通过实践活动完成人对自身的改造、对现实世界的改造。教育作为一种有目的的实践活动,它以受教育者自身为实践的对象,以对受教育者实现规定性的否定和超越为出发点。教育不是教育者对受教育者的改造,而是受教育者自身的自我创造和自我超越的实践活动。我们的教育就是要使学生"清楚地意识到要成为完整的人全在于自身的不懈努力和对自身的不断超越,并取决于日常生活的指向、生命的每一瞬间和来自灵魂的每一冲动。"③因此,学校教育应该给学生个性生长和潜能发挥提供更多的机会,基础教育的新定位,是要求小学教育的主要任务不再是基本知识、基本技能的训练和掌握,而必须把每个学生潜能的开发,健康个性的发展,为适应未来社会发展变化所必需的自我教育、终身学习的愿望和能力的初步形成作为重要的任务。基础教育应该教会学生学会做人、学会做事、学会学习、学会与他人相处,为生命的可持续发展奠定基础。这不仅是生命教育的要求和宗归,也是教育的使命和归属。

2.焕发生命灵性

"教育活动应该关注的是,人的潜能如何最大限度地调动起来并加以实现以及人的内部灵性与可能如何充分生成。"④教育对象是一个个独特的、鲜活的生命体,生命教育的最高层次是达到生命的丰盈与超越。这就要求在教育教学过程中,要还学生以自由,还学生以情感,还学生以活力。让学生充分展现自己的潜能,绽放生命的激情,舒展个性生命的灵性。

斯普朗格认为:"教育之为教育,正在于它是一种人格心灵的'唤醒',这是教育的核心所在。"这种人格心灵的唤醒即是人精神生命的教育。这种心灵的唤醒就是要激活精神生命的种子,从而焕发精神生命的灵动,展现精神生命的饱满,养成完满的个性人格。唤醒的过程,要求教师要有一颗灵动的心,要有一双锐利的眼睛,去把握与发现学生的生命律动。学生生命意识的触动常常出现在其与教师的日常交往之中。教师日常的言行举止都可能对学生产生极大的影响,唤醒学生内在沉

---

① M.兰德曼.哲学人类学[M].阎嘉,译.贵阳:贵州人民出版社,1988:228-229.

② 马克斯·舍勒.人在宇宙中的地位[M].李伯杰,译.贵阳:贵州人民出版社,1989:34.

③ 雅斯贝尔斯.什么是教育[M].邹进,译.北京:生活·读书·新知三联书店,1991:1.

① 雅斯贝尔斯.什么是教育[M].邹进,译.北京:生活·读书·新知三联书店,1991:4.

睡已久的意识和潜能。因此，要求教师从赏识教育观的角度出发,给予学生更多的信任与鼓励,而不是责备和专制;要更多地倾听与交流,而不是冷淡与漠视;给予更多的关怀和启发,而不是批评与体罚……

下面以语文教学为例,来阐释教学过程中如何更好地实施生命教育,以挖掘生命的潜能,凸显生命的灵性,从而实现充盈生命、超越生命的目的。

语文课程具有丰富的人文内涵。如果我们在语文教育中过分追求科学化,醉心于数量化和标准化,这势必会背离语文教育的特点,降低语文教育的效率,而且也伤害了学生在语文学习中的兴趣和创新意识。倡导在语文教育中渗透生命教育就是要使学生在语文的学习过程中得到应该有的价值与情感体验,使"语文素养"真正成为有生命根基的东西。

首先,要尊重学生个体存在的价值与情感体验,著名的美国学者苏珊·朗格说过:在社会科学中没有正确的答案,只有不同的答案。语文课程中具有大量具体形象的、带有个人情感和主观色彩的内容。由于个人的知识背景、生活经验、体悟的角度等方面的差异,对文本的理解也会有所不同。我们要承认和维护学生独立思考的权利。不过分依赖分析,不强求统一理解,不追求标准答案,鼓励个性的感悟和解读,尊重学生的学习和生活实际,让学生在文本理解中融入生活和内心的体验,产生独特的个体生命情怀,往往这种带有个人经验色彩和想象的理解往往是充满灵性的、闪耀着创造光芒和智慧火花的。

其次,教师课堂语言尤其是教师的提问方式与表达方式中,不武断地否定学生对学习内容的理解,而是在尊重学生个性理解的基础上发展他的认知。尽量不提那些答案单一的问题,多给学生一些选择,让他们多一些机会理解与感悟生活的多样与丰富;也可以进行一些创意性的讨论,倾听学生的评判,发现他们不同的想法。教师要能够很好地利用教材提供的学习资源,为学生创设丰富的语言环境,让他们在充满真情与智慧的氛围中健康成长。以我们所熟悉的"亲情"为主题的文章为例,例如屠格涅夫笔下闪耀着母性光辉的麻雀这样的经典名篇,可以让学生在自主阅读中去体验,联想到自己的母亲,想想母亲在生活中点点滴滴的爱。我们学习这样主题的课文,不是狭隘地将爱模式化,而是引导学生走向自己的生活,走向更丰富的情感体验,唤醒他们内心的感恩之情,触动他们心灵的琴弦,以达到理解生命、感悟生命、回馈生命的目的。语文教学的重要目标之一就是让学生在语文材料的阅读与学习中去感受人类广阔的文明成就,去学习文本的解读和自由表达,在文字中感受人性的美好,感受生命的灿烂与光辉,领略世界的丰富与神奇,使学生的心灵充满灵动的精神色彩。

总之,生命教育是以认识生命为基础,尊重生命为前提,关怀生命为内容,超越生命为追求,促进生命发展为目的的教育。生命的潜能是无限的,教育要创造条件,去激活、去展示生命的灵动与飞扬,促进每个生命创造性地、富有个性地发展。

第三章　生命教育的理论基础

　　现代社会随着竞争的空前激烈,学生面临的压力也越来越大,不仅是大学生,甚至中小学生都出现了不能承受生命压力之重和漠视生命的现象,因此生命教育应从基础教育抓起,且刻不容缓。生命教育对学生而言,是让他们认识生命的意义,感悟生命的价值,能够懂得珍惜生命,挖掘生命潜能,提升生命质量,使有限的生命得到无限的发展,让学生学会实现个人与他人、与自然、与社会的和谐相处。

　　就生命教育的理论基础而言,生命哲学、人本主义心理学、教育社会学对生命教育的本质与特点、探究生命的方法、生命教育的价值与意义、生命教育与社会的关系等方面做了详细的阐述,为生命教育的开展奠定了深厚的理论基础。生命教育采用生命哲学的观点来谈论人的生与死的问题,虽然带有浓厚的主观唯心色彩,但它对生命的本体论定位,对生命冲动的强调,对生命直觉和生命体验的宣扬,给生命教育带来很大的启示。它使人认识到教育所面对的是活生生的完整的生命,在教育被工具化、功利化的今天,为生命教育指明了方向。人本主义心理学倡导以人为本,要求尊重学生个性,高度重视学习中的情感因素,强调在需要层次理论基础上的亲身体验和自我实现,倡导民主、平等的师生关系,提倡"非指导性教学",为生命教育的实施铺上了登上教育阶梯的砖石。人是社会性存在,教育存在社会中,然而,社会的本源在人,都是因人而产生而存在。因此,教育应关注社会需要,重视人的社会生命,不能盲目迎合社会时髦,需通过教育与社会相结合,去适应社会,实现人的社会性发展。教育社会学就是要求实现人的社会生命,关注当前我国教育中的异化现象,摆脱应试教育的弊端,在生命教育理念下,帮助学生学会平等,学会尊重,学会理解,学会关爱。

第一节　生命哲学

　　在近现代哲学的发展演变中,随着现代科学技术的不断进步,哲学家们对人性的思考逐渐摆脱传统哲学对人性思维的理性化模式,要求把人从生命理性化、理性动物的束缚下解放出来，肯定人的生命活动，发掘人性的生命特征。哲学研究从理性世界不断转向人文世界。生命哲学正是反对理性主义、本质主义这一传统思想观念的产物，以生命、生活作为哲学研究的出发点，为生命教育的发展奠定了理论基础。

一、生命哲学概述

生命哲学是 19 世纪末至 20 世纪初在德、法等国流行的一种具有非理性主义特征的哲学思潮，是反对实证主义和理性主义的产物。它是一种试图用生命的发生和发展来解释宇宙，甚至解释知识或经验基础的主观唯心主义学说或思潮。严格来说，19 世纪末至 20 世纪初的德国生命哲学主要指德国哲学家狄尔泰、齐美尔、奥伊肯，法国的柏格森等人的学说；广泛地来说，叔本华生活意志论、尼采权力意志论、新康德主义弗莱堡学派、弗洛伊德主义、法国的唯灵论和意志主义、柏格森等都是其代表。

生命哲学是西方关于人的生命价值和意义的学说，是对生命进行整体系统的研究，以期从根本上解决生命问题的学说。① 对生命哲学来说，一般存在两种界定，一方面是生命意志取向，另一种取向是与死亡相对立的生存。生命哲学家虽由于研究的角度和层次不同，但都是以人的生命、人的生活、人的心理状态和人的历史文化作为研究核心，从对生命的意义的揭示出发来探讨精神生活、文化—历史和价值等问题，将哲学关注的主题由外在自然物质转为人自身，并进而由对人的生命的揭示扩大到对整个世界的揭示。

(一)生命哲学的产生背景

生命哲学由来已久，早在古代和近代都有哲学家对心灵、心物关系等进行了哲学思考，但没有形成一定的理论体系，所以也并没有形成一种哲学思潮。真正意义上的生命哲学思潮产生于 19 世纪末和 20 世纪初。19 世纪以来，由于西方自然科学技术的发展，导致科学理性极度膨胀，寻求人的精神价值和生存意义的人文精神逐渐被疏离，人的完整性和总体性逐渐丧失，成为"单向度的动物"，正如科学史家布尔特在《近代科学的形而上学》一书中所说的："从前，人们认为他们生活在其中的世界，是一个富有色彩、声韵和花香的世界，一个洋溢着欢乐、爱情和美善的世界，一个充满了和谐而又富有创造性的世界，而现在的世界则变成了一个无声无色、又冷又硬的死气沉沉的世界，一个量的世界，一个在机器齿轮上转动，可用数学方法精确计算的世界。"② 因此，"找回失落的精神世界"，走出人自身生命的异化现象受到西方哲人们的重视。即西方科学文化的变更为生命哲学的产生提供了机会。

---

① 徐春林，黄艳红.生命哲学与生命教育[J].思想理论教育·新德育，2007(10):14.
② 启良.新儒学批判[M].上海:上海三联书店，1995:38.

科学方面产生发展了近代生物科学。达尔文生物进化学说的问世及推广,对机械论,尤其是物种不变论造成了巨大冲击,使崇尚活力的进化论思想影响了各个领域。1828年人工尿素的成功合成,又冲击了长期占统治地位的有机体和无机体绝对不同的观点。再加上当时科学领域内新兴的活力论和新活力论之争,使现代哲学家们对人性的研究有了不同的理论视野。这些都在一定程度上促使人们要求正确认识生命现象,动摇了传统形而上学、机械论的根基,促使人们大力关注生命问题,从而使生命哲学发展成为一种有广泛影响的思潮。

文化方面兴起了以德国为中心的浪漫主义文艺运动。它强调人的生命和激情,强调人自由创造的人文精神,把人看做是有生命的有机体,促使人们摆脱形而上学的近代理性主义,转而从哲学上研究生命现象,促使了德国生命哲学的形成。

除了科学文化等生命哲学产生的外部原因外,尼采、狄尔泰等也为生命哲学走向繁荣奠定了坚实的理论基础,如尼采提倡一种基于对自然生命肯定的生命价值说。所以生命哲学的产生是哲学家们对社会现实发展思考的产物。

(二)生命哲学的发展历程

1.生命哲学的兴起阶段(18世纪至19世纪上半期)

一般把这一时期作为近代生命哲学的第一个时期。以K.F莫里斯和F.施莱格尔为代表,两人分别于1781年发表了《生命哲学论文》和1827年发表了《生命哲学讲座》。[①] 生命哲学的文化渊源是以德国为中心的浪漫主义文学运动,它被称为生命哲学思潮的直接先驱。德国的浪漫主义文学运动在一定程度上受到了17~18世纪启蒙运动时期维柯、卢梭等的影响。在启蒙运动时期,卢梭等人就已经开始倡导人的下意识、激情、诗性精神等心灵的先理性、先逻辑力量,主张依据人的天性培养自然人,这成为生命哲学及生命教育的理论依据。

生命哲学兴起于德国浪漫主义文学运动的盛期。早在1772年就有人倡导哲学研究人的心灵的力量和特性。此外,歌德、赫尔德、雅克比等一批才华横溢的青年思想家都纷纷从德国古典哲学家康德等人的著作中发掘精神的自由、创造性和能动性的思想,竭力讴歌人格和生命的力量。[②] 这样在德国就形成了一种崇尚生命的思想文化氛围,这为生命哲学的正式形成准备了思想条件。德国浪漫主义哲学家倡导建立以心灵为核心的生命哲学,但这时生命哲学并没有形成具有广泛影响的思潮。这一时期的生命哲学是感性的,是对理性主义的补充。

2.生命哲学的形成阶段(19世纪末20世纪初)

19世纪末20世纪初是生命哲学的形成阶段。19世纪末20世纪初德国的阶

① 费迪南·费尔曼.生命哲学[M].李建鸣,译.北京:华夏出版社,2000:17-18.
② 刘放桐,等.新编现代西方哲学[M].北京:人民出版社,2004:122.

级矛盾越来越激化,传统形而上学以及经验主义和理性主义的局限性日益暴露,使人们逐渐丧失对理性主义的信心。德国哲学中原本占统治地位的黑格尔学派亦完全解体,促使西方哲学领域中,人们逐渐关注人的自由、价值生命、历史文化等问题,取代了传统的形而上学,使生命哲学形成一种广泛的思潮。此外,一战后,由于人们对生活意义的困惑及由此造成的不安,促使生命哲学迅速走向繁荣。这一阶段的生命哲学理论性已很强,带有鲜明的非理性主义色彩,一般认为此阶段是生命哲学的真正开始。德国的狄尔泰、齐美尔、奥伊肯是其突出代表。一般认为,叔本华的生活意志论、尼采的权力意志论、新康德主义弗莱堡学派的价值论、弗洛伊德主义等都属于这一思潮。

法国的生命哲学的出现和发展有自己的特色,它主要源于几位哲学家的贡献。19世纪法国哲学中的唯灵论和意志主义以及雷诺维叶的新批判主义和人格主义思潮为法国生命运动创造了条件。到了19世纪70~80年代,青年哲学家居约提出了宇宙进化的概念与生命的创造性思维结合起来的理论,并把它推广到了道德和宗教各个领域,并以此建立了一个相对完整的生命哲学体系。到了19世纪末和20世纪上半叶,生命哲学在柏格森的努力下,突破了原有的非理性主义和直觉主义特征,充分利用了现代进化论、心理学、细胞学等生物科学成果,使其带有现代科学色彩,扩展了生命哲学的影响。

总之,生命哲学是在对理性主义的批评,对生命的追求这一共同背景下产生的,要求实现生命的完整性和生命的价值与意义。

(三)生命哲学流派及理论主张

生命哲学的产生受生物科学和浪漫主义文学运动的巨大影响,因此与这两者相关,但又由于对生命的不同理解,生命哲学表现为生物学倾向和历史—文化倾向两种类型,并形成了生物学哲学和历史哲学两种思潮。[①]

1.生物学倾向的生命哲学派系

此派系大多受19世纪末以来科学革命的影响,与生命现象的活力论和新活力论之争有紧密的联系。此派反对单纯从力学的角度来解释生命观,反对机械进化论,要求用运动变化和整体联系的观点来解释生命现象。此派的突出代表人物是法国的柏格森,他把生命理解为与人的机体和生物进化有关,他为这类生命哲学提供了最完整的理论形态。一战后主要代表人物有克拉格斯、奥伊肯等。但此派系在发展中又出现把人的生命神秘化,把生命与物质截然对立的极端现象。

2.历史—文化倾向的生命哲学派系

此派系主要从生命的历史和文化意义的角度来进行哲学思考,生命在此大体

---

①刘放桐,等.新编现代西方哲学[M].北京:人民出版社,2004:121.

上是指人的生活经验。它强调人不是作为一种自然现象的外在生命,而是作为反思主体人内在的体验和领悟到的生命,这种内在生命包含了主动参与的动态意义。它的形态往往是合乎目的性的,即追求有待实现和达到的价值。此派系的突出代表有德国的狄尔泰,他把生命理解为人生和各种文化制度下的生命,他认为人文的世界是生命世界,反对科学研究采用实证主义的研究方式。他把"生命作为生活过程,认为生命就是历史的生活,人在生活中、在历史中彰显生命的意义,体验生命滋味。"①一战后,一些追随狄尔泰历史哲学的人,形成了狄尔泰学派,以斯普兰格尔为其突出代表。

生命哲学家们虽有不同的类型和取向,不是一个统一的哲学学派,但生命哲学家们都认为世界不是机械刻板的公式,而是激荡着生命的。他们反对近代以来实证主义研究的"无人"的思维方式,强调人文科学研究的独特性。他们都把生命看做是主体对自己存在的体验、领悟,也就是心灵的内在冲动活动和过程;把世界上各种事物看做是具有活力或者说具有能动性和创造性的生命存在;认为哲学所应探索的不是世界的物质或精神本质,而是内在于并激荡着整个世界的生命;反对用机械的和静止的观点,而主张用运动、进化和创造的观点看世界;强调用生命和激情超越理性和经验,具有非理性主义倾向。

总之,这样一种生命哲学逐渐使生命摆脱"物化"的现象,不断实现生命的主体性。

(四)生命哲学对生命教育的启示与借鉴

生命教育是现今学校教育的重要内容,已成为现今我国理论界关注的热点。但现今的学校教育仍存在极强的功利性、强调技术层面训练的倾向,忽视了生命层面,蒙蔽了生命关怀。因此,生命教育的正确实施对我国长远发展及人才培养具有重要的现实意义。在实施生命教育过程中,生命哲学家倡导的尊重生命、珍惜生命的思想无疑具有极其重要的现实意义。生命哲学就是对生命进行整体、系统研究的学说,关于人的生命价值和意义的学说。② 生命哲学"强调人的感情、冲动、直觉和非理性的情感,并且把这种情感当做人的思维和观察事物的出发点和方法,虽带有浓厚的主观唯心色彩,但其肯定生命的存在意义和创造价值,对生命教育具有很大的启示。"③

生命教育是自然生命、精神生命和社会生命的统一体,不仅需要关注人的生存,还需要关注人的价值与意义。虽然生命哲学在两个多世纪前就已产生,但在教育中的落实却是 20 世纪以来的事。生命哲学视野下的生命教育,主要是对人生命体验、生命完整性和生命价值的教育。

---

①冯建军.生命与教育[M].北京:教育科学出版社,2004:97.
②徐春林,黄艳红.生命哲学与生命教育[J].思想理论教育·新德育,2007(10):14-15.
③叶华松.生命哲学视野下的大学生生命教育研究[J].中国高教研究,2011(5):71.

1.重视生命体验与生命教育

人作为特殊的生命存在，人的体验最能表达生命的存在。柏格森以生命的"创造进化论"和"直觉主义"成为生命哲学的杰出代表，他最基本的、核心的思想就是：真正的实在是神秘的生命之流，科学与理性无法把握这种实在，唯有直觉体验才能理解生命。生命哲学家狄尔泰认为，生命不仅是生理的、精神的，也是文化的和历史的，社会历史是永不停息的生命冲动的结果，因而人文的、精神的世界只能通过个人的直接体验以及对体验的解释来把握。他说："只有当体验、表达、理解的网络随处成为一种特有的方法时，我们面前的'人'才成为精神科学的对象。"①生命存在于"体验、表达和理解"。狄尔泰把生命理解为人生和各种文化制度下的生活体验，反对自然科学的、机械僵化的运作秩序。体验是全身心地投入所认识的事物，并给认识的对象以生命的内涵，从而使体验的关系成为生活的关系，体现体验者的主体性、个体性、情境性，这区别于长期以来教育中存在的刻板机械、理性主义倾向，有利于体现体验者的主体性地位。所以，狄尔泰的生命哲学强调"把生命的过程作为生活的过程，认为生命就是历史的、生活的，人们在生活中、在历史中彰显生命的意义，体验生命的滋味。"②齐美尔认为，要体现生命的意义，光由人主观理解是远远不够的，生命个体要亲身去体验和创造。他提出两个概念："生命比生命更多"和"生命超过生命"，即生命是一个不断创造、不断更新自我的过程，生命的意义也就在于这种体验性和创造性。因此，生命只有在具体的体验中才有意义，生命教育的本来目的就是要使儿童认识生命的本来面目和把握生命的意义，在实践参与中去感受现实、领悟意义，使实践主体连接情意成为一个完整的人，使之过美好的生活。生活的世界就是生命存活的世界，生命教育就是要学生真正融入生活，舒展自己的生命，享受生命的意义和生活的乐趣。从生命哲学角度，生命教育要改变传统灌输式教学方式，突出学生的主体性与主动性，强调学生对知识的理解和建构。学生的学习过程不应是被动地接受知识，而是经验的建构，学习就是体验和创造相结合的过程。

因此，生命教育就是要学生真正融入生活、体验生活，才能感受到生命成长的乐趣，而不仅仅是学习书本中的脱离实际的刻板的知识。自古以来，教育学家们都大力倡导教育寓于生活，例如，卢梭提到"教育要返回到大自然中去"，杜威主张"教育即生活"，陶行知强调"生活即教育"，③总之，教育是寓于生活的，生命教育更是如此，这样才能赋予学校以生命力。

---

①邹进.现代德国文化教育学[M].太原:山西教育出版社,1992:28.

②冯建军.生命与教育[M].北京:教育科学出版社,2004:94.

③刘恩允,张世爱.敬畏生命关注人生融入生活——生命哲学视野中的生命教育探析[J].当代教育科学, 2007(16):8

2.珍视生命完整性与生命教育

当今的学校教育仍继承了 19 世纪以来的科学理性思潮,仍存在严重的工具性和功利性价值取向,忽视了教育的生命发展本质,即物化教育对象和追求方法的"科学性"。尤其是物化了教育对象,"忽视了教育对象是一个个具体的生命存在,把教育对象当做培训的工具,把教育教学当做获取功利的手段,学生的一切生命发展最终浓缩为考卷上的分数,学校教育的一切教育成果,聚焦为考取重点学校的人数。"[①]这种教育只注重学生认知能力的培养和生存知识、本领的训练,而忽视了活生生的人,忽视了对人的全面发展能力的培养。注重教育的外在化功能,而忽视了对学生内在心灵的塑造,使人成为支离破碎的机器。这就必然造成人的完整性与总体性的丧失,人的感性生命的破碎,使人的生命与意义淹没在物欲之中,从而"失落了精神世界",成为"单向度的存在物",而生命哲学正是反实证主义与工具理性主义的产物,从科学世界走向生活世界,弘扬了人文精神,要求找回生命的完整性。

狄尔泰关于"生命"的理论实际上是包括人的内向与外向的一切活动,既包含现代生物科学与心理特征的相关的心理活动,也包含人的认识活动,人的非理性的和本能的活动。奥伊肯在其精神生活哲学中"反对自然主义和理智主义,强调人的内心精神生活的独立性和完整性",认为"精神生活总要超越自身,达到自由自主的人格,"并且这种人格是"自然"与"理智的统一",与根本的"实在整体"一致。[②]

可见生命哲学倡导人生命发展的内在与外在的完整性,倡导突破工具理性的束缚,实现人文精神的发展,追求完整人格的实现,它是以人的生命为研究对象,去研究人的生命的完整性、系统性,并且只有从生命整体来研究生命问题才能摆脱工具理性主义,实现真正的生命教育。因此,实现人的生命完整性地成长和发展,需要在追求生命的自由与动感的前提下去获得知识和技能,这样才能实现教育的本真,才是我们追求的现代教育。

3.提升生命价值与生命教育

在现实的教育中,在一批批我们引以为豪的好学生身上,不断出现自伤、自杀、杀人及处于危机状态下对生命的漠视、对生命意义的忽视等现象,出现这一幕幕悲剧的原因之一在于"我们的教育缺失生命意义的价值体系,缺失了生命意识的激发体系,缺失了生命功夫的修养体系,缺失了生命境界的培养体系,缺失了对生死问题的认知体系。"[③]这些来源于我国现阶段教育的生命价值体系的缺失以及由此引起的精神世界的空虚,尤其在当今追求商业化和功利化的社会潮流中,致使教育也陷入功利性和工具性的漩涡,忽视了对学生心灵的呵护及生命价值与意义的思考,

---

①刘琦艳.生命哲学对基础教育的几点启迪[J].当代教育论坛.2008(2):30.

②刘放桐,等.新编现代西方哲学[M].北京:人民出版社,2004:130.

③王一木.儒家生命哲学与当代生命教育研究[D].南昌:南昌大学,2006:5-6.

使学生不断陷入生命价值与生命意义的危机。尼采喊出了"上帝死了"的口号,主张拯救生命,实现人的生命价值与意义。

生命价值的教育不仅应使学生认识到"血肉"之躯的重要性,也应感受到生命价值与意义的重要性,人的存在不仅是自然的存在,也是精神的存在。生命哲学家奥伊肯说到:"无论在什么时代,每一个个体都必须而且能够面对自己的上帝,靠自己获得他的来自神的个性。对于他来说,重新占用精神生活的过程也就是赋予生活以意义的过程,于是生活的意义和价值这一问题的答案便有了着落。"①生命教育是以人为本的教育,是为了生命质量的提高而进行的生活活动,不仅强调自然生命的存在,也注重精神生命的教育。狄尔泰主张"人们的精神生活、精神生命创造了生命的价值。"②由此才可体现生命哲学家强调的"创造性的存在"。

因此对生命教育而言,要求我们既要进行生命安全的教育、生命态度的教育、死亡教育、基于生活自理的教育,使其珍视生命,也要进行热爱生活的教育,理想、道德、感情、信仰和价值追求的教育,建构完整的生命教育课程体系,创建和谐的校园文化,从而丰富其精神世界,提升生命价值。

第二节　人本主义心理学

人本主义心理学是20世纪50～60年代兴起于美国的西方心理学思潮,主张研究人的本性、潜能、经验、价值、创造力及自我实现等,强调对自我的认识和充分实现每个人的潜能,体现为教育对完整生命的回归,对个体自由的诉求,对生命个性的呼唤,即人本主义心理学高度重视人及人的生命价值。从人本主义心理学的角度出发,生命教育主张教育教学应该以"人"及"人的生命"为出发点,以学习动机为基础,尊重学生不同的个性特征和阶段发展特点,充分挖掘学生的潜力,以提升学生的生命价值,实现完满发展。

一、人本主义心理学概述

人本主义心理学是20世纪30～40年代,由奥尔波特、戈尔德斯坦、罗杰斯、马斯洛、罗洛·梅、布根塔尔等人倡导,在50～60年代兴起于美国的心理学思潮。人本主义心理学因反对当时占主导地位的行为主义(第一势力)和精神分析学(第二势力),故又称为第三势力。

---

①[德]鲁道夫·奥伊肯.生活的意义与价值[M].万以,译.上海:上海译文出版社,1997:60-72.
②叶华松.大学生命教育[M].杭州:浙江大学出版社,2011:79.

(一)人本主义心理学产生的背景

一定时期的文化是一定时期社会现实和社会需要的反映,任何一种社会思潮的产生都离不开当时的社会文化背景,人本主义心理学也是当时特定时代的产物。

1.人本主义心理学社会背景

(1)经济的富足引发对精神提升的渴求,表面繁荣的社会背后隐藏着尖锐的矛盾和异化现象,需要新的心理学理论加以研究和解决。

二战后,资本主义世界科技和经济高度发达,广大民众不再仅限于物质享受,而更渴求精神的提升。同时,在美国高度发达的物质生活背后,失业、暴力、吸毒、精神疾病、犯罪、种族歧视和冲突等社会问题日益严重。因此,人本主义心理学所研究的人性、价值、意义和自我实现,正符合这个时代物质生活高度发达而精神生活极其贫乏的美国现实需求,因而受到了社会各界的热烈欢迎。

(2)反战运动的影响。二战带来了毁灭性的灾难,摧残了人性,然而二战结束后,战争却并没有停止。20世纪50～60年代,美苏争霸、军备竞赛、侵越战争、核威胁等灾难仍然存在,广大美国人民仍生活在对战争的恐惧和担忧中。人本主义心理学的出现恰巧符合了要求尊重人的尊严和价值的反战呼声的要求。[1]

(3)反主流文化运动的影响。反主流文化运动者们否定传统的价值观念,抵制传统的道德习俗,反对家长、学校和政府的权威,反对现代科学技术和工业文明,坚持人的独特性,重视自我实现,强调个人体验,坚持非理性主义。[2] 这对人本主义思想重视自我实现、强调个人经验和体验等有深刻的影响。

2.人本主义心理学的哲学背景

(1)人道主义

人道主义是文艺复兴时期出现的一种反对中世纪盛行的宗教禁欲主义的进步思潮,要求重视人的价值,尊重人的个性和自由,追求现实生活的幸福。这些都成为人本主义心理学家主张个性解放,关心人的价值和尊严,追求更高的真善美的精神需求的渊源。

(2)存在主义

存在主义又称生存哲学,它主张研究现实生活问题,反对客观主义和极端决定论,主张突出"以人为中心",高扬人的个性,强调人的存在及其价值,强调个人的主体性、主观性、创造性,主张以自由、价值、选择、责任等为研究主题,这给人本主义心理学提供了理论支柱和借鉴。

---

①车文博.人本主义心理学[M].杭州:浙江教育出版社,2003:20.
②车文博.人本主义心理学[M].杭州:浙江教育出版社,2003:20.

(3)现象学

现象学强调以人为中心,强调心理学的研究应回到事物本身,主张把人的心理活动和内部体验作为自然呈现的现象看待,重视现象或直接经验的审视和描述,而不是因果分析或实证说明。[①] 因此,现象学的还原分析、意向性分析和返回生活世界的分析等,直接或间接地对人本主义心理学产生了重要影响。

3.人本主义心理学的心理学背景

(1)对传统科学心理学的反思。人本主义心理学是在对行为主义的机械决定论和精神分析的生物还原论的批评与继承中发展起来的,认为两者都没有把人当做人来对待,而只是当做"白鼠""鸽子""较慢的计算机"或"病态的人",而不是正常的、自由的、理性的人来看待。因此,要求以"人"为研究核心,以"人"作为行动的主体,以意识经验作为心理学的研究中心;要求心理学研究应突出人的利益、价值,人的尊严与自由,并注重人的内在潜能与发展的无限性。

(2)现代心理学领域里其他学科也对人本主义心理学产生了重要的影响。人格心理学与机体主义心理学,是整体主义心理学的两种表现形式,都坚持整体观和人格研究,是人本主义心理学的两个重要理论来源。

(二)人本主义心理学的发展历程

人本主义心理学的兴起发展是一个长期曲折的过程。

1.人本主义心理学的萌芽时期(20世纪40年代)

20世纪二三十年代美国人格心理学、新精神分析和机体论的研究及马斯洛的探索,是早期准备阶段。马斯洛早年曾受过良好的行为主义的训练,但由于受完型心理学和精神分析学,尤其是其长女出生之影响,使他对行为主义的信念消失殆尽。再加上受珍珠港事件后一次抗战游行活动的刺激,促使他试图寻找一种关于人类行为的普遍真理,并在行为主义和精神分析的基础上形成了人本主义心理学的观点。

2.人本主义心理学的崛起时期(20世纪50年代)

20世纪50年代初,随着马斯洛担任布兰迪斯大学心理学系主任,逐渐与广大有人本主义心理学倾向的学者建立起了联系,使人本主义心理学思想的发展壮大拥有了强大后盾支撑。50年代末,英国学者约翰·库亨首次阐述了人本主义心理学的基本主张,使"人本主义心理学"作为一种专门术语不断得到人们的认可。而后在马斯洛等人《人本主义心理学杂志》内刊和《人类价值的新知识》一书的推动下,促使了人本主义心理学的形成。

3.人本主义心理学的形成时期(20世纪60年代)

1963年"美国人本主义心理学会"(AAHP)正式建立,并确立了人本主义心理

①车文博.人本主义心理学[M].杭州:浙江教育出版社,2003:25.

学的四项基本原则,标志着人本主义心理学的正式诞生。到 60 年代中期,其已逐渐取得了美国心理学界的公开支持,并有了一定的社会影响力,但仍缺乏系统完整的理论体系。直到 60 年代末,人本主义心理学才发展成为一个有明确纲领且颇有影响的心理学中的第三势力,正式成为一个国际性的学术组织。

4.人本主义心理学的迅速发展(20 世纪 70 年代以后)

20 世纪 70 年代以后,人本主义心理学迎来了一个迅速发展的黄金时期,在世界建立了众多的国际分会,并取得美国心理学界正式合法的地位,在发展中逐渐出现新的研究取向。但自 80 年代末罗杰斯去世之后,人本主义心理学运动出现了一定的衰落。目前,大多数人本主义心理学家仍坚持最初提出的目标和原则,扩大科学研究的领域,研究对于个人和社会都具有意义的精神生活问题。

二、人本主义心理学理论主张

人本主义心理学者大都以人性本善作为研究的主题,主张建立人本主义的教育,是生命教育的直接理论基础。

他们主张通过对健康的整体人的潜能、价值的研究,以实现完满的人性;主张以对个人或社会有意义的问题为中心,呼吁社会对人的关注,以助于改善人际关系等有关社会问题,使人"有最好的生活"。主张把理性与情感体验结合起来,把生命看做一个整体,而教育就是实现"在认知上,在情感和需要上的一种统一性质的学问。"[①]具有代表性的人本主义心理学的理论主张表现为以下方面。

(一)马斯洛的自我实现心理学

马斯洛创建了自我实现心理学,以人性观(性善论或人性本善论)、价值观(潜能论或机体潜能论)、动力观(动力论或需要层次论)作为自我实现心理学的三大理论基础。它的需要的层次理论、自我实现理论、高峰体验理论成为人本主义心理学的代表性理论,也是生命教育的主要理论来源。

1.需要的层次理论

马斯洛的需要层次理论是人本主义心理学的支柱性理论。他将动机的出发点立足于需要上,需要是动机产生的源泉和基础,需要的性质、强度决定着动机的性质和强度。

具体而言,他把人类需要分为七个层次,好像一座金字塔,由下而上依次是:①生理需要;②安全需要;③爱与归属的需要;④尊重的需要;⑤认知的需要;⑥审美的需要;⑦自我实现的需要。前四个属于基本需要或缺失性的需要;后三个属于发展性的需要,也称成长的需要或超越性的需要。人类的需要呈等级系统,需要各层

①单中惠.西方教育思想史[M].太原:山西教育出版社,1996:980.

次之间存在着密切的关系,低层次需要是高层次需要的基础。低层次需要未得到
满足则难以产生高一层次的需要,反之,其强度就会减弱,便失去动机。人本主义
心理学就是要使人认识到自我的内在潜能或价值,促进人的自我实现,而学校教育
就是为学生创造一个自我实现的良好环境,以促进人的自我实现。

一般而言,婴儿期主要是生理需要占优势,而后产生安全需要、归属与爱的需
要,到了少年、青年初期,尊重需要逐渐占优势,到了青年中、晚期之后,自我实现需
要开始逐渐占优势。不同层次需要的发展有许多相关因素,不同层次的需要的满
足所要求的环境条件不同,层次水平越高,对环境条件的要求也越高。层次越高,
与生存的联系就越少,主要是追求更大的满足感。进行生命教育,要求以人为本,
就得遵循人的生命发展的层次需要,在自然生命得以保障的情况下,创设各阶段所
需的环境条件,进而达到自我实现,实现生命价值的提升。

2.自我实现理论

自我实现论是人本主义心理学的基本理论,也是马斯洛心理学的主旨所在。
马斯洛认为,自我实现就是一个人力求变成他能变成的样子。[1] 自我实现论是以需
要层次理论为基础的。自我实现的人往往是依次充分满足了生理、安全、归属和爱
以及尊重的需要,通过自己的能力和品质实现了自我的成熟和健康的典型人物。

要达到自我实现,马斯洛认为需要:①无我地体验生活;②做出积极成长的选
择;③承认自我存在;④要诚实有责任;⑤尊重自己的兴趣爱好,从小事做起;⑥要
经历勤奋的、付出精力的准备阶段;⑦体验高峰体验;⑧发现自己的先天本性,使之
不断成长。这对生命教育认识生命,提升生命的价值与意义具有重要的启示作用。

基于此,马斯洛认为,自我实现者的重要人格特征和重要途径即是通过高峰体
验。高峰体验不仅对人的心理健康具有促进作用,而且对于提高人们的生活质量
和促进社会的发展都有重要意义和价值。

在生命教育中,我们应把自我实现理论运用于教学实践中,提供学生自我实现
的机会,获得高峰体验,增强学习的自信心。在创设学生高峰体验时,需要教师积
极把握时机,深入理解学生的内心世界,同时也应尊重学生的个体差异,区分普通
型高峰体验(是指所有的人可能在满足需要、愿望时产生的极端愉快的情绪)和自
我实现型的高峰体验(是指健康型或超越型自我实现者拥有的一种宁静和沉思的
愉悦心境),而不可以偏概全。

(二)罗杰斯的以人为中心治疗模式

罗杰斯建构了以自我为中心,以自我实现倾向为动力,以成为充分发挥机能作
用的人为目的的人本主义人格理论。他开创了"以人为中心治疗模式"或"来访者

---

①车文博.人本主义心理学[M].杭州:浙江教育出版社,2003:131.

中心疗法",运用在教学中即"以学生为中心"或"非指导性教学原则"。在生命教育中,要以学生为中心,创建积极平等的新型师生关系,以关怀的态度辅助、欣赏学生,帮助学生成功,追求自我实现和自我完善的潜能的实现。

罗杰斯坚持"人格成长型"心理治疗目标,以开放的态度对待情绪经验。罗杰斯认为,人是有意识、有理性的,具有完善机能和自我实现的倾向,自我经验能够提供一种理智和情绪的框架,人格在这个框架中可以持续不断地成长。因此,心理治疗者要真诚地关心来访者的感情,通过认真的听,达到真正的理解,在真诚和谐的关系中启发来访者运用自我的指导能力,促进来访者自己内在的健康成长,能够自由地实现他的自我。

罗杰斯认为,"以人为中心疗法"的实施要为来访者创造有利的咨询氛围以解放病人,为造就这种气氛,治疗者和病人双方必须保持一种可以信任的、可靠的和前后一致的良好的朋友和伙伴关系:即要求双方真诚、和谐、保持一致;坚持来访者在治疗中处于主导地位,使其受到无条件积极关注;需要同情性或移情性理解,在治疗中对来访者采取尊重、宽容、理解和鼓励的态度,设身处地理解,深入其内心深处,以当事人的立场体会其心境和心理历程,接受其内心情感和态度。实质上就是帮助来访者,尊重他们,理解他们的经验和体验,相信他们有成长的潜力以及自我导向的能力。因此,"心理治疗不是一种去解决别人问题的技术,而应该是一种对治疗的态度",①是一种彼此倾心交流的双人会晤,治疗者要鼓励病人自由地表达自己的思想,而治疗者也要不断地接受、认识和澄清病人的情绪、态度。②

在教育上,罗杰斯体现出了人本主义的教育观,也认为人有自我实现的潜能,而教育就是帮助学生实现这种潜能。据此,他把咨询者与来访者之间的关系转移为教师和学生的关系,把"以病为中心的疗法"运用到教育中,提出了"以学生为中心的教学"或"非指导性教学",并成为人本主义心理学的教学模式,在生命教育中,我们借用罗杰斯的理论模式,相信"真诚＋同情＋无条件的积极关怀＝成功"。

总之,人本主义心理学的理论,都可借鉴并应用于学校课堂教学等领域,与生命教育理念下的尊重学生的个性差异,形成全面发展的人格,创设有利于学生健康发展的生命环境等都有积极的借鉴意义。

三、人本主义心理学对生命教育的启发与借鉴

生命教育要求在人本主义心理学思想的指导下,焕发出生命的活力,实现学生民主、自由、个性、创造性的发展。要建设以人为本的生命教育,我们需要从人本主义心理学理论中吸取营养。

---

①冯建军.生命与教育[M].杭州:教育科学出版社,2004:104.
②冯建军.生命与教育[M].杭州:教育科学出版社,2004:104.

(一)"学习者中心"的生命教育

人本主义心理学代表人物罗杰斯倡导"学习者中心"教育论,即将以人为中心的思想贯穿在教育教学实践中。他认为,教育的目标应该是促进变化和学习,培养能够适应变化和知道如何学习的人,并塑造教师和学生的态度和品质。传统教学只重视知识的传授,师生是绝对的命令与服从关系,损坏了学生的创造性,培养出来的学生只能复制教师的思想,难以适应社会的变化,忽视情感的交往,造成知情分离。而以人为中心的人本主义心理学的学习理论主张教学应立足于学生个性发展,高度重视学习中的情感因素,强调知识对学生的意义,强调亲身体验和自我评价,倡导民主、平等的新型师生关系,提倡非指导性教学原则。据此,罗杰斯提出了以"学习者为中心"的教育理论,强调"教人"比"教书"更重要。教育就是要培养健全的人格,使人发现他自身做人的义务。这与以师生共同的生命活动和生命交往为基础,以师生共同的和谐发展、合作学习和生命价值的弘扬为目标的生命教育不谋而合。并且生命教育不仅是一种价值理念,也是课堂教学的落脚点,尤其要体现对人的关注、关怀与提升,把人(包括教师和学生)当成人的最高目的。

近年来,罗杰斯的教育思想已越来越被西方的教育理论界所认同。罗杰斯的以"学习者为中心"的教育理论,强调学校和教师应把学生看做"人",相信他们人性本善,强调教学中人的因素第一,在教学中应做到:①教师要尊重学生,在感情和思想上与学生产生共鸣;②敏感地意识到学生对教育与学习的看法;③要建立良好的师生关系,确立以自由为基础的学习原则。他强调教育的目的不仅是传授知识,更重要的是塑造人格、完满人性,通过发展学生自己的潜能,提高自我学习的能力以及以学生为中心的教学模式等,对于我们当前大力提倡的生命教育具有重要的借鉴意义:即人本主义视角下的生命教育要关注学生的生命世界,打通教育与生活的界限;关注学生的生命价值,给其以主动探索、自主支配的时间和空间;关注学生的心理世界,创设对学生有挑战性的问题或问题情境。即尊重受教育者的生命主体地位,调动生命主体的积极性,发挥生命主体的作用,这也正是生命化教育的重要特征。

(二)需要层次理论与生命教育

人本主义的需要层次理论把人类的需要分为生理需要、安全需要、归属与爱的需要、尊重的需要、认知的需要、审美的需要及自我实现的需要。中小学是学生长身体、积累知识的时代,又是探索未知、充满好奇的时代,因此在学习中他们会有极强的表现欲望,渴望自己的观点、思想得到老师的认同,自己的个性、自己的行为得到他人的赞赏,同时更加希望得到他人的尊重。因此中小学生的生命教育可以围绕需要层次展开。

第一,加强学校安全建设,培养学生安全意识。例如,重庆市南岸区上浩小学就非常注重消防安全教育,自编了一套消防健身操,既强健了身体,又让学生时时具有消防安全意识。在每层的楼梯入口都会放置消防安全用品和工具,并展示模拟的消防安全人员的英勇形象,给学生以客观直接印象,认识生命的可贵,从而敬畏生命,珍惜生命。

第二,因地制宜地增设生命教育课程。改变以往以语数外等主课程为主而忽视生命教育的课程结构,因地制宜地增设生命教育课程。如重庆市南岸区上浩小学充分利用和创设有效的学习资源开展生命课堂教学,在关于十二生肖的美术课上,充分调动学生的积极性,发挥孩子们的想象,创造了一件件优秀的十二生肖小动物作品,既突出了学生个性,获得了成就感,又激发了孩子们对小动物的关爱,从而不断认识生命的本质、生命的价值与意义。

第三,加强心理健康课程的普及和建设。心理学知识囊括了诸多生命内涵,可以在课堂上把有关生命的内容与学生分享,一起探讨最佳的生活方式。还可以适当开设野外拓展的营地,定期对学生进行生命、生存、生活训练,提升学生对生命的把握能力。

第四,利用校本资源,认识生命历程。如果有条件可以创建一个生命体验室,让学生置身其中观摩并体验生命成长的历程,增强对生命的热爱,珍惜生命的来之不易,增强他们的生命价值感和培养对父母养育的感恩情怀。生命教育也是一种情感教育,要让学生在情感上而不仅仅是在认识上感受到生命的意义,体味到生命的价值。总之,人本主义视角下的生命教育要真正实现教育的以"人"为本,促进学生个体生命的全面、可持续发展。

(三)"你-我关系"与生命教育

人本主义心理学家积极吸收借鉴了哲学家马丁·布伯的"你-我关系"的观点,主张通过协调人际交往,达到人际沟通,并在罗杰斯的心理治疗中得到了较好的运用,他认为除了对患者"无条件的积极关注"外,治疗者与患者之间深刻的交往与一致感也是至关重要的。从某种意义上来说,治疗就是一种真正的人与人交往的体验,即两人在一种深刻而有意义的水平上相会,而不必扮演某种角色。并且两人在深刻交往中产生的"你-我知识"比客观的"我-它知识"更有效,因为"你-我范式"是以两个平等个体间的亲密交往为基础的,而生命教育就是以学生为主体,以课堂为阵地,开展人与人之间的一种充满生命活力的思想、文化、情感交流活动,注重师生交往、生生交往,因此需建立新型的师生关系。

罗杰斯认为,良好的师生关系应具备三种品质:真诚、理解、接受。教师在学生学习中充当促进者、帮助者、辅助者、合作者和朋友等角色。现代化新型生命教育的师生关系,也正需要体现这三种优良品质。因此,生命化的教育,师生之间应是"你-我关系",而不是传统的"我-它关系",即人本主义视角下的生命教育要关注师生的生活状态,打破单一的集体教学的组织形式;关注师生的生存方式,建构民主、平等、合作的师生关系；关注师生独有的文化，增加师生、学生间多维有效的互动，教师应做到：①要对学生做全面的了解和无微不至的关心；②要尊重学生的人格和给予充分的信任；③要与学生建立良好的真正的人际关系，真诚对待学生；④深入理解学生的内心世界，从学生的角度出发，安排学习活动；⑤善于使学生阐述自己的价值观和态度，尊重学生的个人经验；⑥善于采取各式各样的教学方法，给学生以合理的更多的区别对待等。①

第三节　教育社会学

　　人的生命是自然生命、精神生命、社会生命的统一体。人不仅有血肉之躯，还需要有基于人的身体与人的社会性交往活动之上的思想精神。人总处于社会关系之中，是一个社会性存在，需要承担一定的社会角色，所以完整的生命教育不仅要使学生掌握丰富的知识，有理想有道德，还要使学生有适应社会生活和创造物质财富的本领，实现个体社会化。教育社会学是教育与社会的边缘学科，要求站在社会的角度看待教育，而不是孤立的学科教学。因此，生命教育也需要把教育与社会生活联系起来，正确对待学生的社会生命。

一、教育社会学概述

　　"教育社会学"这一概念正式确定于 1903 年迪尔凯姆的《教育与社会学》一书，迪尔凯姆被尊称为"教育社会学"之父。

　　一般我们认为，"教育社会学是教育学和社会学交叉而形成的一门新兴边缘社会学科，它运用教育学、社会学的基本原理和方法，以一种把教育与社会联系起来的眼光来研究'教育社会现象'，即研究学校教育的社会性因素、社会的教育性因素、教育与社会的关系以及对自身学科的研究，为教育促进人的发展和社会的进步创造条件和提供理论依据。"②简而言之，即运用社会学的原理和方法来研究教育的一门交叉学科。

（一）教育社会学的产生背景

　　物质世界的变化发展，必然会促使理论世界的突破与重组。19 世纪末 20 世纪初的世界是一个急剧变化和无比动荡的世界，教育社会学正是当时客观社会现

①唐淑云，吴永胜.罗杰斯人本主义心理学述介[J].哲学动态，2000(9)：34
②杨昌勇.教育社会学[M].广州：广东人民出版社，2005：17.

实的产物。

第一,资本主义工业革命的发展为教育社会学的产生奠定了物质基础。19世纪末20世纪初资本主义世界已进入第二次工业革命,大机器生产正在迅速取代手工业生产,生产技术也日益复杂化。这必然要求扩大教育数量、提高教育质量以适应社会工业化的技术需求。同时,面临阶级矛盾、价值观冲突等日益严峻的社会现实,也要求扩大教育功能,以缓和日益严峻的酗酒、吸毒、卖淫、自杀、精神异常等社会现象。这一时期出现的欧美新教育运动、美国的进步主义教育,甚至60年代因漠视生命现象而产生的生命教育等,目的在于培养学生的社会生活适应能力,追求教育与社会相结合。

第二,学科发展的分化、综合,为教育社会学的产生创造了学术条件。近代资本主义工业化的发展推动了各学科之间交融、组合,产生了许多边缘学科,以适应当时工业化社会发展的需要,教育社会学正是在这种学术氛围中产生的。

第三,社会学为教育社会学的产生奠定了理论基础。19世纪中期,孔德等人创立了社会学,为社会科学的研究带来了新的理念和思路,提供了新的研究方法。杜威等也强调"教育在协调社会、推进社会、改良社会中的巨大作用"。[①] 这些为教育社会学的发展确立了基本方向,奠定了理论基础。

总之,人具有社会性,教育也是社会的产物。教育将善待社会作为它的社会使命,教育通过培养人让学生成为合格的公民、成为更有作为的人而善待社会;通过服务于人而服务于社会,通过促进人的发展而促进社会的发展。生命教育不断突破自然生命、精神生命,要求结合社会生命,正是体现了教育的现实需求。

(二)教育社会学的发展历程

纵观教育社会学的发展道路,它经历了漫长的曲折过程。

1.教育社会学的先驱阶段

在教育社会学正式诞生之前,《理想国》《周易》等各种中外经典著作就已体现了教育社会学思想。在西方,柏拉图、卢梭、裴斯泰洛奇等曾探讨过教育的社会功能,教育与人、与社会的关系问题;在中国,孔子、孟子、荀子等人的理论都蕴涵着教育社会学思想,他们均可视为教育社会学思想的萌芽,为其产生奠定了思想基础。

2.教育社会学的形成阶段

19世纪末20世纪初由于工业革命的演进,社会变迁的加速,教育社会学正式产生并进入学科初创时期。孔德、斯宾塞、杜威、涂尔干、华德等重视教育的社会功能,关注教育与社会之间的关系,为该领域作出了巨大的贡献。但这一阶段,教育社会学虽有大量研究,但并没有形成较为系统的理论体系,也没有明确的学科意

---

①钱朴著.教育社会学的理论与实践[M].桂林:广西教育出版社,2001:19.

识,因此尚没有成为一门独立的学科。

3.教育社会学发展阶段,也称"规范"学科时期

这一阶段(约20世纪初到40年代后半期),教育社会学发展迅速,苏扎罗、史密斯、佩恩等是其主要代表,这一时期"学科领域趋向稳定,研究面不断拓展,研究队伍越来越壮大。"①但这一阶段的研究缺少验证性的研究,大多采用规范的哲理性分析,教育社会学常被视为教育学的分支学科或应用社会学的一个分支。因此,20世纪中期以前的教育社会学又被称为传统或古典的教育社会学。②

4.教育社会学的扩展阶段,也称"科学"学科时期

主要是20世纪中叶以后,又称新兴教育社会学时期。二战后,以帕森斯为代表的学者极力主张用实证的方法取代规范性研究,以事实分析取代价值判断,注重问题的研究与解决,努力把教育社会学建设成一门社会学分支学科。但由于研究的理论及视角的不同,教育社会学不断出现功能主义、冲突论、解释论等学派,并以实证主义研究方法为主导形成了庞大的研究队伍,不断向社会学分支学科方向发展,理论体系也越来越严密。③

因此,可以说,真正较为完整的教育社会学体系形成于20世纪50年代后。而20世纪50年代后至80年代前主要是学派分流,80年代后则进入研究取向修正期,各种学派竞争日益融合。到90年代,教育社会学出现多元共存共融和形成教育社会学共同体的发展趋势。总之,教育社会学在发展中,不断结合教育与社会发展的呼唤,不断向"理论与实践相结合"方向回归。

二、教育社会学基本理论主张

教育是社会意识形态的表达,需满足社会现实生活需要。生命教育不同于学科教育,生命教育在于引导学生思考与生命有关的人生问题,属于价值观的养成教育,因此生命教育不能仅仅依靠学校,还要立足于社会。联合国教科文组织把教育的目的确定为:"学会认知、学会做事、学会共同生活、学会生存。"④因此我们开展生命教育不可忽视社会生命的教育,对学生的教育需融入社会生活,结合现实的社会需要。我们既要倡导教育的人文性、人本性,也不可完全抛弃"工具性",融入适当的"社会化"的教育,以改变当前教育中仍存在的"一心只读圣贤书"的教育异化现象。

教育社会学产生后,尤其是20世纪50年代后,由于理论主张、价值取向不同,

---

①钱朴.教育社会学的理论与实践[M].桂林:广西教育出版社,2001:22.

②鲁洁.教育社会学[M].北京:人民教育出版社,2001:13.

③杨昌勇.教育社会学[M].广州:广东人民出版社,2005:24.

④联合国教科文组织国际教育发展委员会.学习生存[M].北京:教育科学出版社,1999:195.

不断出现学派纷争与争鸣。一般来说,学者们把教育社会学的流派分为结构功能主义、冲突论、解释论三大派。[①]

(一)功能论及其基本观点

功能论即功能主义,也可称为和谐论或均衡论,在 20 世纪 50~60 年代占据欧美教育社会学研究的统治地位,是一个强调社会各部分在协调合作的基础上,有秩序地为实现社会的需要而发挥作用的理论观点。[②] 功能论者涂尔干、帕森斯、特纳、霍普尔等认为社会中的每一部分或每一机构都有其具体的功能,社会的不同部分彼此之间是相互依赖的,例如学校内部机构之间、师生之间、班级之间、教育与家庭、社会关系之间等,[③]从而促使学者对教育及其组成部分、教育与社会结构之间关系的关注,使人们不断地认识社会对教育制度及教育改革的制约性和教育对社会的反作用。

帕森斯作为功能主义的突出代表,特别强调社会系统中结构单位之间的结构功能关系。他运用功能主义理论对班级进行大量的研究,把学校班级看成一个社会行动系统,认为作为社会体系中的班级具有两项主要功能:社会化功能和选择功能。教育的本质是人学,班级、课堂是学生生活、生长、学习、发展的主要场所,教师应尊重学生差异,因势利导,培养其与不同性格学生互补的能力,塑造健康人格,发展个性,培养其创造性,构建生命化的班级,实现人本的生命教育。因此,要发挥班级功能,实现生命的诉求,认识其社会属性,不仅要重视学生个人的身心发展、知识的掌握,还要培养锻炼其社会化本质和技能,"人尽其才,才尽其用",也正是现代生命教育的现实体现,这对仍没有摆脱应试教育樊篱的现代学校教育具有极大的启示作用。

帕森斯把家庭教育也看做是一种社会体系,家庭内部各角色之间都有其应有的社会功能,尤其是对子女的社会化。家庭教育是对学校教育的重要补充,是学生成长的第一家园,学校、家庭、社会应协和团结一致,实现学生的全面和谐发展。

总之,功能主义的主要特点就是重视教育与社会机构的关系,注重社会环境对教育的影响,并教育人适应社会竞争环境,从而实现社会的结合与和谐发展。

(二)冲突论及其基本观点

冲突论是 60 年代末在对功能论的批判中逐渐形成的,如果说结构功能主义强调社会的整合与稳定,社会冲突论则强调社会冲突对社会良性运行巩固和发展的积极作用,两者共同构成了教育社会学的宏观理论体系。冲突论强调以社会冲突

---

①吴康宁.欧美大教育社会学三大流派[J].教育研究,1986:9.

②鲁洁.教育社会学[M].北京:人民教育出版社,2001:611.

③邓和平.教育社会学研究[M].武汉:湖北人民出版社,2006:48.

来审视教育现象,认为社会冲突与权力斗争是社会生活中自然而不可避免的社会现象,其主要观点表现为:冲突、变迁、强制,而学校正是社会上各种社会关系作用的焦点。在生命教育中,我们应认识到学校作为学生生活的主要部分,学校生活的质量直接影响到他们能否快乐地成长,因此,应让学校成为生命的乐园,使人与人、人与物之间和谐相处。

一般来说,教育冲突论者的研究主题表现为:国家对教育的控制,阶级、民族和种族隔离,师生冲突,学生的分组和分流,教育公平等问题。教育冲突论者主张"以社会冲突为线索宏观地考察教育制度的条件和功能,剖析阶级权力与文化如何影响教育及教育机会"[①],关心"社会通过学校教育来实现社会秩序的合理延续"问题,强调现今社会是一个文凭竞争的学历社会,现今存在着文凭膨胀,对文化资本的恶性竞争等一系列社会问题。[②] 这与当今社会、学校一味重视成绩,一味重视考证,追求文凭而漠视生命价值与生命意义的教育观实际上是不谋而合的。我们认为,如果我们的教育只能培养出应考的书呆子而不是创造发明的顶尖人才,那么我们的教育就意味着失败,我们要从竞争中去追寻原因,而我们当前应试教育产生出的"精英教育"在原则上根本地抑制了竞争,打破了教育公平。平等孕育着尊重,竞争孕育着成功,只有平等竞争,才能实现学生生命个性的自由张扬,因此我们倡导自由、平等、民主的生命教育。

在教育目的方面,冲突论者提出学校存在的目的就是充当社会统治的工具,宣扬"复制论",教育只不过是复制统治阶级文化,扩大阶级差异性,再生产劳动就业上的不平等。这样,学校就成为社会政治、经济的工具,导致教育所致力于发展的不是生命本身,而是迎合了统治阶级及社会的需要。与家庭生活、社会生活相比,学校生活具有明显的目的性、组织性、系统性,是学生在一定的物质环境中从事的精神生产和制度生活。而生命是生活的灵魂,所以学校应回归生活,成为学生生命诗意的栖居地,体现生活原本的丰富性、自主性、自由性,使学生真正过生命化的学校生活。

(三)解释论及其基本观点

解释论在 20 世纪 70 年代兴起于英国,主张运用现象学、人种学、符号互动理论、民俗方法论等对教育上的学校、课堂、人际互动等进行微观的研究,探讨学校教育具体情况下的实际内容和实际过程。解释论学派基本主张对现实本身的剖析,强调事实本身,注重探讨日常生活的过程以及这一过程中的主观目的性和相互作用,注重解释社会实际问题。生命教育也是要求教育不仅关注个体的生命,还要关

①杨昌勇.教育社会学[M].广州:广东人民出版社,2005:25.
②徐瑞,刘慧珍.教育社会学[M].北京:北京师范大学出版社,2010:63-69.

注个体的生命价值与意义,就具体教育实践而言,就是要求生命教育要回归生命本真,体验生活现实。2004年后我国进一步掀起了"走向生活世界的课堂教学",倡导回归生活教育。倡导现代教育必须关注学生的社会生活体验,关注学生与社会、家庭、学校以及与同龄伙伴之间的紧密联系,把教学与学生的生活世界联系起来,从而实现学生真正的发展。

就具体学校教育而言,解释论着重研究学校内部班级体系中人与人之间的互动关系,即研究师生、生生关系,学校制度,学校教学内容,学校教学过程及其蕴涵的师生互动结构和发展变化过程,并在研究方法上,摆脱传统的单纯定量研究,倡导定量与定性研究相结合的研究方法。长期以来,我国由于受注重知识传授的传统教育思想影响,在应试教育模式下,教学中轻视学生主体性的现象普遍存在,以"唯智主义"、分数的"量"作为教学评价的主要标准。

在解释论的推动下,教育社会学研究领域不断进入课程编制、课堂教学等各个微观方面,形成了以符号互动论为代表的课堂社会学和应用现象学的知识社会学两个分支,有利于推动学校教育教学实践的良性深入的发展。符号互动的课堂社会学主要通过师生之间的符号互动来分析学校的课堂生活,对学生的学校生活进行全面观察从而揭示学生学业失败的原因。英国的凯迪、沃兹、莱西等是其主要代表人物。现阶段我们在生命教育理念下,要求构建生命课堂,就是在课堂教学中,师生共同合作与探究,"不仅仅是为了知识而教学,而是为了人的发展而教学。"[1]这与关注师生关系、学生发展的课堂社会学理论相契合,为我国现阶段正在进行的在三维目标指导下的新课程改革提供了一定的理论依据与参考。

三、教育社会学对生命教育的启示与借鉴

教育社会学是应用社会学的基本原理研究教育的一门社会学科,它是教育和社会的边缘学科,必然以教育和社会的基本互动关系作为自己关注的焦点。20世纪60年代以来,美国不断出现的社会动荡、校园暴力、教育公平与效率、社会流动与教育选择功能、社区问题等逐渐成为教育社会学关注的主要问题,同时也是60年代后掀起的生命教育研究的热点。生命教育要珍视人的生命,提升生命的质量和意义,即包括人的自然生命、精神生命、社会生命。但现阶段教育逐渐偏离了"教育",走向了"社会"的工具化的道路,为功利主义所主宰,出现了生命教育异化的现象。教育社会学主要从社会学的角度研究教育,有利于我们对教育作进一步的反思,为生命教育提供借鉴。

---

[1] 王鉴.课堂重构:从"知识课堂"到"生命课堂"[J].教育理论与实践,2003(1):31

（一）教育竞争与生命教育

竞争作为一种社会现象，是伴随着社会的发展而不断出现的。教育竞争是学校竞争社会化的表现，突出表现为争夺奖学金，进入好的学校和好的专业，尤其是争夺高学历的文凭竞争。文凭竞争的结果意味着更好的工作，更高的收入，更高的社会地位，反之，又会加剧文化资本竞争的恶性循环，造成焦虑、情绪失落、丧失自信心等心理压力；造成自私、敌对、冷漠、欺骗等不良道德现象，甚至会造成自杀、伤人等极端现象。中国长期以来的应试教育，在一定程度上迎合了这种高文凭学历社会的需要，它长期以来压抑了学生的个性，肢解着学生生命的完整性，忽视了学生的生命。教育所培养的人已不是"自由而完整的人"，而是社会功利性发展的工具，是高考竞争压力的牺牲品。甚至西方的一些教育社会学家把学校比作"教育机会的分配机构""人力资本的投资""以功绩换取社会地位的文化资本的积累"，学校成了社会政治、经济的工具，教育已成为迎合社会需要的工具，[1]已成为生命教育的异化。20世纪90年代末以来，伴随着人们对个体生命价值的认可与肯定，对应试教育中人之生命被遗忘与压制的深刻体察与警醒，回到教育的原点，关照人之生命的教育进入了教育理论与实践的视野。

生命教育所培养的人，是社会的、历史的人，是有社会生命的人。我们需要教育培养"社会我"，使学生能够社会化。全面发展的生命教育是不可忽视社会生命的教育，是"学会认知、学会做事、学会共同生活、学会生存"的社会人。[2] 教育所培养的人需要有"何以为生"的本领。但生命教育是自然人、精神人和社会人的统一体，切忌过分强调教育的社会工具化、社会的功利化而忽视了人的身心全面和谐发展。

（二）创造终身的学习化社会与生命教育

学习化社会是一种新兴的教育思潮，是一种新型的社会发展模式，是在终身教育、终身学习思想的影响下形成的一种教育理念，以实现生命的可持续发展。教育社会学在现代社会的研究趋势即研究学习化社会，20世纪70年代联合国教科文组织就提出了建立学习化社会的目标，从而促使很多国家希望通过终身教育制度来实现学习化社会的建立和发展。学习化社会在我国一般是指：以学习者为中心，以终身学习、终身教育体系和学习型组织为基础，以保障和实现满足社会全体成员各种学习需求和获得社会可持续发展的机会。[3] 所以，学习化社会是由一个个终身

---

①冯建军，等.生命化教育[M].北京：教育科学出版社，2007：23.

②联合国教科文组织国际21世纪教育委员会.教育　　财富蕴藏其中[M].北京：教育科学出版社，1999：75-88.

③厉以贤.终身教育、终身学习是社会进步和教育发展的共同要求[J].教育研究，1999(7)：33-34.

学习的个体所构成的社会,是一个围绕学习者为中心的教育社会,是一个对全体成员的学习无障碍的理想化社会,是一个学习具有开放性和网络化的社会,是一个合理平等的社会。① 学习化社会伴随着终身教育。终身学习思想在全球范围内受到了广泛的重视,并要求建立以全体社会成员的终身教育、终身学习为基础的生命可持续发展的教育体系。

终身教育、终身学习的学习化社会,是实现生命可持续发展的有效途径,实现生命的可持续发展,就是实现生命的全面的、和谐的发展,实现生命的主动健康发展,实现生命的终身持久的发展。生命教育是生命可持续发展的教育,必须建立学习化社会,使终身教育、终身学习的教育延伸到社会生活的各个领域,贯穿生命的全程,实现生命本真的回归。在教育中,要求我们既要办好基础教育,也要发展成人教育,为生命的可持续发展创造条件,使生命教育贯穿于人的一生。

只有立足于生活的生命教育,才能使人不断地认识生活、理解生活,进而享受生活。生命教育必须逐渐从"外间引导"过渡到"主体自觉",使每个人都可以"像个人一样地活着",生活才能成为一种享受,而不是负担。

---

① 杨昌勇.教育社会学[M].广州:广东人民出版社,2005:177-178.

第二部分 生命教育 行动篇

　　生命教育不是海市蜃楼,而是一种实实在在的教育形态,作为一种教育理念,需通过一系列措施将其转化为行动,以真正达到学校实施生命教育的目的。就学校而言,课程、课堂以及教学是学校教育的核心,在课堂中,通过教师的教学行为将课程内容与学生共享,从而实现学生生命的成长与超越,这是学校所有工作的出发点和归宿。因此,藉由课程、课堂以及教学这三大领域将生命教育理念贯彻落实,是践行生命教育的核心和根本路径。课程实施中以生命教育思想为指导,在国家课程中渗透生命教育,地方课程中力突生命教育,校本课程中主抓生命教育,将三级课程在生命教育中融合,共同促进学生生命的成长。同时,生命教育课堂是实施生命教育课程的主阵地,人文式课堂、对话式课堂以及体验式课堂的营造本身即是生命教育的践行,通过教师教学活动彰显教育对生命的尊重,体现了一种基于生命的教育,是对教育本质的回归。

第四章　生命教育的课程开发

　　生命教育作为一种教育理念,作为教育的一种存在形式,不能只存在于观念之中,口头之上,必须将其付诸实践,形成具体的教育形态。因此,课程作为教育体系的核心要素,是实施生命教育的首要阵地,探讨如何在课程领域彰显生命教育是将理论向实践转化的第一步。基础教育改革以来,我国将课程管理划分为三级:国家课程、地方课程以及校本课程。因此,上浩小学着眼于三级课程,通过对国家课程的课程标准解读,课程目标渗透,课程内容、评价的体现以及课程实施的践行将生命教育纳入其中。另外,地方课程和丰富多彩的校本课程又进一步拓展了生命教育的实施领域。

第一节　国家课程的生命化实施

　　所谓国家课程是指国家课程标准,是国家对基础教育课程的基本规范和要求。顾明远主编的《教育大辞典》中将课程标准定义为:课程标准是确定一定阶段的课程水平及课程结构的纲领性文件,一般包括课程标准总纲和各科课程标准两部分。国家《基础教育课程改革纲要(试行)》中明确指出,国家课程标准是教材编写、教学、评估和考试命题的依据,是国家管理和评价课程的基础,它体现国家对不同阶段的学生在知识与技能、过程与方法、情感态度与价值观等方面的基本要求,规定各门课程的性质、目标、内容框架,提出教学和评价建议。[①] 因此,作为宏观性的国家层面的课程指导文件,国家课程标准是我国各个学校教育实践的必然依据,也是各个学校课程结构的重要组成部分。因此,把国家课程作为学校实施生命教育的主渠道具有重要意义。

　　第一,国家课程具有基础性、指导性、统一性、综合性以及稳定性的特点。国家课程站在更高的角度上,立足于教育的育人功能和社会功能,囊括了课程结构的各

[①]崔允漷.国家课程标准与框架的解读[J].全球教育展望,2001(8):4.

种类型，以促进学生各项能力的综合均衡发展。因此，以国家课程为载体实施生命教育可以确保学生综合素质的养成，真正践行了生命教育。

第二，按要求国家课程需占学校总课时的70％。国家提倡除国家课程外，学校开设地方课程及校本课程，但为确保教育质量的整体达标，需将课时的70％设为国家课程，因此通过国家课程实施生命教育自然成为主渠道，确保了生命教育实施的经常性。

第三，国家提倡国家课程的校本化实施。由于国家课程是作为宏观性的指导文件，所以难以兼顾各地各校的实际，因此，国家提倡以国家课程为标准，学校可以结合本校的实际情况进行校本化实施，以确保国家课程的适应性。

基于对国家课程实施生命教育重要性的认识，上浩小学将国家课程作为实施生命教育的主渠道，并且经过探索逐渐形成了国家课程生命化实施的路径，成功实现了国家课程与学校自身实际的有机结合。

一、解读国家课程标准，寻找生命教育

为了充分理解国家课程，寻找实施生命教育的突破口，上浩小学成立"上浩小学生命教育特色学校工作领导小组"，形成了以校长为核心，各科教研主任负责，将全校教师纳入其中的学校科研队伍，共同对国家课程标准进行研究解读，寻找实施生命教育的路径。国家课程标准主要包括前言、课程目标、内容标准、实施建议以及附录（包括术语解释和案例）五部分，因此，学校课题小组主要从以下三方面对国家课程进行解读。

第一，学习国家课程标准的制定理念。在国家课程标准的前言部分，对于国家课程的性质及制定理念作出了详细解释，但要对其真正理解并将其与学校生命教育结合则需要科研小组的智慧。经过推敲讨论，提炼形成了"学生为本，全面发展，自主学习，能力为重"的国家课程理念，再结合生命教育以"生命为本"的核心思想，最终以"上浩生命教育，奠基幸福人生"作为学校的办学理念，指导国家课程的实施，实现了国家课程在理念层面上的校本化实施。

第二，明确国家在课程目标、内容标准及实施评价方面的建议和要求。通过对国家课程标准的认真学习，上浩小学明确了国家课程强调学生知识与技能、过程与方法、情感态度价值观三位一体的课程目标，在内容标准上兼顾结果性知识与体验性知识，在实施评价方面注重动态性、生成性、建构性以及发展性评价。这些充分体现了生命教育对生命整体性、自主性、独特性以及超越性的重视，因此，对国家课程的认真践行即是上浩小学践行生命教育的实施方式之一。

第三，总结国家课程的特点。综观国家课程，学校科研组对国家课程特点进行总结，以帮助学校教师把握国家课程的核心要求，灵活实行。在这个过程中，上浩

小学邀请了校外专家进行指导,并始终坚持所有教师都参与讨论,因为课程的最终落实不单靠校长、科主任,最主要的还是学科教师,只有这样才能确保教师对国家课程精神的真正领会,从而在课程实施过程中实现国家课程的生命化实施。经过多番讨论学习,对国家课程特点的总结主要有:素质教育是课程制定的出发点和归宿;突破学科中心,强调课程的综合性,以学生发展为本;改变学习方式,倡导学生主动、积极、体验式学习,这些与上浩小学"生命教育"理念在内涵上十分契合。

二、课程目标渗透生命教育

国家课程强调三位一体的课程目标,以实现学生的综合全面发展。有专家认为,小学阶段的生命教育应着重帮助和引导学生初步了解自身的生长发育特点,初步树立正确的生命意识,养成健康的生活习惯,使学生认识生命、珍惜生命、懂得并能够保护生命。因此,通过各学科、各类实践活动将生命教育的内容纳入其中,可以实现国家课程的生命化实施。

各学科生命教育渗透着共性,但又有着不同的个性,关键是挖掘学科素材,从教材中找到生命教育渗透与学科知识的结合点,作为学科生命教育渗透的载体。因此,上浩小学制定形成了各学科生命教育目标渗透的课程体系,旨在实现生命教育在国家课程中的充分实施。

内容	直接体现类	主要渗透目标	间接渗透类	主要渗透目标
珍爱自我	《体育》	教给学生生命运动的常识和保健的方法,增进学生健康,培养学生坚毅、积极向上的品格。	《语文》	发挥文以载道的作用,渗透人文意识,提升学生对生命价值和意义的理解。
	《健康教育》	帮助学生在成长过程中完善自我,彩绘亮丽人生。	《数学》	利用数字、统计、实际事例等,间接渗透生命的珍贵性、生命安全、环境保护等教育。
善待自然	《科学》	教会学生认识生命、探索自然奥秘、保护生存环境。	《音乐》	教育学生悦纳自己,享受生命成长的快乐,懂得尊重他人和其他形态的生命。引领学生进入热爱生活、欣赏生命、歌唱生命的殿堂。
	《美术》	教会学生欣赏生命,激发学生对生命的热爱。		
与人共处	《品德与社会》《品德与生活》	教会学生正确地认识自我,保护自我,正确与人交往,学会共同生活。		

三、课程内容承载生命教育

借助课程内容实施生命教育具有直接性,且影响显著。鉴于小学阶段生命教育的主要目标是帮助学生认识生命,珍惜生命,学会保护生命,因此,上浩小学老师在课程内容的设计上力图体现生命教育,主要表现在课程内容的选择上,有选择地针对课程内容进行生命教育。小学阶段课程内容丰富多彩,因此,只要教师稍加留心,善于思考,就可以找到实施生命教育的载体,随机对学生进行生命教育。以语文课为例:

学科:语文　内容:十一册第12课《用心灵去倾听》

……

师:请大家读读这个句子:"你知道吗,这只可爱的小鸟,它要到另一个世界去歌唱。"

师:谁能告诉大家是什么原因让苏珊说这番话的?

生:因为心爱的金丝雀突然死了,让"我"很伤心。

师:你怎么知道"我"很伤心?

生:作者说"我非常难过,心比被锤子砸了的手指还疼",锤子砸了手指,作者说心比手指还要疼,看来作者确实伤心了。

师:作者告诉苏珊自己很伤心了吗?

生:没有。

师:一起读"我"说的话。(生读)那苏珊是怎么知道的呢?

生:苏珊是从"我"说的话里听出来的。

师:老师再读"我"的话,你们用心听,能听出什么?(师读"能告诉……一动不动了呢?")

生:我听出来了,作者非常不愿意金丝雀死去,他希望金丝雀只是不动了,过一会儿还能活过来。

生:我听出来了,作者对死充满了害怕。

师:你们都有一颗善良的心。这些苏珊听出来了吗?

生:听出来了。

师:是的,她是一直用心在倾听"我"说的话,当然听出来了。那么,苏珊为什么不直接告诉作者金丝雀死了呢,这说明了什么?

生:她很有爱心,她不想让"我"太伤心。

生:她很乐观,把死看成到另一个世界去歌唱。

……

生命教育的内容不仅仅是保护生命、热爱生命,也是敬畏生命、欣赏生命。此案例的整个教学过程,学生用自己的身心体验着,正是学生生命价值观形成的正确导向。

同时,"我们的语文课本篇篇都是文字隽永、文质兼美的佳文,有描写大自然旖旎风光的,有讴歌世间真情的,有阐发真理的……构成了色彩斑斓的语文百花园。我们要留心观察,及时采撷一些缤纷的生命小花,以馈赠给亲爱的学生。"语文教师写道。

四、课程实施践行生命教育

《基础教育课程改革纲要(试行)》中提出,要"改变课程实施过程中过于强调接受学习、死记硬背、机械训练的现状,指导学生主动参与、乐于探究、勤于动手,培养学生搜集和处理信息的能力、获取新知识的能力、分析和解决问题的能力以及交流与合作的能力"。国家课程标准对课程的实施也提出诸多建议,主张教师应善于引导学生从真实的情境中发现问题,有针对性地开展讨论,提出解决问题的思路。基于对国家课程实施的认识,上浩小学教师创造性地将课程实施与生命教育结合,通过探索性的课程实施,彰显了学生生命的主动性和探究性,以上浩小学吴丽萍老师的数学课为例:

有关"水费"的数学问题——人教版小学五年级数学教学综合实践活动

活动目的:

1.通过收水费活动,使学生巩固所学的统计知识,解决活动中遇到的实际问题,从而培养学生应用数学的意识。

2.通过实践活动,培养学生节约用水,爱护水资源的环保意识。

活动准备:

1.投影仪、计算器。

2.请同学们四人一组调查五户人家的用水及缴费情况,并把调查结果记录下来。

活动步骤:

1.汇报

请每组同学汇报调查结果,各组相互交流统计方法。学生将收集数据的统计方法分组讨论:用的是什么方法?有什么好处?老师选出有代表性的几种方法,利用实物投影仪进行展示,全班评议,让大家充分发表意见。

第一种方法:王红家 8 吨,李莉家 9 吨,张华家 10 吨,周梅家 12 吨,胡林家 10 吨,从中能看出每户的用水情况。

第二种方法:(见表 1)

表1　每户用水及缴费情况

用户	吨数(吨)	金额(元)
王红	8	7.2
李莉	9	8.1
张华	10	9.0
周梅	12	10.8
胡林	10	9.0

从中能看出每户的用水及缴费情况。

第三种方法：王红家上月抄码415吨，本月抄码423吨；李莉家上月抄码327吨，本月抄码336吨；张华家上月抄码387吨，本月抄码397吨；周梅家上月抄码460吨，本月抄码472吨；胡林家上月抄码533吨，本月抄码543吨。从中能清楚看出每户用水的原始数据。

第四种方法：(见表2)

这是经过整理后得到的统计表，既能反映出每户的用水及缴费情况，也能把收集的原始数据清晰地反映出来。

表2　每户用水及缴费情况统计表

用户	上月抄码	本月抄码	用水量(吨)	单价(元)	金额(元)
王红	415	423	8	0.9	7.2
李莉	327	336	9	0.9	8.1
张华	387	397	10	0.9	9.0
周梅	460	472	12	0.9	10.8
胡林	533	543	10	0.9	9.0

分组讨论四种方法的异同，汇报结论：第四种方法较好。有的同学认为需要进一步完善，如单价是一定的，只需要一个就可以了，统计表可以再添上"总计"一栏等等。对于好的结论，教师及时修改并把表格补充完整。

2.展开

师：吴老师这儿有一张五户人家的水费单，请你们帮忙算一算每户应缴多少钱？应怎么做？

①水表显示。

用户	度数	度数	度数	度数
王红	03546	04853	05203	06231
李莉	03546	04576	05426	06542
张华	03546	03897	04985	05289
周梅	03546	04256	05289	06245
胡林	03546	05203	06542	07891

请同学们交流一下该怎样读,并说明理由。(在查表时通常省略尾数(去尾法),只取整数,余下的转下月继续算)

②上月抄码。

王红:344,李莉:269,张华:932,周梅:148,胡林:987

③水费通知单。

上月抄码	本月抄码	用水量(立方米)	金额(元)
1440	1490	50	45

老师选出不同的方法,让学生说出自己是怎样想的?

……

(上浩小学吴丽萍)

这次数学课是对生命化教育的有力践行,表现在以下三方面。

第一,由讨论学生自己的调查材料切入(而调查的内容就是学生身边的事情),这样做有很多好处。首先,使活动有了丰富、具体、多样的材料可以利用;其次,可以激发学生对活动的兴趣;最后,更重要的是可以培养学生从自己的生活环境中发现数学问题,并运用所学知识加以解决的能力,从而培养了学生的数学意识。

第二,活动主要采用了小组合作的形式进行。数学问题的"发现、研究、解决都在学生的观察、分析、猜测、讨论中进行"。教师把自己定位于组织者与参与者,只是在必要时才进行适当的指导与点拨,体现了"学生是活动的主体"的教育理念。

第三,教学过程中,教师充分运用引导、探究以及优化教学的教学策略。活动中,对于良好统计方法的选择、结果的计算体现了教师教学的引导性。对于收取水费的统计结果的表达问题,教师指导学生通过对大量调查材料的观察、分析、比较,最后寻找出比较简明、完整的表达方式(表格形式),使人感到教师在指导学生活动的过程中,适时适度地渗透了优化策略的思想方法。

五、课程评价体现生命教育

《基础教育课程改革纲要(试行)》提出要"建立促进学生全面发展的评价体系。评价不仅要关注学生的学业成绩,而且要发现和发展学生多方面的潜能,了解学生发展中的需求，帮助学生认识自我，建立自信。"我国有的学者也指出在素质教育视野下，课程评价也应发生相应转变，践行一种人性化的课程评价模式，实现从"存储式学习观"到"建构式学习观"、从"育分式评价观"到"育人式评价观"、从"功利化课程评价"到"人性化课程评价"的转变。那么如何体现国家课程评价标准中生命教育思想是上浩小学着力思考的一个问题。

通过科研小组内部研讨以及向该领域专家寻求咨询指导，上浩小学最终确立了以下几种课程评价的维度：第一，对课程活动的评价，即各学科目标、内容、实施过程是否体现生命教育的理念，活动课程是否以生命教育为核心；第二，对课程实施效果的评价，泰勒认为"评价过程实质上是一个确定课程与教学计划实际达到教育目标程度的过程。然而，由于教育目标实质上是指人的行为变化，即所确定的目标是指向于使学生行为方式产生所期望的某种变化，因此，评价是确定实际发生的行为变化程度的过程"。① 所以对于课程效果的评价是学校评价课程的主要方面。

在生命教育思想的指导下，结合国家课程的评价建议，上浩小学将对课程实施效果的评价主要着眼于学生的实际发展，包括以下方面：首先，对学生知识、理解与技能的评价；其次，对学生思考力、判断力、表现力的评价；最后，对学生兴趣、爱好、态度的评价，并确定了如下几种课程评价方式。

第一，课程实施过程中灵活进行赏识评价。对课程实施效果的评价并非是结果性评价，在课程实施过程中随时对学生进行表扬、鼓励，有利于激发学生学习的热情。第斯多惠说："教学的艺术不在于传授本领，而在于激励、唤醒和鼓舞。"因此，对学生适时进行赏识评价，施以人文关怀，有利于促进学生与教师心灵的碰撞，实现生命的融合，从而营造出一种和谐的学习氛围，有利于学生学习热情的保持。

第二，实行多元评价，注重学生自我评价。上浩小学将对学生的评价多元化，体现学生生命的丰富多彩。包括教师评价、同学评价、家长评价以及学生自评，其中尤其重视学生的自我评价。老师的评价主要体现在课堂上以及各类考核中；同学评价主要通过"班级角"的互评本："我想对你说"体现，在互评本上，任何一名同学都可以将自己对同学的课堂表现写在上面，可以署名，也可以匿名；可以赞美，也可以提建议意见。总之，目的只有一个，那就是帮助同学及时发现自己的优点与不足，促进学生生命完善。学生自评是检测课程实施效果的又一方式，在课堂结束时，教师及时帮助学生自己反思总结，通过"课堂小纸条"的形式，将自己的学习情况及时写到纸上，一方面让学生更加了解自己的学习情况，另一方面，可以让教师知道自己没有掌握牢固的部分，使自己及时得到辅导。这样有利于发挥学生学习的自主性和积极性，体现生命的自为性。

---

①Tyler，R.W.Basic principles of Curriculum and Instruction［M］.Chicago：University of Chicago，1949：105-106.

第三，作业渗透生命教育评价。课程评价不仅仅局限于课堂之上、考试之中，将课程评价拓展至课堂之外是上浩小学的一大特色。教师对学生的作业评价，也是进行生命教育的良好契机。如一位学生抄写生字只完成了一半就上交了，陈侣老师这样评价："美丽的字迹为什么只让老师欣赏一半？"这样既尊重了学生又委婉提出了批评，学生乐于接受，这是尊重生命。再如，汪华玲老师针对学生潦草的家庭作业，这样写道："写字如做人，要一步一个脚印，踏踏实实（刚劲有力）、坦坦荡荡（舒展自如）。"这是热爱生命、提升生命质量的教育。

这种情真意切的心与心、生命与生命的交流让学生感受到了教师的真诚和真实，在师生间建立了平等信任的关系，教师用自己的真心实现了对学生生命的润泽，这是多么珍贵的生命教育！

第二节　地方课程的生命化改造

上浩小学的地方课程主要有：《心理健康》《重庆市中小学公共安全与生命教育》《少儿自护手册》以及《综合实践活动》，这些课程的设置为上浩小学生命教育的开展提供了又一路径。

《上浩小学生命教育指导纲要》中指出，"我校实施生命教育的目标是：整体规划上浩小学生命教育的内容序列，形成学校、家庭与社会优势互补、资源共享的生命教育实施体系。通过多种教育形式，对小学生进行生命与健康、生命与安全、生命与成长、生命与价值和生命与感恩的教育，使学生学习并掌握必要的生存技能，认识、感悟生命的意义和价值，培养学生尊重生命、爱惜生命的态度，学会欣赏和热爱自己的生命，进而学会对他人生命的尊重、关怀和欣赏，树立积极的人生观。""通过多种形式"是《上浩小学生命教育指导纲要》的一个核心思想，因为，生命教育的实施不是一朝一夕，更不是一时之举，要将其彻底贯彻，既需要抓住许多偶然机会，同时专门系统地实施更能保证其目标的达成。因此，上浩小学敏锐地抓住地方课程这一实施阵地。由于小学阶段地方课程更注重对学生生命安全的教育，而这正好契合上浩小学生命教育的目标，因此，学校对地方课程大力改造，并利用有限课时通过多种形式对其加以实施，使生命教育渗透于学校的各个角落。

一、《重庆市中小学公共安全与生命教育》：借助课程内容，教会学生安全常识

《上浩小学生命教育指导纲要》在生命教育内容中指出，"安全教育的主要内容

包括：预防和应对意外伤害（安全应急与避险）、社会安全、自然灾害以及影响学生安全的其他事故或事件等。帮助和引导学生了解基本的保护个体生命安全和维护社会公共安全的基本常识，树立和强化安全意识，正确处理个体生命与自我、他人、社会和自然之间的关系，了解保障安全的方法并掌握一定的技能，从而提高学生自我保护、自我生存能力，使之能科学、及时、有效地处理实际生活中的各类安全问题，形成适应现代社会生活的技能。"

《重庆市中小学公共安全与生命教育》是一门教育学生珍爱生命、珍视健康、拒绝诱惑、远离危险以及防范伤害的课程，以帮助学生健康、安全、快乐的成长，在重庆市中小学普遍实施。因此，以此为依托实施生命教育是对学生进行安全教育的重要途径。该课程的主要特点是内容充实，有利于学生安全常识的获得，主要从以下三个方面对学生进行生命教育，以五年级下册为例：

1.生活中的健康常识

生命教育更大的主动权在于孩子自身，通过"授之以渔"，让他们自己学会在生活中呵护生命，更能保证孩子生命的安全。

"注意饮水健康"一课通过对人体中水占的重要比例以及让孩子回忆身体缺水时的感受，告诉孩子水对于生命的重要性，并通过介绍如何健康饮水使孩子获得关于水的知识。同时，在懂得水的重要性的同时，辅之以保护水资源的教育，更能树立孩子的节水意识，让孩子懂得不仅要爱护自己的生命，也要爱护环境爱护自然。

"吸烟有害健康"这是孩子耳熟能详的一句话，但是青少年吸烟的现象仍不在少数，原因在于缺乏对吸烟危害健康的更深刻的认识。因此，通过呈现吸烟危害生命的案例以及让学生自己回忆周围吸烟者的身体状态及不良表现，使学生产生警惕意识。另外，孩子吸第一口烟往往是由于别人的怂恿，因此，教会孩子学会如何委婉拒绝也是帮助孩子远离烟毒的重要方面。

我们提倡孩子多参加劳动，因为这也是实施生命教育的重要途径。但是，由于孩子的年龄特点，劳动也往往会带来一些安全隐患，如何安全劳动是孩子应该学习的一课。通过教学生怎么正确使用劳动工具，怎么遵守操作规程和劳动纪律，受伤时怎么处理可以有效避免劳动时出现的危险状况。

2.求生窍门

生活中难免会遇到一些意想不到的事情，面对突如其来的灾难，懂得如何自救是上策，因此，日常中学习一些自救窍门可以有备无患。"火场逃生 ABC"一课旨在帮助孩子学会在面对火灾的时候，如何赶紧逃离危险。例如，面对初起火灾油锅、电器设备等如何扑灭，大火来临时如何防止烟雾中毒，怎么应用灭火器材或者其他逃生设备，无法逃离现场时如何寻找避难所。这些都是日常生活中的安全常识，但往往被忽视，通过专门的学习可以让孩子提高警惕，有备无患。

3.互帮互助,爱心传递

我们提倡"路见不平拔刀相助",但是对于我们的孩子来说,他们的年龄决定他们面对危难情境的时候往往心有余而力不足,或者为救别人牺牲自己,这不是做好事的初衷。因此我们不再提倡见义勇为,而是"见义巧为",这是对孩子自己生命的负责。

因此,"见义巧为"一课通过各种现实案例,教给孩子如何勇敢机智,不做无谓的牺牲,救人救己,使爱心传递。

二、《少儿自护手册》:创新课程实施方式,帮助学生自护

《少儿自护手册》是一本以图画故事的形式向学生传递生活中自我保护知识的教材,具有如下特点。

1.以图画故事的形式呈现,生动有趣

小学阶段的孩子对故事有种特别的兴趣,尤其是对图画书更是喜爱有加,这本书正好满足了孩子的这一心理,让他们在看图读故事的过程中学会自我保护。

2.故事内容贴近生活,富有教育意义

这本教材的内容大都围绕着学生日常生活中的安全隐患编写的,有活动安全篇、交通安全篇、居家安全篇、消防安全篇以及食品卫生安全篇等,便于学生生活中安全意识的培养。

3.书中故事穿插知识,易学易记

书中的每个故事都包含有一些小常识,"魔法宝典"一栏将每一个故事的安全知识加以总结,帮助学生记忆。

因此,将这门课程利用好可以为生命教育增加趣味性和有效性。老师积极发挥想象力,努力拓展这门课程实施的途径,最终确定以类似课本剧表演的形式,让学生边演边学边用。例如,在"陌生人来访"一课中,老师就让学生自编自导自演,充分发挥学生的想象力和表现力。学生们有的演小主人公毛毛,有的演陌生人大叔,还有一位同学表演为孩子指点迷津的小天使,在毛毛和大叔的不断对话中,通过不断透露安全知识,使安全常识深入学生内心,同学们在表演中收获了乐趣,更重要的是收获了自护的技能和意识。

通过创造性的利用表演这一形式,结合地方课程的特点,充分渗透生命教育的内涵,使生命教育深入学生内心,这是上浩小学教师充分发挥教育智慧的结晶,也是对生命教育充分重视和实施决心的体现。

三、《综合实践活动》:在实践探索中延伸生命教育

《综合实践活动》是根据国家《基础教育课程改革纲要(试行)》中要求学生通过实践,增强探究和创新意识,学习科学研究的方法,发展综合运用知识的能力,增进

学校与社会的密切联系，培养学生的社会责任感的建议，并结合重庆本地的课程资源而开发出来的。主要以培养学生进行"研究性学习"的能力为基础，并将探究的学习方式以及"社区服务与社会实践""劳动与技术教育"的相关内容渗透其中。按照国家要求，这门课程从小学三年级开始设置，直至高中，每周 3 课时。

生命教育不能仅仅是知识的传授，让学生自己探究、发现往往更能灵活运用。因此，这门课程为实施生命教育提供了方法上的借鉴，并且由于其课时较多，持续时间较长，更能保证生命教育的持久性。

1.运用调查法发掘生活中的生命教育

调查法的运用可以让学生自己发现生活中存在的问题，学会寻求解决方法。并且，通过调查，得出调查数据，可以帮助学生更清楚地认识这些问题的存在及严重性，且在调查的过程中，学生通过亲自参与，对获得的信息印象更为深刻，说服力也更强。因此，将这一方法应用在生命教育中，往往可以起到事半功倍的效果。

"对食堂浪费现象的思考"一课将与学生生活密切联系的现象编入课本中，旨在引起学生对浪费现象的思考，节约粮食。生命教育不仅要教会学生热爱自己的生命，更广义上，让学生学会博爱是更高的目标。因此上浩小学的老师迅速抓住这一生命教育契机，让学生从调查入手，自己发现这一现象的严重性，并认识到节约粮食对生命的重要意义。上浩小学教师是这样做的：

(1)组织同学观察，提出问题

"同学们，不知道你们是否发现或者自己是否是这样做的，很多同学总是吃不完自己的饭，没办法只有倒掉，我们餐厅的剩饭桶每天都可以装满好几桶。""好像是呢。""我都是把自己的饭吃干净的。"……"可能有的同学留心了，有的同学没太注意，那我们就亲自去观察怎么样？""好啊……"

和同学一起，我们来到学校的餐厅，中午的剩饭桶还没来得及运走，正好可以让学生们自己观察一下。

"哇，这么多呢……"

"好脏啊，还有股怪味，这是我们中午吃的饭吗？"

……

"同学们，我们的浪费现象严重吗？"

"严重。"

"那你们对于浪费粮食的问题是怎么看的呢？"

"这是不对的，'谁知盘中餐，粒粒皆辛苦'啊！"

"可是有的同学就是吃不完，不倒掉怎么办呢，而且我看电视，现在我们国家很富裕了，不差这点粮食的。"

……

"这是你们的想法,那学校其他同学是怎么想的呢,你们想知道吗?"

"想。"

"好,那我们只有自己去寻找答案喽,为了节约时间,我们分组寻找好不好,那怎么寻找呢?"

"用访谈法吧。"

"我觉得用问卷去调查又快又准。"

"同学们的方法都很好,这样吧,有的同学用问卷,有的同学用访谈,怎么样,大家可以根据自己的兴趣选择,分工合作,一块儿来寻找答案。"

(2)调查研究,编制问卷及访谈提纲

全班共分为两大组,问卷组和访谈组,每一组又细分成三个小组,便于更快地获得调查信息。在老师的指导下,学生自己编制了调查问卷和访谈提纲:

附学生自制问卷:

1.你是否倒过饭菜? 每顿饭都得倒掉 一部分 经常 偶尔 从来不

2.平均每周倒掉饭菜的次数是多少? 0 次 1~3 次 3~5 次 5~7 次 大于 7 次

3.你倒剩饭剩菜的原因是什么? 吃不完 不喜欢吃 其他原因:

4.你对倒剩饭剩菜的看法? 是一种浪费 可以 接受 无所谓

带着问卷和提纲,同学们展开了行动。

(3)总结、统计收集的资料

在调查结束后,我和同学们对搜集来的资料进行统计总结。

通过调查问卷,发现学校所有的同学都倒过饭菜,但是频率不一样,对于倒剩饭剩菜的原因也各种各样,但是绝大多数同学都认为这是一种浪费现象。

(4)体悟节约粮食的重要性

让学生发现问题并学会通过自己去解决问题是这堂课的目标之一,但是让学生认识到节约粮食的重要性更是生命教育的要求。因此,在学生结束调查后,我组织学生看了一些关于我国及世界其他贫困地区人民生存状态的图片和视频,让他们了解世界有很多地方还处于粮食缺乏的状态,以期引发孩子们的同情心。另外,我还给学生们展示了农民种植粮食时的辛苦,加深孩子对"粒粒皆辛苦"的感悟,从而认识到节约粮食的重要性。

(5)给学校提出建议

发现问题之后,解决问题也很重要。因此,我组织学生们首先将他们总结的结果连同一些缺乏粮食地区人民的图片张贴在学校布告栏里,让这些问题充分地被全校师生关注。另外,针对他们搜集的资料,学生们通过在小组内讨论,形成了一份给学校提出的改进意见,希望通过全校师生的努力,做到珍惜粮食,珍爱生命。

这样一次调查研究,让学生学到的不只是怎么提出问题、解决问题,不仅是探究能力的提高,通过这个过程,更使学生亲身感受到学校浪费现象的严重,认识到世界仍然缺乏粮食,我们的生命得到保障,但是还有很多生命处于生死边缘。这样一堂课将生命教育的内涵进一步提升,生命教育不是自私的教育,应该是培养一种博爱的胸襟,一种对所有生命的尊重和敬畏。

2.模拟实验——探究、证明、灵活运用求生技能

对于一些问题,当我们不知道答案的时候,通过自己动手设计一个小实验来证明往往比别人直接告诉我们结果更让我们信服,也更能让我们灵活运用。因此,模拟实验是学生应该掌握的一种解决问题的方法,但是如果能将这一方法运用到生命教育中,那更是一举多得。

上浩小学的教师充分发挥自己的教学智慧,设计了这样一堂课:

"发生火灾时该怎么样快速撤离,是坐电梯呢还是选择走楼梯? 哪样更安全?"面对这样一个问题,同学们顿时傻了眼,也有些同学显然有自己的想法"当然是坐电梯了,多快啊!""不对,我觉得应该走楼梯,因为发生火灾时万一影响到电梯呢,如果一旦被困在电梯里,那更危险。"……

"同学们的答案都有各自的道理,但是我们首先应该想一下,火灾发生时一方面我们要防止被火烧到,另一方面,大火产生的浓浓的烟尘也是危害我们生命的重要因素,很多人在遇到大火时不是被火伤到的,更容易因为烟熏而使生命遭遇威胁。因此,大火时如何避免烟尘的危害很重要。现在我们来做一个实验,自己来发现一下'烟尘效应'怎么样。"

一听做实验学生们立刻乐开了花,看来孩子天生就是一个小科学家,爱动手是他们的天性。

"同学们,我们自己找一个笔直的烟筒和一个"之"字形的烟筒来当做电梯和楼梯好不好,然后回家在家长用柴火做饭的时候,把你的两个烟筒拿出来,观察一下从烟筒冒出来的烟的差别,回来后把你得到的结果与大家分享一下。"

……

通过实验,同学们纷纷发现:从直的烟筒冒出来的烟更快更浓,而从"之"字形的烟筒里冒出来的烟稍慢且更稀薄一点,因此,同学们纷纷明白了,原来为了防止在短时不被烟尘熏伤,遇到大火时,从楼梯走逃生机率更大。

通过这样一堂让学生自己实验的课,学生们不仅学会了如何逃生的知识,而且清楚了这样做的缘由,更能增加其运用知识的能力,真正做到了活学活用。

3.交流拓展——分享生命美好经验

在《综合实践活动》一书中,除了让学生学会运用调查研究以及模拟实验方法外,交流拓展也是每一课必有的环节,在交流中分享各自的研究成果及研究心得,可以让

学生拓展知识面,加深学生间的交流与合作,这本身就是生命化教育的应有之意。

除了在教育方法上体现生命教育外,将地方课程稍加改造使其内容上也承载生命教育的理念,更有利于生命教育实施的彻底性,一举多得。因此,上浩小学的教师认真研究地方课程,努力发现生命教育的契机,对学生不遗余力地进行生命的教育。

在《综合实践活动》中有这样一课,让学生研究幸福感。学校的办学追求就是幸福人生的实现。抓住这个机会对学生实施生命教育,让学生体悟幸福何尝不是一次生命的润泽。老师紧紧抓住"幸福"这个概念,给孩子上了一堂生动的蕴涵生命教育的综合实践活动课。以下是上浩小学老师的课堂笔记。

课堂上就"幸福是什么"这个话题引发课堂的讨论,同学们纷纷发挥自己的想象力,结合自己的切身体验,对幸福进行不断的界定。有的同学说"每天可以看动画片、吃肯德基我就会觉得很幸福。""过生日的时候爸爸妈妈送给我一个遥控飞机,我当时可高兴啦。""上课的时候老师表扬我,我心里特别美。"……我认为光是让学生体悟自己的幸福这不是生命教育的全部,生命教育更应该教会学生体谅他人,学会感恩。因此,我又说:"那你们光记得你们的幸福,你们知不知道父母的幸福源自哪里?"顿时班级里安静了不少,看来我的问题问对了。不一会儿,有个同学发言了:"上次我考试成绩提高了很多,爸爸特别高兴,吃饭的时候还特意开了一瓶啤酒,这算不算幸福呢?""当然算了,因为爸爸为你感到骄傲,他当然很幸福啦。"一下子,孩子们的话匣子打开了,你一言我一语……

我想所谓生命教育就是一种对生命美好的提醒和感悟,生命中到处都有幸福,每个人都有幸福,但是我们常常忘记以至于以为没有,所以,让孩子们通过互相分享自己及父母亲人的幸福经历,可以让孩子发现原来生命的幸福这简单,原来生活这么美好,我想这是一种润泽生命的交流吧。

这位老师及时抓住地方课程中交流拓展这一探究路径,以生命教育的内容为载体进行,实现了技能获得与生命感悟的双赢,使生命教育无处不在,无时不有,让学生每时每刻感受到生命的意义与价值。

第三节 校本课程的生命化开发

一、研发生命教育校本教材

(一)研发校本教材

为保证生命教育实施的彻底性及持续性,因此一方面需要以国家课程、地方课程为依托,通过课堂教学践行生命教育的理念,体现生命教育的要求。另一方面生命教育也需要专门且系统的教材来作为实施依据,使教师和学生有章可循,且感受到生命教育的重要性以及学校对此的决心和重视。因此学校组织成立了"上浩小学生命教育特色学校工作领导小组"对生命教育校本教材进行研发,保证生命教育的顺利开展。

在研发之初,学校课题组首先通过发放针对本校师生的调查问卷,来对本校师生的生命教育情况作出大致的了解,使生命教育校本教材的编写更具针对性,主要包括两方面:一方面是学生的生命意识情况,另一方面是已有教材对生命教育的涉及情况。最终通过对问卷的统计、分析,发现学生对生命现象已形成一定的认识,新课程中增加了有关生命教育的内容目标,但是生命教育的总体状况仍不容乐观。首先表现在小学生的生命意识还比较淡薄,其次表现在学校的生命教育尚未形成严密的内容体系及有效的途径方法,教师对生命教育缺乏了解。主要表现在以下三个方面。

1.小学生的生命意识较为淡薄

通过问卷调查,课题组了解到学校小学生的生命意识具有以下特点:

(1)对生命现象已形成基本认识,但对于死亡现象由于缺乏本质的了解,在一定程度上存在着认识偏差。

在被要求举例说出有生命的事物时,几乎所有被调查的高年级学生均能正确回答,低年级学生中也有 85.53% 的学生能正确回答此问题。

对于死亡现象,调查显示,选择"人死了,生命就结束了,不会再活过来"的学生占 61.30%,刚过六成,近三成(26.62%)的小学生认为死亡是"在这个世界消失,去了另一个世界",有 9.67% 的小学生视死亡为"睡觉、做梦",甚至认为人能"死而复生"(2.87%)。对于不时见诸传媒的学生自杀事件,78.97% 的小学生认为"他们失去生命,太可惜了",11.58% 的小学生"感到害怕,自己在烦恼的时候也想到过死",5.06% 的小学生认为死亡是一种解脱,而 4.03% 的小学生则认为不关己事,对此无动于衷,漠不关心。

(2)在对待自杀及其他死亡现象的态度上,大部分小学生都有比较正确的态度,但仍有学生存在轻生的念头。

对于如何看待学生自杀事件这个问题,71.21% 的学生认为"他们太傻了,是不珍惜生命的表现""对不起父母,会给身边的人带来巨大的痛苦",但他们同时也认为这些自杀的学生一定有苦衷,表示同情。可以看出,绝大多数学生虽然在感情上对自杀者表示惋惜,但在理智和道义上还是不赞成这种行为的。值得注意的是,在调查中,有 8.52% 的学生表示"自己在烦恼时也想过死"。还有极小部分学生表现出不太关注生命的态度,认为事不关己,无须在意。

（3）大部分小学生对自己持积极肯定的态度，对生命价值有所体验与感知，但视野较窄，缺乏自觉、主动意识和对生命主体性的认识。

调查显示，76.72％的小学生喜欢自己，15.13％的小学生不置可否，还有不到8.61％的小学生称"不喜欢自己"。同时经过交叉分析发现，在这个问题上，男女存在着性别差异，喜欢自己的女生占81.07％，男生则只占73.21％，从中可以看出女生比男生更欣赏自己。

一个人自信与否，还体现在遇到困难挫折时能否相信自己并愿意努力克服困难。数据统计结果表明，75.53％的学生态度比较积极，认为"没关系，下次会努力做好"。21.23％的学生因此否定自己，认为"我真没用，这也做不好"。

上述调查分析告诉我们，在某些孩子的内心深处，还比较缺乏对生命本身的关注，他们不理解生命的构成、生命的价值、生命的责任、生命的脆弱以及生命的短暂，当学习、情感等方面出现问题时，欠缺积极的处理方式。因此，使教育承担起拯救生命、唤醒生命意识的责任和使命，加强对小学生的生命教育，让他们珍爱生命、热爱生命、提高自我保护能力，变得十分紧迫也十分必要。

2.生命教育途径单一

近年来，有些教育行为和措施体现了一定的生命意识（如新的学科课程标准开始重视生命教育，增加了有关生命教育的内容目标），但基本的现象还是生命教育依靠学科教学来进行。造成这一现象的原因是目前的生命教育的相关准备工作还不到位，还处于各行其是的状态，没有统一的教学大纲要求，没有统一的教学目的与要求，没有统一的教材与教学内容等，更没有配备专职的教师。没有以上种种先决条件做保障，生命教育便只能依靠学科教学来进行，达不到开课的要求。没有设置独立的生命教育课程导致学生不能获得系统的生命教育知识。

很多老师在一定程度上认为可以把生命教育附属在品德与社会课上。而语文学科的基本属性是人文性，它决定了语文与生命教育具有天然的联系，因此它高居第二位。数学等学科由于其本身学科性很强的特点使教师常常会忽视它与生命教育的联系，失去了进行生命教育的平台和契机。

3.生命教育内容零散

据课题组文献检索了解，基础教育新课程改革顺应时代发展的要求，以"为了每一个学生的发展"为出发点，增加了有关生命教育的内容，赋予了生命教育必要的人文关怀。

例如在人教版小学语文教材中有：

（1）以自然为审美对象的优美散文，洋溢着生命的快乐：《桂林山水》《金华双龙洞》《七月的天山》……

（2）寓意深远的社会、科学故事，展现生命的和谐之美：《中彩那天》《万年牢》

《尊严》……

(3)表达人生追求的诗文彰显生命的坚韧:《鱼游到了纸上》《全神贯注》《独坐敬亭山》……

在品德与生活、品德与社会的课程目标中,也出现了许多旗帜鲜明的生命教育内容。例如在"健康、安全地生活"和"有初步的自我保护意识和能力"中,针对学生在自然、社会等方面有伤害性可能的实际,要求学生要具有自我保护的意识和能力;了解天气、季节变化对生活的影响,学会照顾自己等。

通过对以上课程内容及目标的分析后,学校发现小学教材在生命教育方面还存在着许多有待解决的问题:

(1)编排不成体系,没有系统的生命教育内容,没有明确提出据此对学生进行生命教育。

(2)生命教育的内容比较零散,偏重道德教育、安全教育及情感教育,而对于死亡教育则鲜有涉及。

鉴于以上问题的存在,学校更坚定了编写校本教材的决心,并明确了教材编写的侧重点及注意事项,这为校本教材的研发提供了有力的参考依据。因此,以《上浩小学生命教育指导纲要》为依据,结合生命教育存在的问题,学校编写了《生命之花》和《火花》两本校本教材,为生命教育的实施提供保障。

(二)实施校本教材

校本教材的实施途径有多种,包括教师课堂实施、通过活动实施、学生自学等,并且为保证教材实施的到位和有效性,学校组织成立评估委员会对其实施情况进行定期评估。

1.课堂实施

课堂实施是校本教材实施的主要方式之一,主要以多种教学形式和手段帮助学生获得关于生命的知识,从而认识生命、学会保护生命,进而尊重生命、绽放生命。学校按年级为学生分别安排了相应的课时,为不增加学生的学习压力,学校每周只安排一课时,并与地方课程循环实施。学校坚持的理念是,生命教育不在于每天的耳提面命,更需要每时每刻,家庭、学校及社会每个地方的渗透落实,这种随机、偶然的教育机会长久以来形成的力量更为强大。

2.活动实施

针对小学生的年龄特点,通过活动实施生命教育是一种有效且有趣的手段,因此,学校积极开展了多种活动,包括各种主题活动,也包括一些实践活动,为生命教育的开展提供了丰富多彩的渠道。(详见主题活动部分)

3.学生自学

学生自学主要是每个班级自学角的设置以及让学生自己设计黑板报。在自学角上有各种关于生命教育的图书和挂图,学生可以自由翻阅。另外,学校将教室黑板报设计的任务交给了学生,让学生以生命教育为主题,自由设计,每月更新一次,使学生在构思设计、搜集材料、成果展现的过程中体会小组合作的乐趣,学习有关生命的知识,培养学生的责任感。

二、开展主题活动

(一)消防教育活动:为学生一生的平安幸福护航

消防教育活动一直是上浩小学的特色,更是其"生命教育"理念的源头。于1995年,上浩小学就与重庆市消防六中队合作成立上浩"重庆市少年消防警校",成为重庆市第一所以消防教育为特色的学校。1998年12月警校成立三周年时,共青团中央、解放军总政治部、教育部、全国少工委授予上浩少年消防警校"全国先进少年军校"的光荣称号。到如今,上浩小学消防教育已经走过了17个年头,在这个过程中,学校不断总结经验,并最终凝练形成上浩"生命教育"的办学理念,因此消防教育既是生命教育的起源也是生命教育的践行。

上浩小学始终坚持以消防活动作为对学生进行生命教育的形式之一,因此,学校课题组在"安全教育,消防先行"指导思想的基础上,着力打造以消防安全教育为特色的校园文化,实施素质教育,为学生一生的平安幸福打好基础。近年来,学校先后被评为重庆市"十佳少年消防警校""全国先进少年军校""全国消防安全教育示范学校"。相继有法国、英国以及市内外学校师生、社会群众到学校参观指导,《中国教育报》《重庆日报》和重庆电视台等主流媒体进行了专题报道。上浩小学消防教育活动具体落实措施包括以下三方面。

1.落实"三大抓手",夯实消防教育特色基础

一是抓警校建立。"重庆市少年消防警校"的建立为课题组开展消防安全教育特色、践行生命教育理念搭建了坚实的平台。经过17年的不断进取,少年消防警校培养了一大批懂消防基础知识、有消防宣传能力、会消防实施技能等综合素质高的学员。

二是抓组织领导。课题组聘请南岸区教委主任和南岸区消防支队队长担任少年消防警校的名誉校长,上新街消防中队队长担任名誉副校长,消防战士、中层干部、班主任、体育老师担任教练员等。强力的组织构架为上浩小学打造消防安全教育特色学校提供了有力的保障。

三是抓物质保障。在学校的支持下,课题组投入资金120多万元,用于安装消火栓、修建辅助消防通道跨楼天桥、完善消防安全设施设备,并为每位警校学员配置"小军装"。物质设施的保证为消防教育活动提供了实施基础,可以让学生在"真情实景"中模拟消防演习,将知识与实践结合,培养了学生防患于未然的意识和危

险来临时的自救能力。

2.坚持"三个共建"，拓展消防教育特色载体

一是坚持警民共建。课题组多年来坚持与上新街消防中队共建少年消防警校，在开展"消防夏令营""我是小小消防员"等常规体验活动基础上，中队官兵每学期还坚持到学校开展"三个一"活动，即：一次消防知识讲座、一次疏散逃生演习、一次学习帮教指导，有力促进师生安全意识。

二是坚持家校共建。课题组在每年的消防宣传日邀请家长参与学校消防主题活动，与孩子一起进行应急疏散演练、开展家庭火灾隐患自查、共同制定家庭火灾逃生计划，实现消防宣传教育"家校一体化"。

三是坚持社区共建。每学期课题组都要组织学生深入到社区居民中，举行一次宣传消防安全的演出，开展一次消防安全知识调查，制作一幅消防安全宣传画，查找一处消防隐患并提出整改意见，举行一次消防普法安全知识讲座，开展一次消防知识竞赛，组织观看一次消防普法安全录像等，社区消防宣传的"七个一"模式受到市教委、市公安消防总队领导的高度肯定。将消防活动深入到社区，加强学校与社区的联系，有利于孩子在活动中学习消防知识、练就消防能力，同时增强了学生防火的责任感。

3.创新"三条途径"，提升消防教育特色内涵

一是开发校本教材。近年来学校课题组坚持围绕小学生消防安全教育，先后开展了"小学生消防安全教育研究""构建小学生消防安全教育特色学校的途径研究"等市、区级课题研究，并编写、出版了《消防雏鹰》《火花》等系列校本教材。校本教材的研发为学校生命教育提供了载体和实施平台。

二是纳入学校课程。课题组坚持将消防安全教育纳入生命教育校本课程的重要内容，以专兼职消防安全教练员、消防官兵为孩子们专题讲授消防知识。

三是保障落实时间。少年消防警校学员训练时坚持常规队列训练和专项消防技能培训相结合，为消防训练提供充足时间。另外，学校还通过课堂教学、课外教育、社会实践、周一升旗仪式等活动保障消防安全教育的落实。

（二）走进生活实践活动：体验生命之价值

生命教育是全方位的，课堂的教学是主渠道，课外的实践活动是有效的延伸和补充。少先队大队部和各中队组织开展形式众多的实践活动：采访、参观、调查、实践等，队员们在实践活动中学习，在实践活动中触动心灵，体验生命之价值。

1.感悟生命的实践活动

（1）亲近大自然，感悟生命的活力。探问校园的树木，这是让学生亲近大自然的一个窗口。同学们可以自由搭配，去探访校园中的每一片花草、每一棵树木，看一看小草露头时的姿态，闻一闻树木吐翠时的气息，听一听鸟儿飞落枝头时的鸣

叫;了解校园中花草树木的生长特点,这一切活动的组织实施,都可以让同学们尽情地享受美丽大自然带给人们的快感。

(2)感受春天的实践活动。与美术、思品、卫生老师联合布置活动,把春天画下来,把春天拍下来,把春天用笔记下来……美术课、语文课、品德与生活课上到处洋溢着学生对美好春天的感想,展现着孩子们独具个性的作品和话语,传达着一群天真烂漫的孩子对生活的无比热爱。

(3)体验生命意义的实践活动。综合实践课上,孩子们在老师的带领下来到学校的喷水池寻找"小生命"。有同学发现喷水池里漂浮着一条死金鱼,他们着急地问老师,为什么金鱼会死呢? 老师却让他们自己去找原因。于是,有的孩子开始了猜测,说会不会是饿死的? 被其他大鱼咬死的? 水质受污染死的……有的孩子找来矿泉水瓶,盛满水说拿去做检测;有的孩子上网去查资料……孩子们都心系着金鱼的生命,积极主动地去探索、思考,努力发掘自我的潜在能力,在实践中体验着生命的意义。

2.关注生命的实践活动

(1)学会尊重。生命间只有尊重才能和谐相处,只有尊重别人才会获得别人的尊重。因此,学校组织学生从称呼开始,调查同学中的绰号,调查被叫绰号的同学的心理感受,使学生在情感上引起共鸣,用自己的心去考虑别人的感受。

(2)学会关爱。生命因互相关爱而温暖,因此在六一儿童节的时候,学校组织同学为患白血病的同学捐款,献出自己的一片爱心,共计 2305 元,以自己的实际行动学会关爱他人,享受付出爱的感动体验。

(3)学会感恩。学会感恩。在综合实践活动中,结合国际节日、传统的民族节日、新兴的时尚节日等开展感恩教育,可以很好地拉近人与人之间的距离,是实施生命教育的较好良机。因此,学校在"春节""三八妇女节""母亲节""父亲节"等节日,开展"回报父母、孝敬长辈"的系列教育活动,让学生实实在在地观察到家长的辛苦,体会到父母的可敬,从而从内心深处激发对父母亲的浓浓爱意。实践证明,当学生心中有爱、懂得感恩时,他们的生命是充盈的、愉快的,无论他们做什么,都不会让人失望的。

(4)学会关爱自己。上浩少年警校开展"远足"实践活动,通过远足提升自己的生存能力,调整自己的心理素质,从而关注自己的生活,关注自己的生命,关注自己的发展,形成积极健康的人格。

(5)学会爱家乡。通过对蔬菜调查、了解家乡巨变,从而对学生进行爱家乡的教育。比如,学校让同学们调查家乡蔬菜知多少,透过琳琅满目的蔬菜品种看家乡的发展;再比如,组织部分师生走进开心农场,聆听农民伯伯的精彩介绍,在现场参观中感悟蔬菜带给家乡人民的无限财富。让他们在实践中获得新知,在活动中体验成功,搭建认识家乡的平台,体验家乡的变化,从而学会爱家乡。

3.珍爱生命的实践活动

(1)"我为家乡添美丽"的实践活动

3月12日上浩小学举行了"我为家乡添美丽"的植树造林活动,通过活动让学生培养"保护环境,人人有责"的意识,并认真学法,严格依法律己,不做污染和破坏环境的事,从我做起,从现在做起,从力所能及的"小事"做起,为保护人类共有的家园作出贡献。随后,还积极投身到环保宣传活动中去,向周围群众宣传环保的重要性,积极参加清除白色污染,创建环境保护模范城市活动等等。

(2)"节约用水 为生命止渴"社会实践活动

在节能减排的大环境下,老师带领学生首先通过网络书籍等收集关于"水"的资料,并在长江进行水质、水源的调查研究,使自身更了解水资源的利用与现状。并到发电厂进行参观、考察和学习,特别关注一些工厂设施对工业用水的回收与循环再利用。随后开始社区节水考察宣传活动,发宣传单,进行志愿签字节水,同时进行节水知识竞赛。学生在收集资料的过程中掌握了生活中有关水的知识,懂得如何节约用水,增强了节约用水的社会责任感。

(3)红色革命主题实践活动

生命不仅在于生物体的"活着",更在于必须活出意义和价值。所以,生命教育的目标,基础层面是教人珍爱生命,更高的层次则在于教人体悟人生的意义,追求人生的理想。因此,学校组织了大量活动:走访长征路、走进红岩村、慰问老红军、听老红军的故事、少年警校军事拓展训练等等。通过实践活动,让学生在听与问的过程中耳濡目染,自己体会:珍爱生命,就是要有坚定的信念;珍爱生命,就是要有乐观向上的人生态度;珍爱生命,就是要珍惜时间,自强不息;珍爱生命,就是要战胜挫折,学会坚强。

(4)安全在我心中实践活动

四年级(3)班开展的"安全在我心中"实践活动让学生在实践中寻找生命隐患、学习安全自护知识,懂得生命的可贵。这个活动分为"安全"和"自护"两个板块。在活动实施过程中,"校内安全"和"交通安全"作为共同学习的内容,学生用相机记录下有安全隐患的地点及设施,了解可能会发生的事故,并收集安全警示标志。观看交通事故图片展和事故录像,分析事故发生的原因,使大家重视遵守交通规则,到交通路口进行一次交通协警的体验。观看自救自护录像,了解发生火灾、有陌生人敲门等事件时的处理办法,知道急救、火警等电话号码。本次实践活动,立足于培养学生的安全意识,形成自救自护的能力,让学生参与、主动探究,并在活动中懂得如何珍爱生命。

4.绽放生命的实践活动

(1)"向假冒伪劣产品说不"综合实践活动

活动分三个步骤,有序进行:

①在寒假期间上网查询,了解假冒伪劣产品对人身安全和健康构成的威胁,学习识别假冒伪劣产品的简单方法,明确拒绝购买假冒伪劣产品、保护自身健康的重要意义。

②在寒假期间收集报刊:收集报刊上各地工商部门打击假冒伪劣产品的相关新闻报道,了解社会上究竟有哪些假冒伪劣产品,了解我国政府打击假冒伪劣产品、维护人民群众切身利益、构建和谐社会的坚定决心。

③上街宣传:收集相关资料后,学生会干部负责编写以"向假冒伪劣产品说不"为题的宣传资料。宣传资料以"假冒伪劣产品的分类""假冒伪劣产品对人体健康的危害""如何运用法律武器与假冒伪劣产品作斗争"等为主要内容,并组织学生上街宣传,向商店、菜农、市民、学生家长等发放宣传资料。

(2)参观科技展览馆实践活动

在展览馆里,孩子们首先了解了展出的科技成果涵盖自然科学、生命科学、视听、高科技等各个领域,并去模拟的太空舱驾驶了宇宙飞船,遨游了神奇的太空,体验了失去平衡的刺激。通过领略神奇的科幻世界,与机器人对话,并鸟瞰我市的宏伟蓝图,让学生知道作为新时代的接班人,只有掌握牢固科学文化知识,具备强大的科学知识和精湛的技术才会让中国站得更稳。

(3)"小小厨师会"实践活动

四年级一班举行的"小小厨师会"实践活动,为孩子们提供了一个发挥才华的阵地。这次活动同时邀请了学生家长,学生在实践活动中亮出了一道又一道令人称道的"拿手菜",使家长们看到了孩子练习'炒菜'时的那股认真劲儿,为孩子的成长而欣慰,并表示看到孩子努力的一面很感动,希望再多给孩子这样一些机会,让其能成为一个生活自立的人。活动中,孩子们锻炼自己,勇于参与、大胆实践,互相合作,共同提高,不仅分享了做菜的乐趣,还学会了如何欣赏别人、赞美别人。

(4)"购物"实践活动

五年级(1)班的购物实践活动课上,孩子们嘻嘻哈哈,聚集在一个个布满五彩气球和鲜花的"小商店",选择、购买商品。有琳琅满目的文具、孩子们喜爱的玩具、喷香四溢的美食……学生在老师创设的模拟情境中极度放松、活泼,积极性大大提高。这一过程中,孩子们既锻炼了与人交流的胆量和能力,又为下一步融入社会打下基础。

三、举办校园"四大节"

(一)共建书香校园——读书节

"书籍是人类进步的阶梯",没有书的滋润,生命就如没有源头的死水,"问渠那得清如许,为有源头活水来",生命之河只有书中营养的不断供给才会一直绽放光彩。孩子的生命更需要丰富多彩的书籍的不断滋润才会成长得更加茁壮,在书籍中可以获得认识生命、汲取保护生命的常识,体悟生命的价值和意义,而平心静气、畅游书海的过程本身就是生命的享受和提升。因此,学校一直坚信课外阅读以及养成爱读书的好习惯对孩子生命成长的重要意义,并通过举办"读书节"来使这一理念深入人心、付诸行动。

读书节在每年的四月举办,有"欢乐书市""好书推荐""读书之星评选""书香班级评选""书香家庭评选""征文与演讲活动"以及各班主题班会和黑板报展评等活动,师生们徜徉于书的海洋,尽情享受读书带来的愉悦。

(二)创新与实践——科技节

生命的过程不仅需要积蓄更需要厚积后的迸发,在生命之光释放的过程中享受生命存在的乐趣、生命成长的感动、生命绽放的光彩。科技节的举办为生命的智慧之花提供了开放的春天。

科技节在五月和十月举办,每年两次,是上浩小学以"创新""实践"为主题的科技教育的具体实施与成果展示,为全校师生和科技爱好者提供交流学习的舞台。科技节有"小发明""小制作""科幻绘画""科技小论文"等一系列丰富多彩的活动,活动可以个人参与,也可以小组、团体、班级参与,更欢迎师生及家长的共同协作参与。通过各种评比活动,激发了师生参与的积极性,学生们在老师的帮助下,踊跃地献智献勇,锻炼了创新能力,体会到了科技创作的乐趣,培养了对科技创作的兴趣。

(三)真情与智慧——艺术节

继科技节之后,每年五月底,学校的艺术节又为丰富多彩的校园生活增添新的色彩。如果说"读书节"和"科技节"可以为学生生命提供知识的滋养,那么"艺术节"则为学生生命之花的绽放给予艺术的熏陶。

在艺术节里,每个同学都有机会展示才艺:民乐、书法、绘画、歌唱、"班班有歌声"的大合唱比赛等等,浓郁的艺术氛围让学生"我心飞扬"。孩子们感受着艺术的魅力,将艺术融入日常的学习生活中,在欣赏音乐的同时提升对艺术作品的体验再现能力和设计创作能力。在活动中不断丰富自己的人文内涵,使自己成为真正意义上的全面发展、人文见长的上浩学子。

(四)我运动,我健康;我运动,我快乐——体育健康节

生命在于运动,拥有健康的体魄是所有生命活动的前提。体育锻炼不仅可以塑造健康的身体,同时可以保持良好的心情,实现学习与休息的劳逸结合。

对于体育活动的开展,平日里,上浩小学严格按要求落实每日一小时的体育锻炼,除此之外,在每年的3月和11月,学校都会举行体育健康节。春季主要是以田

径比赛为主;秋季主要以"队列比赛"和"三跳"比赛为主,而且每次体育健康节都有团体项目:拔河、接力、韵律操等。此外,学校还开展教职工篮球、乒乓球、羽毛球、登山比赛等。通过比赛达到弘扬体育精神,陶冶道德情操,增进友谊的目的,这既是对校园文化建设的检阅,也是校园精神文明建设的展示,同时对建设具有学校特色的校园人文精神和文化内涵产生了良好的促进作用。师生们一起感受"阳光体育运动"的意义,"每天锻炼一小时,健康工作五十年,幸福生活一辈子"的健康理念已经深入人心,并贯彻于实际行动中。

校园四大节活动设计

时间	主题文化节	活动内容	活动形式	活动中的生命教育价值
四月	读书节	品读经典、欢乐书市、好书推荐、征文与演讲活动等。	读书之星评选、书香班级评选、书香家庭评选等。	享受读书带来的愉悦,感悟生命的美好。
五月、十月	科技节	小发明、小制作、科幻绘画、科技小论文等。	现场竞技、作品展出等。	展示参赛者的能力和风采,锻炼学生的动手能力,丰富学生的课余生活。
三月、十一月	体育健康节	短跑、跳高、跳远、跳长绳、拔河、接力、韵律操等。	田径比赛、队列比赛、"三跳"比赛、团体项目等。	强健体魄,展示生命活力,展现生命的光彩。
五月底	艺术节	民乐、书法、绘画、歌唱比赛等。	"班班有歌声"的大合唱、文娱节目表演、书画作品展览等。	感受艺术的魅力,再现对艺术作品的体验能力和设计创作能力,让生命价值不断提升。

第五章　生命教育的课堂建构

　　面对教育中生命意义的缺失,我们呼唤生命教育,呼唤教育回归生命本真。课堂是教育的主阵地,因此在实施生命教育方面具有内容丰富性、实施经常性以及有效性的特点,自然成为了生命教育的主渠道。课堂每天都在进行,师生在课堂中相会、在课堂中碰撞、在课堂中成长,赋予课堂以生命的色彩,用灵性和激情激活学生的思维,用智慧与诗意唤醒学生的想象,唯有如此,才能让课堂阳光普照,让课堂满堂华彩,让生命因此而神采奕奕。

　　什么样的课堂才称得上是生命课堂?王鉴教授把生命课堂的特点概括为以下几个方面:第一,课程是开放的、多元的、生成的;第二,教师成为研究者,教师成为专业人员,教师的工作成为充满智慧的事业;第三,学生成为学习的主人;第四,教学是创造性的教学和有效的教学。①

　　生命课堂并不是简单地在课堂中渗透生命教育,而是生命教育的课堂实践,要让每堂课都焕发出生命的活力。生命课堂应建立遵循人的生命本性,促进人的生命发展的价值观,即课堂应以人的生命为原点,认识生命、尊重生命、超越生命,它所关注的不仅是通过课堂教学能获得多少知识、认识多少事物,而且在于人的生命意义在课堂实践中得到彰显和升华。上浩小学的生命教育在新课程理念指导下,本着对生命的理解和尊重,从课堂教学的目标、过程、主体、评价等几方面入手,逐步构建出不同方式的生命教育课堂:体验式生命课堂、对话式生命课堂和人文式生命课堂,从而使课堂教学直面最鲜活的生命,体现生命的多样性,彰显生命的光泽和灵动。

第一节　体验式生命课堂

　　生命课堂的实现需要以"现实的人"为前提,师生作为现实的人,有其本真的生

---

①王鉴.课堂重构:从"知识课堂"到"生命课堂"[J].教育理论与实践,2003(1):31.

存意识和生命价值追求。以此为视角,可以把教育个体的生命体验定位成课堂教学的核心价值目标。体验是人的生命的体验,其所具有的情境性、主体性、反思性使课堂教学成为师生、生生之间交流互动的生命诉求。体验式生命课堂是在自由、开放和真实的教学情境中,师生以完整的生命投入其中,在交往、互动的过程中达成个体认知与情感的提升,实现个体生命意义建构的过程。

一、体验式生命课堂的内涵

(一)体验的内涵

体验,德文原作"erlebenis",源于"erleben"。"erleben"本义为"经验""经历""经受"等,英文一般译作兼具动词、名词特性的"experience"(经验、感受)。德国哲学家狄尔泰较早明确提出了"体验"这一概念并加以阐述,在狄尔泰那里,"体验"特指"生命体验",是具有本体论意义的、源于个体生命深层的对人生重大事件的深切领悟。"体验"首先是一种生命历程、过程,其次才是内心形成物。

在心理学中,体验主要是指人的一种特殊的心理活动,这种心理活动是由感受、理解、联想、情感、领悟等诸多心理要素构成的。从美学领域来看,体验指艺术中超越于一般经验、认识之上的独特的、高强度的、活生生的、难以言说的、瞬间性的深层感性素质。在生命哲学中,体验特指生命体验,体验是人的存在方式,具有本体论意义。

(二)体验式生命课堂的内涵

体验式生命课堂,是教师努力对教学活动本身的价值和意义进行开掘,注重学生的个体差异性,引发不同兴趣的学生积极参与,使他们确确实实体验到教学活动过程,体验到经验的变化,体验到进步,体验到成功,从而促进他们理性与感性的和谐发展。体验式生命课堂给予学生自由呼吸的空间,尊重了生命的灵动性;鼓励学生自由探究,体现了生命的能动性;整合学生的认知与情感,彰显了生命的整体性。

1.讲究真,给学生一个真实的世界

真实是课堂教学的生命。课堂是学生学习的主要场所,学生不但要扎实地掌握知识,还要在认知过程中学会体验,形成良好的学习、生活习惯,更为重要的是在情感态度与价值观方面不断完善自己。只有真实的教学才能实现学生的发展。杜威认为,"思维起于直接经验的情境"。① 知识来源于生活,怎能以封闭的课堂束缚学生,使他们在断流中学习呢? 我们不仅要将美丽的自然景观、鲜活的生活场景艺术"重现"于课堂中,而且应该带领学生走出封闭的课堂,投入大自然的怀抱,走进五彩纷呈的社会生活画面中。真实情境的体验,不仅为学生提供思维和想象的材

①[美]杜威.杜威教育论著选[M].赵祥麟,王承绪,译.上海:华东师范大学出版社,1981:170.

料,而且对处于生命早期的儿童敏锐的感受能力的培养,满足他们对周围世界认识的强烈欲望都是十分有意义的。

2.突出思,给学生一个探究的空间

关注体验并不与理性探究相对立,相反探究与体验是密不可分的。每一个大脑健全的儿童都潜藏着智慧,理想的教育完全可以而且也应该充分开发儿童的潜能,使他们变得智慧起来。杜威的做中学,克伯屈的设计教学法,都重视儿童在学习中的自主探究。这种自主探究不同于科学探究,而是在教师的引导下,让学生以探究的方式去学习自然科学和社会科学的知识,在探究过程中感知、体验、归纳,形成学生自己的价值观。探究意味着经验的不断超越,"超越性对人来说,追求的是生命的意义。"①探究是人类的生命本能,给学生一个探究的空间,正是对其生命意义的尊重。

3.注重情,让情感伴随认知活动

教学的根本灵魂就在于一个"情"字。课堂教学要关心学生情感的激发,要唤醒学生沉睡的、沉寂的情感。情感不是单纯为认知服务的工具,也不是游离于认知之外的特质。在人本主义心理学家看来,人不仅是思维的存在,而且也是情感的存在。脱离了情感的智慧是空虚的、无意义的。要想构建生命课堂,就必须把认知学习与情感培养相结合。罗杰斯把情感视为教学活动中的决定性的动力因素,没有情感参与的课堂充斥的都是"没有感情的知识"。② 在这个过程中,体验式生命课堂就是要达成"思维场"和"情感场"的平衡,在教师、学生、教材之间形成情感共鸣,最终实现生命的意义生成。

二、体验式生命课堂的意义

原初的教育与生活融为一体,随着文明的演进,教育逐渐制度化与专门化,班级授课制的诞生更是催生了现代课堂的雏形。这本是人类文明进步的标志,但也在教育与生活之间设置了一道有形的围墙,蕴涵丰富内容的书本世界与学生的生活世界隐含着相互隔绝的危机。学生在这样的课堂中,直接探究与亲身体验的机会大大地减少了。

课堂教学过程不是一种可以完全预设的具有程式性的操作,而是一种复杂而又充满激情的体验。教师面对的不是一个个有待加工的器具,而是有着不同思想、不同追求、不同生命体验的鲜活个体;学生面对的也不是一个负责灌输的机器,而是一个有思想、有情感的引导者。叔本华曾说:"世界当然不是指理论上可以认识

①冯建军.生命与教育[M].北京:教育科学出版社,2004:29.
②车文博.人本主义心理学[M].杭州:浙江教育出版社,2003:470.

到的世界,而是在生命的进程中可以体验到的世界。"①在体验式生命课堂中,一切客体都是生命化的,都蕴涵着生命的意蕴和情调。课程不再是静态的"文本课程",而是"体验课程",即被教师与学生实实在在地体验到、思考到的课程。师生在自由、开放、真实的情境中,通过体验对课程内容和意义进行解读,从而建构起课程内容和意义的自我理解。经此过程,外在的课程不断转化成"自己的课程",融入师生的生命体验,在交往、互动中达到个体的求知和生命意义的双重建构。

体验式生命课堂就是要使课堂成为师生实现生命成长、人生意义提升的具有吸引力的场所;课堂生活成为师生生命发展的一段共同的经历,师生在课堂中体验着智慧的交锋、情感的碰撞、价值的共享;课堂生活充满着民主、平等、安全、愉悦,包容着生命中的暂时缺陷,也呼唤着潜能智慧的觉醒。

三、体验式生命课堂的构建

体验式生命课堂的结构以学生的主体体验为核心因素,而学生的探究体验不会凭空产生,而是产生于一定的情境中,因此情境与体验的结合便是课堂教学中互相矛盾又相辅相成的过程。在体验式生命课堂教学中,无论从情景入手,还是从体验入手,教师的教与学生的学都是相互依存的,并且最终落实在师生生命意义的提升与拓展上。其具体操作程序大致可以分成三个阶段:创设体验情境—主体探究体验—反思交流成长。

(一)创设体验情境

创设体验情境实质上是为学生打开一扇认知与情感相结合的门,有专家这样说:"情境是从教学的需要出发,教师依据教材创设以形象为主体、富有感情色彩的具体场景或氛围,激发和吸引学生主动学习,达到最佳教学效果的一种教学方法。"②成功的教学情境不仅可以促进学生认知和情感的结合,还可以引发学生的主体体验,唤起学生的生命感悟。"体验总是生命个体以自己旧有的经历、独特的情感、丰富的心理去感受、理解、联想、领悟、建构客观的事物,并进而生成与客体的独特意义、情感、思绪和感悟。"③体验的意义就在于让学生的生命获得情感性的激发,以唤起学生的生命感悟。

教学案例:让每个孩子心中都下起绚丽多彩的"桂花雨"

《桂花雨》一文中,"摇花乐"是本文一个重点,充满了纯真的童趣,教学中若能引导学生体会到这种纯朴的情感,和作者分享童年的欢乐,将会成为整堂课的亮点。

---

① [德]费迪南·费尔曼.生命哲学[M].李健鸣,译.北京:华夏出版社,2000:28-29.
② 韦志成.语文教学情境论[M].南宁:广西教育出版社,1996:25.
③ 刘济良.生命教育论[M].北京:中国社会科学出版社,2004:275.

以往使用挂图，都是引导学生有顺序地观察，有条理地表达，学生的体验停留在表面，"看图"却到此为止。学生很难体会画中人的情感。我决定创造性地使用挂图，利用挂图创设摇花情境，激发学生相应的情感体验，产生共鸣。

我播放了一首带有丰收喜悦的乐曲，在欢快的音乐中，我两腿分立，双手做握树枝状，喊到："孩子们，分开双腿，握紧树枝，使劲摇啊！"

儿童时期是想象力最丰富、最活泼时期，在音乐的感染和老师的带动下，孩子们纷纷起立，兴高采烈地抓着"树枝"使劲地摇着。"你们看到了什么？"

生1：好多桂花飘落下来，好美呀。

生2：花瓣小小的，那么精致，在风中晃晃悠悠的，舍不得落下。

生3：落在我的头上、脸上、衣服上，痒酥酥的，真舒服啊！

生4：地上洒了好多，像黄色的小米粒，小黄鸡和小花鸡"咯咯"地叫着，争着啄它，把它当粮食了。

孩子们，用点力，使劲摇啊！听了我的"号召"，孩子们的热情更高了。

生5：树下像铺了一层黄色的地毯，软软的，我都不忍心下脚了。

生6：我在树下跳舞，花轻轻飘落着，我成花仙子了。

生7：我望着满头桂花的妈妈，哈哈地笑着…

我把一手放在耳朵旁："听，什么声音？"

生1：簌簌的，像下雪。

生2：不，是沙沙的，像下小雨，像蚕在吃桑叶。

……

孩子们，深吸一口气——我和孩子们一起深呼吸。

好香啊——孩子们拖长了声音，一副陶醉的样子。

至此，孩子们的感情已得到激发，情不自禁地按画中人的身份，处境思维，真切地感受如泉涌般源源不绝。

（上浩小学　张红）

创设体验情境并不是为了情境而情境，而是使其具有教学的功能，是引领学生自己"发现"的过程。情境至少应当具有这样一些典型的特质：①与教学内容紧密结合。情境的创设不是游离于教学内容之外的，而是服务于教学的需要，进而体现生命的意蕴。②引导学生学习。情境首先是一种情感场，但是情境的呈现过程中应当致力于对学生学习的一种暗示或引导。③带给师生成就感。相对于情境对课堂氛围的渲染功能，其激励性更为重要。学生能够从中获得成功的感受，从而更好地体验情境，并在情境中探究，教师在这一过程中也能得到教学成功的体验。

创设体验情境是为了更好地促进学生的学习，使认知活动和情感活动相结合。在实际教学中我们可以这样：①创设放松心态的体验情境，自由开放的心态更有利于学生的主动投入和积极思维;②创设激发动机的体验情境,动机是直接决定学生学习是"被动"还是"主动",是"苦学"还是"乐学"的问题;③创设情感渲染的体验情境,情感渲染指的是利用有效的课堂教学情境,激发学生情感,创设有利于学生情感投入的教学环境,以达到情感的准备状态;④创设直观感受的体验情境,从某种意义上说,学生的探究体验首先来自于其直观感受,特别是中小学教学阶段,直观性的教学情境更易于为学生所接受,更能够引发学生的学习动机;⑤创设生活加工的体验情境,教学必须关注学生的生活领域,然而课堂教学不能完全等同于生活,只能是对生活的加工,源于生活但高于生活。这五种功能也是综合发展的,只有将其有效整合、灵活运用、拓展延伸,才能真正使创设的体验情境与生命课堂的宗旨统一起来。

(二)主体探究体验

当学生从入情入境进入学习状态后,他们经历了认知与情感激发的过程,或形成了一定的问题,或产生了积极的情感,或具备了学习的兴趣和动机,或理解了教师的期待和自己的职责。此时,教师应当引导学生以自身高度积极的体验来组织教学过程。这一过程,需要学生自由主动地进入,让其亲身探究体验,这就是生命课堂的教学。体验式生命课堂强调学生在参与教学过程的同时,对学习材料、学习过程、学习结果的一种全身心的领悟和体验。当然这并不是否定教师的作用。由于缺乏必要的知识背景,在探究体验过程中学生往往会产生认识、观念或行为方面的困惑。因此,学生的主动探究应该在教师的引导下进行,教师要做好"引导者"的工作,对于学生的独特体验不能一味地尊重,而应该开展引导性对话,通过师生、生生的对话交流,寻求共同的解读范式。

教学案例:圆柱的表面积

老师拿出圆柱体茶叶罐说:谁能说说圆柱是由哪几部分组成的? 用自己喜欢的方式将茶叶罐的包装纸展开,看看得到一个什么图形? 先猜想,然后说说,再操作验证。这个图形各部分与圆柱体茶叶罐有什么关系? 小组交流。

1.独立操作:利用手中的材料(纸质小圆柱、长方形纸、剪刀),用自己喜欢的方式验证刚才的猜想。

2.教师提问:请大家说说圆柱体的侧面展开,会是什么形状呢?

3.操作活动:

(1)用自己喜欢的方式,将茶叶罐的包装纸展开,观察得到一个什么图形?

(2)观察这个图形各部分与圆柱体茶叶罐有什么关系?

独立操作后,与小组里的同学交流。

4.小组交流,用已有的知识计算它的面积。

5.小组汇报。

生：我用的方法是测出圆柱的底面半径和高,用 $S=\pi r^2$ 算出底面积,再用 $S=2\pi rh$ 求出侧面积,最后用侧面积＋底面积×2,求出圆柱的表面积。

生：我用的方法是测出圆柱的底面周长和高,用 $S=ch$ 求出侧面积,再用 $S=\pi r^2$ 求出底面积,最后用侧面积＋底面积×2,求出圆柱的表面积。

生：我测的是圆柱的底面直径和高,我用 $S=\pi dh$ 求侧面积,再用 $S=\pi r^2$ 求出底面积,最后用侧面积＋底面积×2 求出圆柱的表面积。

……

（上浩小学,郭晓强）

总的来说,引导主体探究体验可以按下面的步骤实施：

1.组织主体探究体验。第一,营造体验空间。体验空间包括外部物理时空和内部心理氛围,其中,心理氛围起着更重要的作用。体验式生命课堂需要空间更大、变化多样的场所,如学校、家庭、社会、大自然等,还需要通过交往、对话、沟通而构建良好的师生关系。第二,在情境中用心体验。情境教学要为学生提供一个相对完整、真实的情境,使个体能融入到情境中去用"心"体验。第三,在活动中亲身探究体验。相对于听别人的说教,学生亲身参与活动而形成的体验是刻骨铭心和终生难忘的。

2.促进探究体验过程。第一,补充相关的经验。学生如果完全不具备相应的生活经验,探究体验就无法产生,因此教师要补充相关的背景知识、生活经验、情感体验、价值取向等。第二,通过语言唤醒学生内心的体验。当学生在心中积累起许多杂乱的感性的"体验"后,这些体验就沉淀、凝聚为人大脑中的记忆。在教学过程中,教师可以通过具有启发性的语言,来唤醒学生内心深处的这些"体验",使之成为真实的、现实的体验。第三,适当布白。教学中的"空白"主要指给学生留出适当的时间与空间。探究需要学生主动参与,教师在其中只是起着促进者和合作者的作用,而体验主要是通过想象、移情、沉思、感悟等多种心理活动的交融、撞击来激活已有经验,产生精神震撼,从而实现知识内化。无论是顿悟,还是渐悟,都需要一个过程,不能一蹴而就,所以教师在教学中给学生留出适当的"空白"是非常必要的。

（三）反思交流成长

体验式生命课堂不仅强调学生的生命主体的主动建构,还重视通过师生、生生之间的反思交流促进他们的成长。成长是认知的成长,情感的成长,是作为生命个体内在的成长,无论对学生还是教师来说,成长阶段都是整节课的整体价值的提升。在充分地参与并且体验了教学过程之后,学生的学习便进入了一个整体提升的阶段。起初学生通过主动参与教师创设的体验情境,借助具有个性的情感来体验学习内容,依靠已有的认知经验来探究学习材料,产生了独特的认知体验。但不可否认的是,此时学生的认识仍是浅层次的。体验式生命课堂中教师所关心的"再也不仅是单纯的智能训练和知识传递,而是对一个生命个体各个方面的关心,包括潜意识、本能和最高级的精神需要等在内的主体要素都在健全人格塑造的教育视野之中。"①这样的教学开始的地方就是学生生命需要的地方,而教学结束的地方理应在学生的生命深处,尤其是对生命持续地发展的肯定和关怀,是伴随着学生的生命走向生活世界的。这是课堂教学向课外的延伸、向生活的延伸。

教学案例:让统计活动成为学生一次难忘的经历

师:今天,老师要带领大家到校门外面的上新街的十字路口来调查一下各种机动车的车流量,要求合作完成如下作业:

(1)统计在10分钟内通过十字路口各种机动车的辆数。

(2)把统计到的结果制成统计表。

(3)根据制成的统计表,说说你统计后的感受。你想对交通警察提出哪些好的建议?

学生实地调查统计,合作完成作业。

回到教室展示作业,汇报总结。

师:请各组汇报一下你们组实地调查统计的结果,展示一下你们的作业,同时自我评价一下,说说通过这次调查你有哪些收获?

生1:我们先绘制了一张简易的统计表,用划"正"的方法统计出各种机动车通过十字路口的辆数,我们认为统计的时候一定要先分工,再合作,不然就很难统计到正确的结果。

师:好,先分工,再合作,不错。

生2:通过这次调查我们发现,路上的机动车非常多,说明人民的生活水平在不断提高,车多了,交通不安全了,我建议交通部门要在我们这个十字路口装上红绿灯,以保证我们的安全。

生3:我建议交通部门在路口建一座立交桥,行人从桥上走,这样一定很安全。(笑声四起)

师:面对当今交通中存在的问题,同学们提出了很多合理化的建议,这些可能对以后交通部门整改交通有一定的借鉴作用,从中同学们也积累了一定的交通知识。

师:在统计的过程中我没有为大家提供现成的信息、思路,同学们很不错,自己出主意、想办法,体验怎样去搜集数据、整理数据,用不同的形式呈现数据,大家都亲自经历了、体验了统计的过程,应该感受到统计的作用了吧!

……

（上浩小学,仲克珠）

_____

①檀传宝.德育美学观[M].太原:山西教育出版社,2003:63.

课堂的反思交流主要包括以下两方面。第一，总结与反思。教师可以引导学生总结探究体验活动中的实际感受，总结活动失败或成功的原因，总结活动实施的具体方法和程序的合理性等，以提升活动中的学习经验。第二，交流与讨论。学生的探究是自发的，有时是绕了弯路的甚至是走错了路的，需要教师的引导以及生生间的交流讨论。而体验首先是个体的，它可能是独特的但是薄弱的、不完整的。所以教师应引导学生及时地把自己的体验表达出来，强化他们的这种体验，以达到更好的教学效果。

与反思交流相伴的是师生的共同成长。①学生在实践中的有效成长。学生在摆脱了传统课堂中种种束缚之后，在自由、开放、真实的教学情境中，主动参与课堂，自主探究学习，在课堂实践中不断成长。②精神在反思中的提升。反思不仅是对知识的再认，不仅是"温故而知新"，更重要的是对自己情绪的反思，对自己学习经过的反思。只有当学生会反思的时候，他们才真正会学习了。同时教师通过反思也能促进自我的专业成长。③价值在广泛交流中的生成。对话交流应该成为一种教学的共识，师生、生生间的广泛交流不只是思想的碰撞，更是课堂价值的生成。

第二节　对话式生命课堂

当今世界，对话已经渗透到人类生活的各个领域。从国际事务到人与人之间的关系，从政治领域到学术领域，"对话"已经成为人们追求的一种状态，同时也成为人们达成目的的有效策略。人类社会正步入一个对话的时代，对话逐渐成为人们的生存状态。联合国教科文组织在《教育——财富蕴藏其中》报告中指出："通过对话和各自阐述自己的理由进行争论，这是 21 世纪教育需要的一种手段。"[①]伴随着基础教育课程改革的推进，"对话"已被引入到课堂教学之中。对话式生命课堂就是对话的时代精神在课堂教学上的体现。课堂中的对话，不限于纯粹的言语形式，而是师生双方精神敞开的互动交流。对话式生命课堂是民主平等的课堂，是沟通合作的课堂，是创造生成的课堂。

一、对话式生命课堂的内涵

(一)对话的内涵

"对话"的英文"dialogue"来源于希腊文"dialogos"一词，"dia"不仅有"二"的意

①国际 21 世纪教育委员会报.教育——财富蕴藏其中[M].联合国教科文组织总部中文科，译.北京：教育科学出版社，1996：84.

思,而且具有"之间""跨越""通过"的意义;"logos"也并非只有"词"的意思,还包含有"思想""理性""判断"的意义。"dialogos"含有"意义之流动"的意思,即意义在个体之间或通过个体而流动,这种流动能够产生某些新的理解,从而形成某种"共享的意义"。

对话一般被理解为与单个人的独白相对应的一种言语形式,属于纯粹的语言学现象。超越语言学的视界,对话还具有解释学、社会学和文化学的意义。从解释学的角度看,对话是指"双方基于自己的前理解结构,通过理解而达成的一种视界融合"。① 它不仅发生在人与人之间,还可以发生在人与物之间。发生在人与物之间的对话主要是通过人对于物的理解体会而展开,如人与文本的对话,人通过对文本的理解和批判与之进行"对话"。站在社会学的立场上,一个人或一类人必须具备一定的资格才能参与到一定的对话情境中。资格的存在,使得对话不会是任何两个人或两类人之间无条件的言语形式。处于社会或专业领域不同等级的人,由于权力和能力素质上的不平等,很难进行实质性的对话。在文化学的视角上,对话双方必须具有共同的利益和追求。处于不同文化背景或不同专业领域的人由于利益追求的不一致很难进行实质性的对话。

由此可见,对话已经完全超越了原始的语言学意义。它不仅是人与人或人与物之间的沟通理解,更是思想的碰撞和生命的交流。对话是跟平等、民主、沟通、合作、生成联系在一起的。

(二)对话式生命课堂的内涵

对话式生命课堂就是在教学过程中,教师与学生作为有生命的、具有平等地位的人相遇,教师尊重学生独特的个性,学生可以自由地与教师交换意见,展开对话,分享各自的经历和人生体验,教学成为师生心灵与心灵的交融活动,学生可以提升生命的质量,教师可以体验成功的快乐。师生之间真正达到了共享知识与经验、共享智慧与人生价值的境界。它具有如下特点。

1.在课堂教学中师生关系平等

巴赫金认为,"对话理论在其根底上是关于人的理论……以人为对象,关心人的主体建构,关心人的存在和命运,关心人的平等和自由。"②教学过程实质上是一个人与人平等对话的过程。在对话中,师生双方都是平等独立的个体,师生只有在平等的关系中才能构成真正的生命存在。对话开辟了教学的主体间性领域,教学的主体间性是指教师和学生的内在相互性,是两个平等主体间的相互性和统一性,它体现了对师生双方主体的尊重。在对话式生命课堂中,师生之间不再是以知识为中介的主客体单向灌输的关系,取而代之的是一种"我—你"对话关系。教师不

---

①张增田,靳玉乐.论新课程背景下的对话教学[J]西南师范大学学报:人文社会科学版,2004(5):77.
②陈太胜.巴赫金对话理论的人文精神[J].学术交流,2000(1):109-110.

再是教学的控制者,而是对话的引导者、倾听者和合作者,学生也不再是被控制者,他们拥有与教师对话的权利,是教学过程中与教师平等的主体。

2.教师、学生、文本之间的相互对话

坚持民主平等的师生关系,教学必然会走向积极的沟通与理解。斯普朗格认为,"教育绝非单纯的文化传递,教育之为教育,正在于它是一个人心灵的'唤醒',这是教育的核心所在。"①师生在课堂中平等交流,共享经验,相互理解。在理解中,学生进入教师的精神世界,教师也在学生的接纳中进入他们的精神世界,二者在平等对话中共同摄取双方创造的经验和智慧。对话不仅发生在人与人之间,还发生在人与物之间。在生命课堂中,对话是建立在教师、学生、文本三者之间的。"文本"指的是能够产生课程意义的所有现象和文件,包括书面的课程材料和教学材料,口头的演讲、活动以及体验。学生在跟教师、同学、文本对话的过程中,不迷信于教师、书本和权威,他们可以根据自己已有的知识经验内化教学内容。因此,在对话式生命课堂中,师生是作为具有独立个性和完整人格的主体共同步入"我—你"之间,通过与文本的对话统整书本世界、生活世界和意义世界。

3.尊重差异,共同提升

差异是一切关系、包括教学关系形成和发展的前提。首先,差异是对话式生命课堂的条件。由于人们在观点、背景、信仰、经验等方面存在差异,对话交流才会成为人们的迫切需要,对话提供了人们相互学习的机会。这里的差异,包括课堂所有参与者在个性方面及所属文化方面的差异。其次,差异是对话式生命课堂的目的。让每一个人彼此间的个性差异和文化差异服从划一的外部标准并由此而消除差异,这是专制教学的典型特征。而对话式生命课堂则以保护、提升或发展学生的个性差异与文化差异为目的。再次,差异是对话式生命课堂的结果。对话使生命课堂具有复杂性,同一个教学过程对不同参与者会产生不同的、甚至相反的结果,这是教学生成性的重要体现。最后,尊重差异不是走向相对主义,而是在差异基础上师生的共同提升。对话即分享,正是在分享别人的不同观点的基础上,自己的观点被相对化、重新审视并获得新的发展契机。"对话性沟通超越了单纯意义的传递,具有重新建构意义、生成意义的功能。来自他人的信息为自己所吸收,自己的既有知识被他人的视点唤起了,这样就可能产生新的思想。在同他人的对话中,正是出现了同自己完全不同的见解,才会促成新的意义的创造。"②对话式生命课堂旨在创造不同思想自由发展、相互激荡、积极互动的新的教学文化生态。教师与学生、学生与学生之间,就教学内容进行平等的交流、真诚的沟通,互相借鉴,取长补短,在合作的氛围中,各自生成了自己的认知与经验,整个教学过程充满了创造色彩。

---

①邹进.现代德国文化教育学[M].太原:山西教育出版社,1992:73.
②钟启泉.社会建构主义:在对话与合作中学习[J].上海教育,2001(7):48.

二、对话式生命课堂的意义

对话式生命课堂更新了人们的教学观念。传统教学对学生的主体性和生命价值关注不够,缺乏对话精神。"教育变成了一种存储行为。学生是保管人,教师是储户。教师不是去交流,而是发表公报,让学生耐心地接受、记忆和重复存储材料。"①而在对话式生命课堂中,课程不再是外在于学生的、静态的、封闭的,而是具有内在性、动态性和开放性,是贴近学生生活实际的;知识不再是课堂教学的唯一焦点,教学更注重学生获得知识的过程,更关注学生态度、价值观的形成和学生生命的体验。教师作为对话的引导者、倾听者和合作者,在互动和谐的关系中同作为建构者和学习者的学生共同发展。

对话式生命课堂实现了教师、学生、文本三者之间的意义连接。传统教学中,作为文本的阅读者,学生更多的是依附文本和教师解释复制文本的固有意义,不同学生对文本的理解是趋于相同的。师生根据大纲解读文本,构建的是一种教学的线性关系,师生之间、师生与文本之间都一种"我—它"关系。而在对话式生命课堂中,教师、学生、文本之间从"我—它"关系走向"我—你"关系。师生根据自己的知识背景、思维习惯、情感去理解文本的意义并展开沟通交流,共享各自的体验,在此基础上超越文本意义,建构属于自己的意义。这时,文本不再是一些信息材料,而是一个有思想的生命,一个活生生的"你"。教师、学生与文本之间不再是灌输与被灌输的关系,而是一种对话关系,一种感受、理解、欣赏与体验,是思想的碰撞和生命意义的交流。

对话式生命课堂体现了生命教育的诉求。传统课堂中存在着严重的生命缺失现象。表面上看,学生是一个完整的人坐在课堂上,而实际上学生并没有作为一个整体而参加教学活动,仅仅是认知被允许参加到教学活动中来。这就是教学的"特殊认识活动说"。叶澜曾说,"把丰富复杂、变动不居的课堂教学过程简括为特殊的认识活动,把它从整体的生命活动中抽象、隔离出来,是传统课堂教学观的最根本缺陷。"②而在对话式生命课堂中,教学不再局限于认知,而是扩展到学生更本质的道德和人格,使教育延伸到丰富的生活世界。对话可以使学生获得积极的生活体验和生活态度,在跟社会、跟他人的交往中形成积极的交往关系,进而影响整个人生的发展,而这也恰恰是生命教育的诉求。

三、对话式生命课堂的建构

生命课堂与对话是紧密联系的。传统课堂中的教学,大部分是教师和学生以

①保罗·弗莱雷.被压迫者教育学[M].顾建新,等译.上海:华东师范大学出版社,2001:25.
②叶澜.让课堂焕发生命活力[J].教育研究,1997(9):4-5.

教学内容为中介而展开的"我教你学"的活动。在我国,教师被看做是传道、授业、解惑者,课堂教学是教师传授学生教学内容。这种教师学生二元对立的"对话",从根本上说绝非真正意义上的对话。对话式生命课堂是在平等民主的氛围中,通过教师、学生、文本三者之间的相互对话,在师生经验共享中创造知识的教学意义,从而促进师生共同发展的课堂形态。它是对话精神在课堂教学领域的体现,可以从以下三个方面来建构:

(一)师生平等对话

民主平等是师生对话的基础。教师和学生首先都是社会人,只是各自在教学中扮演的"角色"不同而已,教师和学生的差别只在于"闻道有先后,术业有专攻",而没有任何地位的差异和人格的贵贱。对话总是和民主、平等、理解、宽容联系在一起,没有民主平等,师生之间是无法进行对话的。要构建对话式生命课堂,就必须拆除师生之间壁垒森严的藩篱,用民主平等代替所谓的"师道尊严",把学生看成真正意义上的个体。建立民主平等的师生关系要求教师能够走下权威的"圣坛",走近学生,进而走进学生。同时,学生也要尊师、爱师,师生在民主平等的基础上对话交流,发掘生命意义。

教学案例:两次体育活动的差别

第一次活动,我组织学生进行"篮球运球接力"比赛,开始秩序井然,学生你追我赶,气氛热烈。我也渐进角色,不料半路杀出个程咬金:某队有一男生运球时将球拍得较高,在运球间隙快跑几步,不一会儿便领先别人。该队同学纷纷仿效,结果该队以较大优势获胜,同学们欢呼雀跃、兴奋不已,可等待他们的却是我无情地"宣判":"某队犯规,不计名次。"这一招果然有"效",后面比赛再无人敢"犯规"。但刚才被罚的队一蹶不振,名落孙山。尤其"犯规"者在同学的埋怨声中神情木然,动作迟钝,与先前那种激奋、活跃、敏捷的情形相比,判若两人。对此,我颇有所悟,后悔不该草率处理。

第二次活动,我教学生复习篮球传球,吸取上次教训,在重复动作要领、纠正技术错误并做示范后,又请学生示范。被指名示范的是名体育骨干,技术熟练,整个传球的动作一气呵成,干净利索。观看的学生显露出羡慕和钦佩之情。对此我镇静地评说:"该同学的示范动作很好。他不仅正确表演了传球的基本动作,而且发挥了创造精神,加进了花样动作。"稍停片刻,我话锋一转,"不过要提醒大家几点,一是学习动作首先要准确,要打好基础;二是学练运动技能要注重实用价值,不要摆花架子;三是做任何事都得开动脑筋,学体育也不例外,只有积极思维,充分发挥创造能力,才能把技术动作做得更完善、优美。"同学们若有所思。我接着又说:"刚才某同学的示范是他善于模仿、勤思苦练的结果。但同学们暂时不要去学加上去的动作,只要先学好所教的基本技术。现在请某同学再示范两次,一次做刚才的动作,让大家再欣赏一下,一次做基本动作,大家仔细观看,好好学习。"接着那个同学认真地又做了两次示范,大家啧啧称道。

（上浩小学　黄水莲）

所谓师生平等,首先是人格地位的平等。生命理论认为每一个生命都是平等的,每一个生命都有自己的存在价值,每一个生命都是独特的,因此在课堂教学中不必存在中心与边缘的预设,教师和学生之间只有知识的先知与后知,经验的丰富与不丰富之分,而没有尊卑贵贱之别。其次是学术思想上的平等,每个个体都有自己的内心世界,都有自己对事物的独特理解。对话双方因为有着不同的知识背景、人生阅历和个性特征,看问题自然会有不同的角度,有不同的结论,也可以不赞成他人的观点,但是不能取消别人发表意见的权力。最后,平等并不意味着消除差异。差异是对话展开的基础,是对话追求的目的,也是对话实施的结果。对话主体之间存在着差异,我们并不是要消解这些差异,追求"千篇一律"的教学成果,而是要在人格地位和学术思想平等的基础上创造不同思想自由发展、相互激荡、积极互动的新的教学文化生态。

在对话式生命课堂中,不仅师生之间是平等的,学生之间也是平等的。在传统课堂上,"对话"即使存在,也是发生在一些"优生"与教师之间,而那些"差生"则被冷落或忽视,他们逐渐地封闭自己,放弃思考和表达的权利。这样的课堂对学生而言,何来幸福之谈?要构建学生幸福的生命课堂,教师首先要以同样的目光看待每一个学生,真心爱护每一个学生,为学生创造相互对话的机会。只有这样,课堂才是全体学生的课堂,才是充满"安全感"的课堂,才是真正呵护生命的课堂。

（二）文本意义重构

对话式生命课堂要实现教师、学生和文本三维视界的融合。传统教学更多讨论的是师生间的关系问题,很少涉及文本与师生之间的对话与意义生成问题。因为传统的课堂教学理念将文本看做无生命的事物,它不具备与师生对话的资格。生命教育理论则将文本当做一种特殊的生命存在,用狄尔泰的话说,它是一种已经客观化的生命存在。这种客观化、符号化的生命存在只有与现实生命之间展开对话才能生成新的意义。当然文本的视界与教师和学生的视界不可能相同。它们不仅存在着时空差异,还存在理解差异,正因为存在着这些差异,每个个体都可以从同一文本中产生自己的理解。"一千个读者就有一千个哈姆雷特",生命的不可重复性决定了每个个体都有自己的视界,恰恰因为这种多视界的解读,才增加了文本的丰富性和生动性。

教学案例:活着的幸福,生命的美丽

课堂上,我引导着孩子们有感情地朗读着《两只鸟蛋》:"小小的鸟蛋凉凉的,拿在手里真好玩。妈妈看见了,说:'两只鸟蛋就是两只小鸟,鸟妈妈这会儿一定焦急不安。'我小心地捧着鸟蛋,连忙走到树边,轻轻地把鸟蛋奉还……"

孩子们用稚嫩的声音读完课文之后,我问:"这是怎样的两只鸟蛋呢?"

有孩子回答："小小的、凉凉的鸟蛋，拿在手里真好玩。"

"这样好玩的鸟蛋，小作者是怎么处理的呢？"

有孩子说："作者接受了妈妈的建议，把它轻轻地放回去了。"

"那你们赞同作者的做法吗？谁来说说理由。"

教室里异口同声地响起了"赞同！赞同！"接着就是一片"小树林"。

我请了一位同学，他起来很认真地说："一只鸟蛋就是一只小鸟，我们当然不能把它拿来玩了！"另一位同学说："人有生命，动物有生命，鸟妈妈正在孵的鸟蛋也有生命，我们都要爱惜呀！"还有一位同学说："我读过一本书，说鸟妈妈生下一个鸟蛋是不容易的，我们不应该弄坏鸟妈妈生下的蛋"……

看着孩子们认真的神情，我欣慰地说："看来呀，不光是课文小作者有爱心，我们同学们也很有爱心！我想，要不了多久，两只鸟蛋在鸟妈妈的精心呵护下，一定会变成两只小鸟，在空中自由飞翔的，那时，他们会多么感谢课文中的小作者呀！你们说是吗？"

"是！"

"所以，孩子们，大自然中的很多动物和植物都是有生命的，为了让世界更美好，我们也要做一个和课文作者一样善良、一样有爱心的人，不要让生命受到伤害，你们同意吗？"

"同意！"孩子们齐声回答。

……

（上浩小学　汪华玲）

意义是在对话中生成的。多尔认为，"意义是个人与公共对话性交互作用所创造的：跟自己、同事、文本和历史的对话。"[①]多尔注重跟文本的对话，在对话中生成意义而不仅仅是从文本中提炼意义。唯有通过对话，历史、文化、作品的意义才能向我们展现出来，成为我们自己的认识，实现主体之间的视界融合，获得精神的交流和意义的生成。"对话性沟通超越了单纯意义的传递，具有重新建构、生成意义的功能。来自他人的信息为自己所吸收，自己的既有知识被他人的视点所唤起，这样就可能产生新的思想。在同他人的对话中，正是出现了同自己完全不同的见解，才能促成新的意义的创造。"[②]这样，课堂教学不再仅仅是知识的创生，更为重要的是意义的生成与感悟。

师生与文本的对话主要有师本对话和生本对话两种形式。

第一种，师本对话，即教师以其所持有的"成见"为前提而对文本进行的理解。这种"成见"不是教师个人创造的，而是教师所处的社会、历史、时代和文化等共同

①[美]多尔.后现代课程观[M].王红宇，译.北京：教育科学出版社，2000：194.

②钟启泉.社会建构主义：在对话与合作中学习[J].上海教育，2001(7)：48.

赋予的。师本对话的操作可以分成以下程序:①熟悉文本。教师必须熟悉文本,将文本中的知识转化成自己的理解,并在这个过程中尽量考虑学生的知识准备以及学习中可能出现的问题,以便更好地完成教学。②重构文本。学生是学习的主体,教师不能以本为本,应当利用自己的知识与智慧,重构文本的内容,引导学生自主学习。比如适当取舍教材内容、灵活变换教学顺序、拓展文本的视界等。③反思文本。课后教师要在原来对文本理解的基础上进行反思,不断丰富,不断改造,不断创新,充实自己对文本的意义理解。

第二种,生本对话。这个过程不是客观的、静止的,而是学生通过自己的理解去把握文本揭示的视界。其操作可以分成以下程序:①进入文本情境。对学生来说,文本是一个相对陌生的情境,学生必须与文本的作者在情感上沟通,"批文入情",才能顺利解读文本意义。②质疑文本。学生要敢于怀疑,敢于质问,敢于批判,在对问题的探究中实现对文本意义的重构。③完善自己的主观世界。学生通过解读文本、理解文本,将自己和作者的情感世界融为一体,必然对自己的主观视界有新的理解和感悟,从而建构更加完善的个人视界。

其实,在对话式生命课堂中,师本对话和生本对话并不是分离的,而是同一个教学过程的两个方面,在课堂教学中彼此交融,相辅相成。

(三)师生共创生命

师生在对话中进行生命的交流和共享。"教师在这种共享中不仅实施着教育,而且根本的是在生活,学生在这种共享中接受教育,也就是在生活着,创造着,生长着,因为生活本身就是精神有目的地创造和拓展。"①对话式生命课堂确实把教师和学生作为活生生的人来看待,要把学生培养成为一个积极能动的、富有对话理性和能力的真正的人。在关注学生的同时,对话式生命教学并没有忽视教师,它造就了更多的积极性和自主性,专业水平以及生命都得到发展。师生之间通过平等对话以及对文本的意义解读,真正达到了共享知识与经验,共享智慧与人生价值的境界。上浩小学陈珺老师在其多年语文执教经验的基础上,通过积极总结、探索,成功地将课本剧表演引入其语文课堂,不仅增加了语文教学的趣味性、有效性,而且在探索实施过程中,不断促进其教学智慧及自身专业素养的提升。

童话故事《三袋麦子》情节生动有趣,人物形象鲜明,非常适宜用课本剧表演的形式来再现课文情境,揭示蕴藏的道理。但由于这篇课文情节的时间跨度较大,从土地爷爷给小猪、小牛、小猴送麦子,到三个小动物各自以不同的方式处理麦子,再发展到一年后土地爷爷又来拜访小动物们,需要的演员比较多。加之课文在叙述时详略得当,对一些情节作了简化处理,因此需要学生为表演进行"补白"。另外由

---

①金生鈜.理解与教育——走向哲学解释学的教育哲学导论[M].北京:教育科学出版社,1997:140.

于时间的变化,场景也随之发生变化,道具的要求也很高。如此"庞大的工程",单靠一两个学生是无论如何也完成不了的。于是我引导学生们进行分工合作,以小组为单位,每组里确定"编剧""导演""演员""场景布置"等,大家献计献策,集思广益,最后来比赛哪组演的最好。学生积极性空前高涨,小组里讨论声、朗读声、评价声响成一片,孩子们全员参与,兴高采烈地表达着自己的观点,同时在交流中采纳更好的建议,为再现课文情境而认真地准备着,无拘无束地畅谈着。且不管最后演的结果怎样,单是这一个"筹备"的过程,已为学生提供了诸多展示、交流的机会,并且使学生的合作意识、能力都得到了提高。

(转引自陈珺:《课本剧表演让语文课堂充满生命的活力》)

知识不是教学的唯一目的,对话的教学使教师和学生成为课堂的主人,知识则退居到"谈资"的位置。对话式生命课堂,并不排斥学生对知识的掌握,也不会影响学生对知识的掌握。只是知识的掌握成为教学的一种副产品,教学的最终产品是师生的生命发展。

生命发展意味着师生主体性的弘扬。弗洛姆曾以"占有"和"存在"为维度区分了人类的两种生存方式,"占有"的生存方式反映出"我—它"关系,而"存在"的生存方式彰显的是一种"我—你"对话关系。"占有"的生存方式中,师生都是被动的,难以体验到生命的发展;对话作为一种"存在"的生存方式,师生在教学中是主动的,正如叶澜教授所说,"适应、被动应该是一种生存方式……主动生存的方式却不同,它同人所特有的发展、创造的需要联系在一起,同生命活力的激发联系在一起。"[①]在对话式生命课堂中,学生体验到课堂生活的幸福,从而实现"要我学"到"我要学"的根本转变,学习对学生来说不再是沉重的负担,而是一种心灵的漫步,一种生命的成长;教师则在享受到事业幸福感的同时倾听到学生的心声——"我是幸福的人",从而以一种昂然的姿态融入充满生命活力的课堂。师生的主体性得到了弘扬,师生的生命也得到了成长。

第三节　人文式生命课堂

教学过程是一个生命化的动态过程,它把教师这个生命体与学生生命体有机联系起来,共同展示其活力、经历、能力。这是生命与生命的对话过程,同时也是让师生共同新生的过程。尊重学生的生命主体价值、重视教师的生命引导价值,以及

①叶澜.把个体精神生命发展的主动权还给学生[M].郝克明.面向21世纪我的教育观(综合卷).广州:广东教育出版社,1999:334.

创造出充满生机和活力的自我是衡量生命课堂人文性的重要指标。人文式生命课堂应该以学生的身心健康为旨归,力求在和谐的、充满生命力的课堂氛围中激发师生的生命热情,让课堂成为一个充满人文关怀、实现个性自由的乐园。

一、人文式生命课堂的内涵

(一)人文的内涵

中国古代的"人文"最早见于公元前 11 世纪的《周易》:"文明以止,人文也。观乎天文,以察时变;观乎人文,以化成天下。"这里的人文指的是与包括自然现象及其变化规律在内的天文相对的"礼乐教等文化"。《辞海》对人文的解释是"泛指人类社会的各种文化现象"①。可见,"人文"一词在我国古代指文物制度和社会教化等文化现象,这与现代意义上的人文有着密切的联系。

在西方,"人文"一词最早起源于拉丁文 humanitas,发现于古罗马哲学家西塞罗的著作中,是西塞罗在翻译希腊文 paideia 时使用的。在拉丁文中,humanitas 的原意是"人性""人情""万物之灵",而希腊文 paideia 相当于今天的"文化""教育"的含义。西塞罗用 humanitas 来表达一种教育理想,即通过教育使人获得完整、圆满的"人性",其核心思想是把人作为一切活动的出发点和归宿。到了文艺复兴时期,"人文"一词成为反对神权,重视人的价值,尊重人的尊严和权利,关怀人的现实生活,提倡人的自由、平等、博爱的旗帜。随着科技的发展和科学主义的兴起,"人文"一词开始与"自然科学"一词相对,泛指人类在精神文明、文化领域的各种现象。

综合中西方对"人文"一词的理解,人文即"人之所以为人"的各种属性。而人之所以为人,最根本的就是:人是一切社会关系的总和,是有意识、理性的;人类有丰富积淀的文化;人类有自我完善的品质。

(二)人文式生命课堂的内涵

生命教育的教学过程是教师对学生的爱的展开的过程,是生命与生命交流的过程。生命教育的课堂更关注文化与生命意志之间的对话,将精神文化视为人的一种内在的生活方式,一种可以达到的美好境界。人文式生命课堂以课堂教学为主要载体和空间,注重师生生命的整体发展,更注重对学生的人文关怀。它唤醒人的潜能,发展人的个性,陶冶人的情操,培育人的品格,提升生活质量,享受教育的幸福。

1.关注人的生命

生命教育以生命作为教育的原点,人文式生命课堂秉承生命教育理念,理当关注人的生命。"从静态上看本体生命的存在,人实际上有三重生命,一是自然生理

---

①辞海编辑委员会.辞海[M].上海:辞书出版社,1980:302.

性的肉体生命;二是关联而又超越自然生理特性的精神生命;三是关联人的肉体和精神而又赋予某种客观普遍性的社会生命。精神生命作为一个'中介',将肉体的自然生命和社会生命紧紧地连接在一起。"①教育对生命的关注应该是对上述三重生命的关注。在课堂教学中,首先是保障学生的生命安全与健康,做好学生身心的养护工作,譬如体育教学中的学生安全问题。其次要注重学生真善美完满人格的培养。赫尔巴特很早就提出"教学的教育性",知识学习是为了道德的发展,最终点化、润泽生命。最后要使学生具有适应社会生活的本领。联合国教科文组织提出教育的"四大支柱"——学会认知、学会做事、学会共同生活、学会生存,②体现了全面的生命教育不能忽视人的社会属性。因此,生命课堂呼吁人文关怀,在学生身心和谐发展的基础上,促进个体的社会化。

2.促进生命的自由发展

共产主义理想中提到了人从必然王国到自由王国的转变,而自由王国中的人,"终于成为自己的社会结合的主人,从而也就成为自然界的主人,成为自己本身的主人——自由的人。"③自由体现在实践活动之中,教育作为一种教育者和受教育者共同参与的实践活动,应该也要体现出参与主体的自由。在人文式生命课堂中,首先就是保障主体理性的选择自由。教师和学生对教学目标、教学内容、教学方法、教学过程、教学组织形式、教学评价,能够拥有自我选择的权利。其次是纪律保障的自由。纪律的目的不是控制人,而是从外在的约束走向自我控制,从他律走向自律,这是纪律发展的必由之路。最后是自我的实现。"自我"是一种个性自由,它体现了人的自我价值和自我追求,表现为人的自由发展,是个体生命意义的实现。

二、人文式生命课堂的意义

人文式生命课堂有利于实现和谐的消融。消融是在学生和教师之间、学生和教材之间、学生和社会之间建立起一种信任、宽容的教学对话,让教学诸要素之间达到统一和谐的理想状态。从教师角度来讲,不仅是教授知识,也要充分发掘学科知识中的人文意蕴,在教学过程中尊重每一个学生,让学生在课堂上如沐春风。同时,学生是教学的主体,只有通过学生的亲身实践才能把教师所教转化为学生自己的知识、能力,最后形成素质。教师的讲授、引导、辅导、答疑都要抓住学生的身心发展特征,针对他们世界观正在形成,对世界充满好奇,对人生充满设想,同时也容易陷入迷茫、被外界诱惑、容易产生失落心理等特点来进行备课、教学、评价和指

---

①冯建军.生命与教育[M].北京:教育科学出版社,2004:209.

②联合国教科文组织国际 21 世纪教育委员会.教育 财富蕴藏其中[M].北京:教育科学出版社,1999:75.

③马克思恩格斯选集:(第 3 卷)[M].北京:人民出版社,1972:443.

导,尊重学生对于同一事件的不同看法,宽容学生对世界的有限认识,理解学生的多重心理。只有这样,才能充分显示一个教师对学生的尊重,也才能最大程度地发挥学生的积极主动性,在有限的课堂上学到无限的知识,领会到崇高的人文理念。

人文式生命课堂有利于学生的身心健康发展。人文式生命课堂倡导对学生的宽容理解、欣赏尊重、因材施教,教学过程即教师对学生的爱的展开过程;课堂评价不拒绝伦理价值与制度规范,但更趋向人文化,将精神文化视为人的一种内在的生活方式,一种可以达到的美好境界。生命哲学认为,每一个人都能快乐幸福自由地发展,其中身心健康发展是基础。中小学生是生理、心理上都未发育成熟的个体,他们正处于世界观、人生观、价值观形成和发展的时期,在课堂学习中也会面临各种各样的问题。只有倡导人文式的生命关怀,才能赢得学生发自内心的爱戴,才能促进学生身心健康发展。

人文式生命课堂有利于实现人文和科学的整合。人文和科学的整合问题一直是课程论以至教育的重大问题。知识经济时代需要人文素质、科学素质共有的人才。科学素质对人发展的作用不言而喻,不过人文素质也同样不可忽视。曾经有一位从纳粹集中营生还的校长给每一位新老师写道:"亲爱的老师,我曾经亲眼看到过人类不应见到的情景。毒气室由学有专长的工程师建造;儿童被学识渊博的医生毒死;幼儿被训练有素的护士杀害。看到这一切,我怀疑,教育究竟是为了什么? 我的请求是:请你帮助学生成长为有人性的人。只有在使我们的孩子具有人性的情况下,读写算的能力才有价值。"如果失去了人文的力量,科学将变得无法掌控。人文式生命课堂注重培养学生的综合素质,倡导人文和科学的整合。

三、人文式生命课堂的建构

教育应该促进每个人全面自由地发展,尤其是在科学主义仍然大行其道的时候,对人文的呼唤成了教育中的应求之义。"生命化教育不是标新立异的一种教育形式,而是教育返回到人生的亲切处寻找它的原始命意。"[①]生命教育是直面生命、基于生命、为了生命的教育,自然蕴藏着对生命的关注,这与人文的内涵不谋而合。人文式生命课堂作为生命教育的一种实践形态,通过人文化的教学过程、人文化的课堂管理、人文化的课堂评价,塑造一种人文关怀的整体氛围,提升学生的知识、能力以及生命幸福感,同时也促进了教师的专业成长和职业幸福度的提升,使师生的生命相互包容,共同成长。

(一)关怀学生生命

不论是生命的三维理论将生命分成自然生命、精神生命与社会生命,还是将人

①冯建军.生命与教育[M].北京:教育科学出版社,2004:170.

看作是一种生命和类生命双重存在的复杂生命体,人的自然生命,或者说种生命都是人存在的物质基础。教育首先应该关注人的自然生命。在西方,生命教育就是为了解决毒品泛滥、暴力频繁、性关系紊乱等影响人的生命健康问题,唤起人们对生命的热爱,消解对生命的威胁而生发的一种社会性教育。我们所提的生命教育尽管已经大大超出了这个维度,但是对学生生命健康的关注仍然应该是重中之重。如果连生命安全都无法保证的话,何谈生命的成长?

教学案例:体育教育中渗透生命教育

1.体育课堂中的自我保护

在运动中常常会发生学生身体伤害事故,因此在参加活动时,教师要注意观察,在采取适当的安全措施的前提下,在重视知识和技能学习的同时,强调自我保护的方法的给予、体验和感受,增强学生的自我保护意识。如,在一次篮球游戏中进行传接球活动,很多孩子用手指生生接球,就造成了一些小伤害,在这时我就指导学生五个手指应放松自然分开,在接球的一瞬间,两臂自然弯曲后缩,以正确的姿势避免运动损伤。又如在进行跑动练习时不小心摔倒,应冷静地将身体顺势转动,两手抱住后脑。

2.体育课堂中的互相保护

很多群体活动或是游戏具有一定的危险性,教师又不能随时的保护,那么就要教会学生之间进行互相保护,要让他们明白不能在没有保护的情况下单独进行活动,以免造成不必要的伤害事故,如在低年级进行滚翻和柔韧(下桥)练习中,必须要有一名同学充当保护者,同时教师应该指导保护的站位,怎样帮助同学顺利滚翻等方法,达到运动目的。

3.课堂教学中潜在危险的预防

全校的集体活动一直以来是老师们最头疼的事情,就害怕活动中出现伤害事故,如集体跑步运动中,一般都是两路或是四路纵队,学生有个体差异,有的跑得快,有的跑得慢,快的同学就有可能踩到前面同学的脚后跟而摔倒,甚至是一连串的摔倒和踩踏,致使学生受伤,因此,我们应该在之前就告知学生危险的存在和预防的方法,并在活动中当前后距离过近时及时的提醒调整,防患于未然。

(上浩小学　黄水莲)

对学生生命的关怀首先要遵循儿童的天性。天性包括生命的本能、无意识和意识的先天形式。人的天性是生命进化的结果,天性的改良只有通过自然漫长的进化才能进行。一定意义上可以说,天性不可教。"教育对于天性应当保持敬畏,教育应该首先尊重儿童的天性。"[1]同样的,生命课堂首先应该遵循学生生命的发展

---

[1]刘晓东.论教育与天性[J].南京师范大学学报:社会科学版,2003(4):70.

规律,尊重儿童的天性,舒展儿童的天性。

其次,要做好学生身心的养护工作。身心的养护,主要是指要保护儿童身心不受到伤害,这是生命课堂的基本要旨。①户外课堂的身心养护。户外课堂,即学科课程的户外活动课。以体育课堂为例,一要保证体育课的正常开展,体育是生命其他方面发展的基础,要杜绝体育教学的工具化和随意化。二是在体育教学中不仅要做到学生安全的防护,更要增强学生自我保护及相互爱护的意识。三是在体育课堂中应着重开展合作的运动,反对纯竞技形式的比赛。②校本活动课堂的身心养护。校本活动,主要是学校根据自身发展特点所创办的特色活动,有些已经成为校园文化或校本课程,比如上浩小学的消防安全教育。在开展这类活动的时候,首要应该重视学生的生命健康问题,只有在保证学生安全的基础上,活动的宗旨才能得到阐发,意义才能得以实现。总之,保护学生的身心安全是生命课堂之课题中应有之义。

最后,要加强认识生命、关怀生命的教学。教学中不仅要做好学生身心的养护工作,更重要的是引导学生认识生命的不可重复性,教会学生一些自我保护的知识,比如防火安全、交通安全、食品卫生安全、生态环境安全、心理健康等基础知识,增强学生保护生命安全的意识。生命,对每个人来说都是宝贵的,让学生学会自我保护、敬畏生命、热爱生命,是生命课堂的要旨之一。

(二)关注学生自我

自我亦称自我意识或自我概念,主要是指个体对自己存在状态的认知,是个体对其社会角色进行自我评价的结果。生命哲学家将生命看成自我经验的形成,"知识本身并不具有生命价值,只有当学习知识的人理解了知识的意义,有了深切的体验,那么知识才能变成更多的、长久的、终身受益的东西,这就是学生内在的情感、态度和人格。"[①]学生内在的意识就是自我意识,它是主体能动的反映,对个体有着导向激励、自我控制以及内省调节的作用。人文式生命课堂通过人文式的关怀,犹如春风化雨般唤醒学生的自我意识,进而促进学生的生命发展。

在关注学生自我意识的过程中要注意以下几个问题。一是学生自我经验的形成。建构主义所强调的意义的自我生成与建构就是获得自我经验的有效方式。当非我经验对认识自己的生命有价值时,这时的非我经验就变成了自我经验。教师所做的就是促进这个转变的过程,要让学生在学习的过程中逐渐懂得最好的教师是学生自己,让学生养成质疑与反思的能力与习惯,学会自主学习,这样他才能够源源不断地将外界的信息转换成自己的生命财富。二是对学生个性的尊重。生命课堂就是要让每一个学生都能自由健康地发展,让每一个生命都能散发独特的光芒。教学的目

[①]周志毅.课程变革:从知识形态走向生命形态[J].全球教育展望,2002(3):48.

标不是让学生变得千人一面、千篇一律,而是在共性的基础上培养学生的个性。三是让学生学会自我评价。中小学生正处在身心发展的高速期,对世界、对他人、对自己都充满了探究的兴趣。教师要改变以往的权威地位,在课堂教学中让学生进行自我评价。积极正确的自我评价有助于学生自我意识的完善和发展。

(三)课堂纪律与自由

纪律和自由是孪生兄弟,纪律既约束自由,又保障自由。最早对自由做出明确探索的是亚里士多德。他提出了"人本自由"这一命题,第一次把自由看作人的本性。虽然中世纪神学的阴霾遮蔽了人性的自由,但是在文艺复兴后自由成为了西方国家倡导的一面旗帜。洛克、康德、黑格尔等都认为自由是人的本性。纪律是一定的集体为了维护集体的利益并保证工作的顺利开展而制定的、要求每个成员遵守的各种规范和规则。人作为一种社会存在,作为集体中的一员,不可能没有纪律。自由与纪律看上去好像相对立,其实不然。在克里希那穆提看来,"自由不是某种'摆脱',不是随心所欲,它不与纪律相对……自由的对立面是混乱,强制会导致混乱。"[1]强制与纪律不同,强制是外在的,它为了某种外在的利益而采用威胁、监视、惩罚和禁止等手段,压制人的天性。人们需要纪律不是对人进行压迫和管制,而是为了保护每个人的平等和自由。因此,马卡连柯直截了当地指出:纪律就是自由。"集体中的纪律正是对每个人的权利和可能发展的充分保障……没有纪律和秩序,个人的自由就无法得到保障。"纪律必须建立在保障自由的基础上,才不至于成为一种压制和奴役,在生命课堂中同样是如此。

课堂中的纪律应该是以学生为主体的纪律,学生是纪律的执行者,纪律也应该体现学生的自由,它绝不能成为教师扼杀学生自由的"元凶"。

一位年轻老师小许描述了他的一次上课经历[2]:

学生是五年级的,全班共 48 位。小许走进教室时,还是下课时间,但学生见他进了教室,就纷纷坐到了自己的位置上。小许见离上课还有好几分钟,就提醒大家到外面玩玩,可只有两三个学生站了起来;再次提醒,又站起了几个,而且只是在过道上走了几步。上课铃响后,所有的人都坐得极其端正:两手在胸前交叉,双肘稳稳地撑着桌面,腰杆挺着,目光一律正视。小许说:"随便点,不要这么端正。"他们没动。又说:"来,放松点。"他们依旧。再说:"我上课从来不需要正襟危坐,大家怎样舒服就怎么样坐,手不一定都那样放。"小许走上前去,拆散了他们交叉着的手。终于,后面的学生也松动了点。于是,开始上课。课上得很拘谨,每次提问,举手的同学寥寥无几,即便点名提问,也是问一句,说一句,不肯多说一个字。奇怪的是,

———————————
①克里希那穆提.教育就是解放心灵[M].张春城,唐超权,译.北京:九州出版社,2010:102.
②朱华贤.比守时更重要的……[J].教育时报,2003-3-18(4).

上着上着,他们原先松动的身子,拆散的手,又恢复了原貌。"怎么,大家连坐不好都做不到?我现在不是要大家端坐,而是让大家随便坐。"小许说。有几个同学朝他瞧瞧,用一种疑惑的眼光。也许他们觉得奇怪:上课怎么可以随便坐呢?

课上得不算成功,课堂没有生气,死气沉沉。但班主任老师说:"这个班级一直受到老师们的赞扬,因为他们特别守纪律。"

这样的课堂,纪律与自由就处于失衡的状态,是不符合生命课堂诉求的。课堂需要纪律,一种能充分反映学生内在要求的人性化的纪律。当然,纪律尊重儿童的天性,但不是纵容儿童,而是合理地约束儿童。所以,学生在课堂上的自由是有限度的。当一个学生故意破坏教学秩序,我们不应该借口自由而不加以制止。纪律的目的是从外在的约束走向自我控制,从他律走向自律,这是纪律发展的必由之路,也是人文式生命课堂的一种追求。

关于人文式生命课堂的纪律与自由还应注意以下问题。第一,不同年级的差异性。譬如低年级课堂,最大的纪律问题是儿童会经常注意力不集中,小孩子都活泼好动、爱说话,那么在出现这种情况的时候,教师可以用生动风趣的语言或者动作引起学生注意,继续教学进程。如果是在高年级课堂出现相同的问题,可能教师就要采用不予理会或者表扬注意力集中的同学等手段来维持课堂纪律。第二,不同性别的差异性。男生和女生在课堂纪律方面的表现有所不同,一般来说,男生更好动,更容易"开小差",而女生则相对安静。而且他们对于表扬或惩罚的接受程度以及接受方式也不同。教师应该重视这种性别差异,不可"一视同仁"。第三,不同性格的差异性。根据心理学研究,人的性格有四种类型:胆汁质,情绪兴奋性高、易冲动,性格直率、抑制力差;黏液质,不易激动,外部表情不易变化,情绪稳定,注意力不易转移;抑郁型,情绪兴奋性低、稳定,对外界的刺激反应慢而不灵活,耐性高;多血质,情绪兴奋性高,反应速度快而灵活。不同性格的学生面对相同的纪律问题,会有不同的表现和耐受度,教师要充分把握好其中的度,对症下药,保证课堂教学的顺利进行。

体验式、对话式、人文式生命课堂之间,其实并没有明晰的分界。一堂课,可能同时有着体验、对话,还充满人文关怀,而且是从师生生命发展的高度展开的。生命课堂,是动态生成的过程,也是师生共同建构的过程。在这个过程中,体验式、对话式、人文式都只是它的一个侧面,这三个方面应该是统一在课堂中的。生命课堂应以人的生命为原点,体验生命、对话生命、关怀生命,它所关注的不仅是通过课堂教学能获得多少知识,还在于人的生命意义在课堂实践中得到彰显和升华。同时,体验式、对话式、人文式生命课堂还有着各自不同的特点和操作机制。体验式更强调学生的主体性,对话式重视师生的主体间性,而人文式则着重于从哲学和心理学层面开始复苏的对人本身的关注。在学科教学中,体验式更多的用在数学、科学以及自然学科上，对话式多用在语文、思品以及人文学科上，而人文式则更多地出现在那些蕴涵人文性的学科中，譬如语文、体育、思品等。

"教育本身就意味着：一棵树摇动另一棵树，一朵云推动另一朵云，一个灵魂唤醒另一个灵魂。如果一种教育未能触及到人的灵魂，未能引起人的灵魂深处的激荡，它就不能称为教育。"①一言以蔽之，生命课堂的构建，应该符合基础教育课程改革的基本精神，做到以人为本，以生为本，体验与对话共用，科学与人文并重，让课堂真正成为教师阳光、学生幸福、师生和谐的乐园。

---

①冯建军.生命与教育[M].北京:教育科学出版社,2004:11.

第六章　生命教育的教学策略

　　教学策略是一个总体概念,它涉及一系列具体的教学技能,但又不是教学技能的简单罗列和堆积。教学策略的运用是一个动态的过程,它将教学方法的选择置于广阔的教学情境及教学方法选用的各种变量及变量之间的关系中,将教学方法提高到策略的新水平。生命教育是一种追求教育本真的教育。在教学策略中融入生命教育理念,就为教学实践注入了生命活力,从而使得学校的课程和教学更加关注对学生的人文性生命意识的培养,引导学生认识生命的意义,提升学生的精神境界,培养学生的个性,完善学生的人格。

第一节　生命教育教学策略的特征分析

一、教学策略阐述

　　教学策略是为达成一定教学目标而制定的开展教学活动的计策和谋略,是进行教学活动的总思路。在特定教学活动中,选择和利用恰当的教学策略是进行有效教学的重要途径。目前教学策略一词已频繁出现于教育文献中,教育研究领域对教学策略也进行了定义。在国内,邵瑞珍主编的《教育心理学》一书对此的定义是:"教学策略是教师在教学过程中,为达到一定的教学目标而采取的相对系统的行为。"[1]这类定义突出了教学策略的一般性框架特征和目标性特征。在国外,美国学者埃金等人认为,教学策略是"根据教学任务的特点选择适当的方法"。[2] 很明显,这种定义突出了教学策略的任务和方法的选择。

　　通过多年的课堂教学实际,我们认为,在理解教学策略这一概念时,必须把握以下几点:第一,教学策略是为教学目的服务的,具有明确的目标指向性;第二,教学策略的选择与设计必须在一定的教育观念和理论的指导下进行,也就是说教学

---

　　①邵瑞珍.教育心理学[M].上海:上海教育出版社,1997:80.
　　②埃金,等.课堂教学策略[M].王维诚,等,译.北京:教育科学出版社,1990:1.

策略有一定的理论基础；第三，教学策略研究的重点是"如何教"，即教师教的策略；第四，教学策略具有综合性，应该涉及教学的各个要素，包括教学方法、教学媒体、教学组织形式等。基于上述认识，我们对教学策略的内涵可以理解为：教学策略是在科学的教育理论、教育思想的指导下，为达到教学目的，完成教学任务，根据学生的认知需要和特点，在对教学材料进行详细分析的基础上而形成的教学总体思路。

二、生命教育教学策略的特征分析

教学策略是实现对学生实施生命教育这一教育理念的关键所在。生命教育是教师在课内或课外有目的、有计划、有步骤地对学生进行感悟生命、关爱生命、珍爱生命、绽放生命的教育。要寻找到践行生命教育的教学方法，首先必须理解生命教育教学与一般教育的教学活动的不同之处，其特点是什么。

一般而言，教学是一种在课堂上的知识的传授过程，而生命教育则是以"生命"为核心的教育，是作为主体的"生命"（教师）以"生命"的丰富性与发展性为教育内容，对每一个个体"生命"（学生及全体社会公众）的教育。所以，生命教育中的"生命"既指"教育的内容"，又含涉"教育的对象""教育的方式"，其本质是一种"教育理念"。

从内容上而言，生命教育应该通过让受教育者了解生命孕育、生命发展的相关知识，来进行生命价值的引导和教育，让他们对自我的生命有深入的认识，对他人的生命抱珍惜和尊重的态度。通过生命教育的实施，帮助受教育者探索生命的意义，认识自我，进而尊重生命，热爱生命，提升对生命尊重和关怀的热忱，并培养社会生存的能力，提升与他人相处的能力，使受教育者的人格获得全面的发展。生命教育的终极目标，应当指向生命的价值。人之生命需要生存，所以需要生存知识与能力的培养；人之生命也要生活，所以需要生活知识与能力的学习与实践。

从教学过程来讲，课堂讲授的知识是共性的东西，所有的学生在课堂上接受大致相同的科学知识。而在生命的层面，人都是具体的人——人的出身不同，地域不同，文化背景不同，教育及家庭也不同，所以，人们往往有不同的生命个性。那么，仅仅是课堂的共性化教学便远远不能适应这种生命个性化培育的需要，必须求助于课内课外、校内校外的讲授、体验、互动与思考，在师生的生命融通中，实现每一个生命个体都获得成长的目标。

依据对生命教育教学本质的理解，生命教育教学策略应具有人本性、目标指向性、启发性、可调控性等特点。

（一）人本性

生命教育尊重人，尊重人的个性发展。它认为人类具有实现自己形象及潜能的倾向，视人为主动、理性的成长，其最终目的是追求有价值的目标，实现自己的各种潜能。教学的主要目的应该是协助学生发展人性，并促进自我的实现。因而生命教育的教学策略就具有了明显的人本性特征。

（二）目标指向性

生命教育的教学策略是为了有效地实现生命教育这一教学目标而制定的带有策划和谋略性质的规定。生命教育的教学目标是其教学策略的灵魂，是制定教学策略的方向性依据，是教学策略的参照，是评价教学策略有效性的重要标准。因此，生命教育教学策略具有明确的目标指向性。

（三）启发性

生命教育是自主自由的教育，也是生命自我建构的教育。它不应该是一种"告诉"，而应该是一种"探索"。因此，我们认为，生命教育教学策略是具有启发性的。在生命教育课堂上，教学不局限于传统观念里的"传道、授业、解惑"，而是"生命的体悟"。教师也不再是"布道"的教士、"诵经"的和尚，而是一个学生生命生长的促进者。① 教学策略要能够启发教师主动去寻找解决教学问题的简捷途径和方式，从而有效解决问题，促进教师教学水平的提高。生命教育教学策略的启发性要求在教学过程中教师要承认学生是学习的主体，注意调动他们的学习主动性，引导他们独立思考，积极探索，生动活泼地学习，自觉地掌握科学知识，提高分析问题和解决问题的能力。

（四）可调控性

教学策略不是单一的一个环节，它包括教学活动的程序、步骤、具体内容、方法和手段等内容。只有这样，教学策略才可能在教学活动中具体化为师生双方的教学行为。因此，对于师生双方来说，教学策略是可调控的。在生命教育课堂上，针对学生被动参与、积极性不高的状况，教师应采用主动参与教学策略，使学生主动积极地参与到课堂教学之中，以提高教学质量。这就要树立尊重学生、相信学生的思想，认真倾听学生的意见，了解学生的心理状态及其发展水平，激发学生参与的兴趣，这样就会在师生之间建立起平等、合作的关系，调动学生参与生命教学活动的积极性，使其真正地参与到生命教育课堂的教学活动中，领悟生命的真谛，从而真正地实现生命教育的教学目标。

---

① 刘剑玲，文雪.教学不仅仅是告诉[J].教育导刊(上半月)，2005(1)：18.

第二节 学科课程的教学策略

一、学科课程教学中的生命教育价值诉求

（一）学科课程

学科课程，通常又称为分科课程或科目课程，它是根据各级各类学校培养目标和科学发展水平，从各门学科中选择出适合一定年龄阶段学生发展水平的知识，组成各种不同的教学科目。这种课程是预先安排的。[①]

学科课程既是学校的产物，也是科技发展的产物，是以传授知识为己任的学校与知识类别间相互作用的结果。它之所以在学校教育中始终受人青睐，既来源于学校特定的任务与要求，也源于人们长久以来形成的知识观，同时也源于它实施的便易性。学科课程是以学科的形式来组织教学内容的，它以人类对知识经验的科学分类为基础，从不同分支科学中选取一定的内容来构成对应的学科，从而使教学内容规范化、系统化。同时，学科课程既是经过精心选择组织起来的知识内容，又是为特定的学习群体而开发组织的，其所包含的知识经验既应符合社会发展延续的需要，又要切合特定学习群体的身心发展规律。综上所述，学科课程表现出系统性、选择性和对象性的特点。

（二）学科课程教学中的生命教育价值诉求

长期以来，学科课程教学注重基础知识和基本技能的获得，在取得一定成绩的同时，也存在教学效率不高、教学效果偏差的弊端。由于教学评价方式改革的滞后以及其他因素的影响，不但割裂了学生与现实生活的联系，而且还造成了教学效率的低下。我们认为，只有当学科本身自然地融入学生的经验并构成学生的生活世界时，它才具有生命教育的价值和意义。学科课程本身具有生命内涵丰富、实践性强以及工具性的特点。实践证明，教师通过联系学生生活经验、结合现实生活生动活泼的教学形式，能够唤起学生对生命教育的兴趣，提高他们学习的积极性；通过拉近学习内容与实际生活以及学生"生活履历"的距离，将静的、死的书本知识变为动的、活的生活需要；通过在实际生活情境中运用生命教育知识，可以为学生创造学以致用的机会，有效地实现"知识与技能、过程与方法、情感态度和价值观"三维课程目标的整合，促进学生知情意行的和谐发展。

---

①施良方.课程理论——课程的基础、原理和问题[M].北京：教育科学出版社，1996：273.

二、学科课程教学实施生命教育的主要特点[①]

课堂教学活动是学生学习的主渠道,承载着生命教育实施活动的重要任务。因而教学活动中实施生命教育有它得天独厚的优势。

(一)教学内容具有实施生命教育资源丰富性的特点

从各学科教材中不难发现,它们不仅包含有保护生命、认识生命,还包含珍爱生命、尊重生命、欣赏生命等课程主题。不仅包含《健康教育》《体育》《品德与社会》等生命教育课程,还包含有蕴涵在教材中的自然美、艺术美、社会美、行为美等生命美育内容。

(二)课堂教学具有实施生命教育经常性的特点

学生在校的时间大部分是在课堂中度过的,八九门学科,平均每天上四五门课,如果能自觉做到教学中实施生命教育,那么,学生可以说天天,甚至时时都能受到不同内容的教育和熏陶。所以,课堂教学是学生接受教育的主渠道,通过主渠道可以使生命教育具有经常性。

(三)教学过程具有实施生命教育有效性的特点

教学中实施生命教育有别于单纯进行的德育教育活动,它不是外加的说教,不是贴标签,而是根据教材内容和学生实际,点点滴滴、实实在在地渗透,这样就易于学生接受。所以,学科教学实施生命教育,应当是如春风化雨,"随风潜入夜,润物细无声",起到潜移默化的作用,从而可以达到单纯说教达不到的效果。

三、学科课程的教学策略分析

学科课程的教学策略是教学策略在课堂教学中的应用,是比各种具体的教学方法层次更高级的对生命教育教学活动起指向性调节和控制的教学活动方式。上浩小学通过近几年的生命教育研究,总结出以下几种在学科课程教学中实施生命教育的教学策略。

(一)体验式课堂教学策略

我们认为,体验式生命教育课堂就是教师努力对教学活动本身的价值和意义进行开掘,注重学生的个体差异性,引发不同兴趣的学生积极参与,使他们确确实实体验到教学活动过程,体验到经验的变化,体验到进步,体验到成功,从而促进他

[①]重庆市南岸区上浩小学课题组:重庆市教育科学"十一五"规划2008年度课题《上浩小学生命教育的实践研究》研究报告:15.

们理性与感性的和谐发展。在体验式生命教育课堂中,教师是组织者、促进者和指导者。通过多年的研究实践,我们总结出了体验式生命教育课堂的具体操作程序：

1.注重情境创设,激发学生探究兴趣。教师从实际生活情境入手,或者从学科基础知识出发,把需要解决的问题有意识地、巧妙地寓于学生实际的基础知识之中,把学生引入一种与问题有关的情景之中,激发学生的探究兴趣和求知欲。主要方法有：以语言描述或讲故事的形式引导学生进入问题情境；利用多媒体创造形象直观的问题情境；利用照片、图形、事物或模型等调动学生参与的积极性。

2.发挥学生主体性,培养其独立思考能力。通过尊重学生的个性差异,让学生独立思考,自由解决,可以养成学生独立思考的能力与习惯。常用方式有：对于比较简单的问题让学生独立完成,使学生体会到运用所学知识解决问题的快乐；对于有一定难度的问题,让学生有充足的时间独立思考,以培养学生自信心和独立解决问题的能力。

3.尝试引导。学生在尝试进行问题解决的过程中,常常会遇到一些问题难以解决,这就需要教师的启发引导。常用方式有：重温与问题有关的知识,对问题进行联想、猜测、类比、归纳、推理等。

4.组织学生相互交流。由于学生的个性差异,有些问题难以理解,组织学生开展小组讨论和交流是弥补个别学生思维能力差异,特别是增进同学之间情感的大好时机,能提高学生学习的积极性。

5.总结、梳理知识。教师在上述活动后,对教学知识进行完整的、准确的描述、小结。根据学生的认识特点,合理选择和设计练习,通过问题的解决更好地掌握知识及思想方法。

(二)对话式生命教育课堂

我们认为,对话式生命教育课堂就是在教学过程中,教师与学生作为有生命的、具有平等地位的人相遇,教师尊重学生独特的个性,学生可以自由地与教师交流意见,展开对话,分享各自的经历和人生体验,教学成为师生心灵相互交融的媒介,借于此,学生可以提升生命的质量,教师可以体验成功的快乐。师生之间真正达到了共享知识与经验,共享智慧与人生价值的境界。

我们在教学过程中,充分地意识到教师的主导地位,但是也没有忽视学生的主体性,让老师成为对话的倡导者,去正确地引导学生,由此,我们总结出以下几点：

1.教师与"文本"的对话

"文本"指的是能够产生课程意义的所有现象和文件,包括书面的课程材料和教学材料,口头的演讲、活动以及体验。这与传统的文本定义有很大的不同。在教学中应该以文本为主要依据,这是不能改变的。课堂教学的过程是教师、学生、文本之间对话的过程。而又以教师与文本的对话为首,只有教师真正地与文本进行广泛交流、沟通,才能真正着手于学生与文本的对话,学生与教师的对话、学生与学生的对话。

2.营造民主、平等、开放的对话环境

民主、平等、合作、多元的对话课堂,直接关系到学生个性的张扬、思维的发展,创造性的培养,也直接关系到课堂效率的提高。而倾听、表达、探究、沟通、评价、欣赏、分享则为学生在学习过程中提供了一个真正实现课堂民主的平台,学生在课堂上可以与教师以平等的地位参与到教学活动中来,学生与教师共同商谈学习的重点、难点,继而又围绕已商谈好的目标,通过合作探求,对问题产生相对统一的见解,从而高效地完成学习任务。这是师生共享探讨成果,完成学习的过程。

3.学生学习方式的自主独立性

在对话式生命教育课堂中,强调的是学生学习的自主性与独立性。自主性首先表现为学生应有自主探究的欲望和需求,而这种欲望和需求,首先是教师在创设融洽、和谐、愉悦的学习氛围的前提下,对学生以激发、激励后生成的。自主性又表现为学生在与文本的对话过程中能自主推理与想象,教师在此过程可辅助性地出一些思维训练题,而重点则在于学生的自我感悟。

4.教师课堂语言的转变

在对话式生命教育课堂中,教师的角色有了很大的变化,教师将不再只是知识的传授者和管理者,而是学生发展的促进者和引导者。教师的这种角色转变直接地反映在教师课堂语言的变化上,主要包含以下几方面:

(1)由命令式的语言向商讨式的语言转变

商讨性的语言就体现了师生的平等关系,在同样的教学过程中,教师就可以这样来说明自己的教学意图:

例1.刚才同学们朗读课文真不错,能允许老师来读一下吗?

例2.你读得很正确,要是声音再大一点就更好了。

例3.这首诗你能配上画,说明你注意观察,发挥了想象,真是"图文并茂",相信你一定能背诵出来。你来背诵一下好吗?

(2)由评判式的语言向建议式的语言转变

传统的教学方法表现为"填鸭式",以教师为主体,教师是任何知识的标准,这样学生对于知识只是接受,长此以往培养出来的学生缺少主动性和创新性。而使用对话式教学语言,教师不但尊重学生的独到见解,在语言上体现出建议性,而且

还不断地把学生的思维引向深入,把学生的学习引向深入。例如:

例4.谁还能从哪些不同的角度说一说?

例5.你的思考方式很有特色,但与这个问题的思路稍有出入,换一个角度想想,或许会有新发现的。

(3)由灌输式的语言向启发式的语言转变

我们认为启发式语言就是通过对话形式以及与学生共同讨论、共同寻找正确答案的方法,启发学生思考,引导学生积极探索。启发式教学使师生情感交融,活跃了课堂气氛,学生产生自由感,能够发挥学生的学习潜能和创造力,充分运用已有的知识和经验去获取新的知识,在成功的满足中体验到快乐,学习自信心倍增。通过多年的课堂研究,我们发现在启发式对话中,最快捷、最简便的对话方法是"合理省略",这样,一方面可以发挥学生主体的作用,另一方面也表现出教师对学生智力水平和人格的尊重,即把一部分话语权留给学生,让学生自己得出结论,学生往往会把这一结论视为自己的思想、自己的发现,从而增强学习的兴趣。

(三)人文式生命教育课堂

生命教育的教学过程是教师对学生的爱的展开的过程,是生命与生命交流的过程。生命教育的课堂更关注文化与生命意志之间的对话,将精神文化视为人的一种内在的生活方式,一种可以达到的美好境界。人文式生命课堂以课堂教学为主要载体和空间,注重师生生命的整体发展,更注重对学生的人文关怀。它唤醒人的潜能,发展人的个性,陶冶人的情操,培育人的品格,提升生活质量,享受教育的幸福。我们在多年的人文式生命教育课堂教学实施过程中总结出以下几点:

1.优化人文课堂应软化课堂教学内容,使其贴近学生的日常生活

"软化"是着眼于人的精神对话,心灵沟通,碰触人内心柔软、敏感的部分,以此感动人性、唤醒温情,让人重拾朝气活力、善良平和、安闲优雅。在人文式生命教育课堂上,"软化"即是指以人情味浓厚、轻松活泼的教学内容叩问心灵、唤醒灵魂的课堂教学。在一定程度上,这更是一种人生价值取向层面的导引,在课堂上要向学生传人文之道,在课堂外要能解学生为人之惑。但如果人文课堂教学过于理念化、理想化、高贵化、英雄主义化,便忽视了学生才是课堂教学的主体。我们倡导的是,教师要教会学生带着科学世界的真知灼见,运用精神世界的人文思想去审视日常生活,摒弃丑、恶、庸俗的日常百态,挖掘生活的真谛,感受生命的美丽,让人文式生命教育课堂在课内外都充满生命的活力。

2.突出人文式课堂的生命化特性

我们认识到,人文教学过程是一个生命化的动态过程,因为它把教师这个生命

体与学生的生命体有机联系起来,共同展示其活力、经历、能力,这个教学过程是生命与生命的对话过程,同时也是让师生共同新生的过程。是否尊重学生的生命主体价值和是否展示教师的生命引导价值,以及是否创造出充满生机和活力的思想是衡量人文课堂是否优化的一个重要指标。人文课堂教学应该以学生的身心健康为旨归,力求在和谐的、充满生命力的课堂氛围中激发学生的生命热情。人文教学过程应该因为人文知识的注入、人文精神的感染而充满生命气息。所以人文课堂教学要充分注重学生这个生命体的存在,从学生的学习层次、兴趣爱好出发,统筹教学过程。

3.让人文式课堂得到和谐的消融

消融即是在学生和教师之间、学生和教材之间、学生和社会之间建立起一种信任、宽容的教学对话,让教学诸要素之间达到统一和谐的理想状态。从教师角度来讲,不仅是教授人文知识,也要发扬人文精神,在教学过程中最重要的就是尊重每一个生命体,让每一个教学主体感受到一个教师最起码的待人准则,让学生在人文课堂上如沐春风。教师只有做到平等待生、发展看生,才能让学生摒弃被动学习,以全新的面貌投入到新课程中来。学生是教学的主体,只有通过学生的亲身实践才能把教师所教转化为学生的知识、能力,最后形成素质。教师的讲授、引导、辅导、答疑都要抓住学生的生理、心理特征,针对他们世界观正在形成,对世界充满好奇,对人生充满设想,同时也容易陷入迷茫、被世界诱惑、容易产生失落心理等特点来进行备课、教学、评价和指导。尊重学生对于同一事件的不同看法,宽容学生对世界的有限认识,理解学生的多重心理,只有这样,才能充分显示一个人文教师对学生的尊重,也才能最大程度地发挥学生的积极主动性,在有限的人文课堂上学到无限的人文知识,领会到崇高的人文理念,并将之投入学习和社会生活中,达到最大限度的自由。

四、学科课程的教学案例

人教版语文第五册《掌声》教学实录

上浩小学　　陈珺

教师:"如果你是英子的同学,你想在这掌声中对英子说些什么呢?"

学生1:"英子,你别害怕,我们大家支持你!"

学生2:"英子,我相信你一定能讲得很好!"

学生3:"英子,加油! 我们相信你,勇敢地去讲吧!"

……

教师适时点拨:"掌声唤醒了英子的自信,掌声鼓起了英子的勇气,掌声使英子和同学们的心紧紧连在了一起，那你们得到过掌声吗？"

此时，学生们纷纷畅谈了他们的亲身体验。有的说："我发言精彩，同学们给我掌声，从此我就更加积极地发言。"有的说："我考试有了一点进步，爸爸妈妈就给我掌声，我很感动。"孩子们众说纷纭，但是他们的认识显然停留在"阳光下收获的喝彩"。

教师把话锋一转"你把掌声送给别人了吗？"他们陷入了片刻的沉思，似乎在追忆着什么，但又找不到新的话题作答。教师又说道："孩子们，掌声是鼓励，掌声是支持，掌声是关爱，掌声是赞赏……把我们的掌声送给身边的人吧，特别是那些最需要掌声的人！"孩子们面面相觑，他们在用眼神交流，用心寻找着最合适的对象。转眼间，讲台下已是小手林立，一股强大的热力从教室里爆发出来了！

余辉站起来说："我要把掌声送给程程，希望他能好好学习，一天比一天更进步！"

"我想把掌声送给所有的残疾人，你们虽然身体残疾，但是只要有自信，同样可以成功的。"王成说。

李嘉茹微红着脸，说："我想把掌声送给老师，我们有时不听话，你不生气，还是一样的喜欢我们，教我们，您辛苦了！"

"我要把掌声送给冷艳。"田甜说，"这学期她进步很大，时常举手发言。"又一阵热烈的掌声响了起来。

"我也要把掌声送给冷艳，我想告诉她，我们大家都喜欢她，希望她能常常和我们说说笑笑，和我们一起玩。"张霖附和道。

……

我们的课就在这温暖的气氛中进行着。孩子们一次又一次把掌声送给了班里那些曾被遗忘的个体，他们也一次又一次地把真情和关爱传递给了那一颗颗缺少呵护的灵魂。从孩子们澄亮的眼睛中，我领略到了教育那神奇的力量，我的心被这圣洁的美彻底地征服了！

第三节　活动课程的教学策略

活动课程与学科课程相对，它是打破学科逻辑组织的界限，以学生的兴趣、需要和能力为基础，通过学生自己组织的一系列活动而实施的课程；它通常也常常被称之为"儿童中心课程""经验课程"。① 活动课程以开发与培育主题内在的、内发的

———————————

① 施良方.课程理论——课程的基础、原理和问题[M].北京：教育科学出版社,1996:275.

价值为目标,旨在培养具有丰富个性的主题。学生的兴趣、动机、经验是活动课程的基本内容。它的基本着眼点是学生的兴趣和动机,以动机为课程与教学的中心,其主导价值在于使学生获得关于现实世界直接经验和真切体验。在活动课程中,生命教育就体现为教学的主题和内容源自于现实生活,容易激发学生的学习兴趣,同时,它把人类文化遗产以学生的经验为核心整合起来,要求把学科知识转化为学生当下活生生的经验,把学生的经验及其生长需要作为课程的来源,有助于发展学生的时间和创新能力,从而使学生在与文化、与学科知识交互作用的过程中实现个性的发展。

一、活动课程的特点

(一)实践性

这是活动课程最显著的特点,也是活动课程的本质特征。可以从三个方面来看。其一,就思想品德教育来看,活动课程侧重于行。学科课程中的思想品德课和政治课,偏重于思想观点的教育,讲得多,做得少,知行脱节;而活动课程中的班级活动、社会实践活动、校传统活动等,做到知、情、意、行,相辅相成,使学生和谐发展。其二,从理论和实践的关系来看,活动课程侧重于用。学科课程重知识的传授,轻知识的运用,造成学生知识学得死,运用差,高分低能;活动课程可使学生通过独立的活动,动脑、动口、动手,广泛地跨学科地运用知识,使间接经验与直接经验密切结合起来,提高认识能力和操作能力。其三,就学生的社会交往来看,活动课程引导学生到实际中去锻炼。学科课程局限于调查的范围,而活动课程引导学生走向生活,走向社会,参加社会实践活动,有助于培养学生的社会实践能力和相互协作能力。

(二)开放性

以班级授课制为主要形式的学科课程从书本到书本,从书本到作业,具有相对的封闭性。现代社会本身是一个巨大的开放系统,教育要培养新时期所需要的人才,就必须实施与之相适应的开放式教学,其开放性教学结构表现在三个方面:第一,活动课程开拓了学生所学知识的广度和深度,学生在活动中广泛地涉猎自己所喜爱的学科,不囿于学科课程所学,在兴趣的驱动下,学生孜孜以求,加深了知识的深度。第二,活动课程可以促使学科与学科之间的联系,把不同学科的相关知识融会贯通,使学生在头脑中形成更概括、更高级的知识信息,从而优化知识结构。第三,活动课程把学校教育和社会活动紧密联系起来,引导学生了解社会、认识社会,获取最新信息,培养其适应社会、改造社会的能力。

（三）自主性

活动课程重在充分发挥学生的主动性、独立性和创造性,使他们根据自己的兴趣、爱好和知识经验进行自主的活动,进行自我教育,从而发展特长,培养个性。在活动课程中大多数活动应由学生自愿参加,自己选择活动内容和方式,自己组织,独立完成,教师的作用在于指导、咨询和服务。当然活动课程的自主性也应有一定的范围,如校、班、队等集体活动,既要求集体性和一致性,也应充分发挥学生的自主性,让学生自己组织活动。

（四）多样性

活动课程的开放性、自主性决定其内容和形式的丰富多样性。多样性的特点表现为:第一,多层次。活动形式可分个人、小组、班、对、校等层次,其中个人活动如文娱、体育、图书阅览、小制作等;小组活动如兴趣小组、科技小组、文娱小组、参观小组,还有班、队、校的集体活动等。就活动的内容而言,个体和集体的活动又其不同的深度和广度。第二,多渠道。活动课程以整个社会为背景,开展活动的渠道是很多的,从大的方面看主要分为学校、家庭、社会三条渠道,三者有机结合,互相协调,构成了信息影响的全方位状态。第三,多形式。活动课程可根据具体情况,灵活机动地开展各种形式的活动。如学科兴趣小组、竞赛、公益活动、文体活动、参观访问等。学习方式可以请劳模、英雄人物作报告,学生也可自行组织报告会,自己动手实验等。

二、活动课程的教学策略分析

活动课程的教学策略是指为了实现激发学生的兴趣和动机,进而引导其获得关于现实世界直接经验和真切体验的目标而制定的教学实施的综合方案。而生命教育的活动课程教学策略则是教师通过组织一系列以学生为中心的实践活动来引导其提高对生命的理解与认识,丰富其对于生命认知与体验的行为策略。

（一）生命教育活动课程教学策略的设计

1.生命教育活动方案的设计

凡事预则立,不预则废,因此生命教育活动是否能够有力地践行,首先取决于活动方案的设计是否完善,主要包括以下环节:

第一,教师要确定生命教育活动的主题。选定主题的原则是要接近学生的生活实际。比如生命教育中的"感悟生命"部分,则可以尝试从贴近学生生活的"走进大自然"活动,通过认识动植物,尤其是有益的动物,来体会生命的存在与意义。第二,制定学生生命教育活动目标,学生活动目标一般可分为态度、能力和知识三类,表述生命教育实践活动目标时,要把重点放在态度和能力的培养上,侧重目标的方向和性质而不是量化水平。例如,在"关爱生命"部分,可以从"如何关爱自己""如何关爱别人""如何懂得感恩"等方面去理解和认识对生命的关爱,从而设计出相应的学生活动目标。第三,选择生命教育活动的方法和组织形式。活动方法的选择主要依据学生的年龄特征,对于小学低、中年级学生来说,较适用于选择游戏、模仿、观察、手工制作、动植物养育等活动方法,对于小学高年级及其以上年级学生来说,可选择讨论、查阅资料、调查访问、科技制作、社区服务等活动方法。

2.生命教育活动基本条件的提供

生命教育活动大体上包括校内活动和校外活动。校内活动主要包括文体活动、实验活动等,其基本条件主要包括活动场所的提供、活动器材的准备、活动时间的安排等,比如,每周可以专门安排活动实践课,开放操场、实验室等场所,为学生准备体育器材、实验器材等设备;而校外活动主要包括参观访问、实地调查等活动,其基本条件主要包括单位联系、日程安排、食宿管理、交通设备等条件。通过基本条件的提供,能够为生命教育活动的实施提供保障。

(二)生命教育活动课程教学策略的运用流程(实施环节)

1.生命教育活动的引入

在引入生命教育活动时,学校应使学生明确活动主体、活动目标和活动内容,并激起学生参与活动的兴趣。为了有效激发学生的活动兴趣,学校可以通过宣传栏、班级组织、学生社团组织等途径,加大生命教育活动的宣传,并且畅通活动的报名与组织,从而可以给予学生充分的机会来了解生命教育活动,并尽可能地吸引学生参加。同时,在完成活动的报名以后,生命教育活动的方案设计应经过学生讨论或师生共同商讨,从而在原有的初步方案上做出一定的修改,这样,既可以弥补原有活动方案的不足,有利于学生对于活动目标、内容和方式的理解,又可以让学生充分地感受到其在活动中的主体地位,提高他们的参与意识和参与积极性。

2.生命教育活动的促进

生命教育活动展开后,教师应把学习的主动权交给学生,而教师主要是通过间接指导来维持、促进学生的积极参与和学习。为此,在学生参与生命教育活动的过程中,教师首先应该引导学生亲身感悟生活中的生命现象,启发学生独立思考,体会生命的内涵与积极意义,同时,在生命教育的校外实践活动中,积极提高小组成员的团结合作意识,让学生力争自己解决遇到的难题,鼓励学生创新、探索、尝试,并让学生意识到计划、分工、合作、方法等因素的重要性,让学生填写个人活动记录表和小组活动记录表,分别了解个人参与学习的态度和行为表现、小组成员间的合作与交流情况,使学生对活动过程实施自我监控,从而让学生在生命教育活动的过程中体会到生命的创造性与潜力。

3.生命教育活动的评价

生命教育活动侧重学生在参与过程中对生命的感悟和领会,因此,在对生命教育活动的结果进行评价时,在内容上,应当注重评价学生的生命意识、态度;在形式上,应避免简单的量化评价,创新评价形式,通过报告会、辩论会、表演剧、作品小展览等形式,来充分展示学生自身对于生命的认知。另外,教师对学生展示成果的过程不应施加任何限制,而应让学生自由地表现,并兼顾过程和结果。因此,通过上述革新,就能对学生参与生命教育活动的过程和结果有一个全方位的了解。

(三)生命教育活动课程教学策略的实施方案

1.主体参与策略

生命教育的主体参与策略是其能够成功实施的前提和保证。在生命教育主动参与策略中,首先要明确学生在生命教育中的主体地位,并改变原有教师主导型的活动组织方式,充分体现学生的主动和自主参与思想,从而将生命教育过程,由传统的活动灌输向师生、生生互动发展,使活动课程的教学过程转换为师生的生命教育理念与意识的互相感染、角色与行为的双边活动的过程。

在生命教育的主体参与策略实施过程中,学生通过自主参与生命教育活动,亲身感悟生命的意义,增强对于生命的认识,并激发相应的尊重生命、热爱生命的情感,从而内化相应的生命观,并在活动中完成学习对象与自我的双向建构,实现自我发展。而教师通过充分尊重学生学习的主体地位,根据学生对生命教育的兴趣和需要,为学生创设良好的参与氛围,并且从学生生活中选取活动的主题,保证学生参与活动的积极性,并通过与学生平等参与、主动对话,创造轻松、自然、和谐、民主的教学气氛,从而为生命教育提供良好的实施氛围与实施环境。

(1)主动参与体育活动,展示生命活力。生命教育体育活动的开展,分为日常活动和比赛活动两个部分。在日常活动中,学校鼓励师生积极参加体育活动,秉持"每天运动一小时、健康工作五十年、幸福生活一辈子"的理念,积极利用课间、活动课、课余时间,开放运动场所和运动器械,进而保证学生的运动需求。在比赛活动中,学校在每年的三月和十一月举行"春季运动会"和"秋季运动会",项目有短跑、跳高、跳远、跳长绳、拔河、接力、韵律操等。通过生命教育体育活动的开展,既可以锻炼师生身体,提高身体素质,还可以在运动的过程中使学生感受到生命的活力。

(2)主动参与艺术活动,展示生命魅力。生命教育艺术活动的开展,是由一系列以生命为主体的艺术活动组成的实践活动的综合体,是学生用音乐、绘画、书法、表演等形式展现生命的平台。以各个学期为单位,通过音乐赞美生命、表演演示生命、绘画描绘生命、书法展现生命等主题,充分发挥学生的想象力,让学生从生活中发现生命的魅力,用艺术来展现生命,从而在活动中不断丰富对生命内涵的理解,并且完善自身生命的丰富性,使学生感受到生命的魅力。

（3）主动参与特色活动,展示生命潜力。生命教育特色活动的开展,是由一系列富有特色的爱好活动组成的实践活动的综合体,是学校以"创新""个性"为主题的科技教育与人文教育的具体实践与成果展示,为全校师生的特殊爱好者提供交流学习的舞台。以每月为单位,通过组织"我的个性小发明""我的个性小制作""我的个性感悟"等活动,来展示学生关于生命教育认识的作品。通过学生的全员参与,既鼓励学生形成对生命的个性化认识,同时培养学生的逻辑思维能力和实际操作能力,从而以丰富多彩的科技活动提高学生人文素质、科学素质和创新能力,培养学生的创新精神和实践能力,使学生感受到生命的潜力。

2.感悟导行策略

感悟是生命教育的内化机制。生命教育活动的感悟导行策略是指学生通过参与生命教育活动,对生命现象和生命事件的感知和情境的感染,来领悟生命的内涵,进而形成注重生命的意识,并且践行热爱生命的行为。学生是在基于对生命的充分认识的基础上去践行热爱生命的实践,是在具体活动中真正实现了对生命内涵的认识和内化,并形成尊重生命、热爱生命的意识,进而在生活中,尊重他人,珍惜生命。只有通过这样的方式,学生才能形成持久的生命认知观。感悟导行策略要求教师在活动教学中,为学生提供充分感悟和体验社会生活的机会,在教育的内容和形式上贴近学生的生活,反映学生的需要,让他们用自己的眼睛观察和感受生命教育现象,用自己的方式来理解生命。

（1）亲近大自然,体味生命的活力。可以组织"参观大自然"的活动课,让学生自由搭配,去公园或者植物园探访大自然,通过"看一看""闻一闻""听一听"等活动,让学生感悟植物的生长状态,动物的运动神态。同时,通过"描绘大自然"的活动,倡导学生根据个人的兴趣爱好,运用拍照、绘画、作文等方式,表达自身对生命的理解。最后,通过"体验大自然"的活动,让学生通过照顾和养育自己感兴趣的小草或者小动物,记录它们的成长历程,感悟生命的潜力与活力,从而引导学生积极参与实践活动,并在活动中不断地追求、进取,努力发掘自我的潜在能力,在实践中体验生命的意义。

（2）加强与人沟通,感受生命间的关爱。在生活中,通过与同学、家人以及自己的交流和沟通,理解生命间关爱的意义。与同学交往,要学会尊重,从称呼开始,与被叫绰号的同学沟通心理感受,使学生在情感上引起共鸣,用自己的心去考虑别人的感受;与家人交往,要学会感恩,利用"春节""三八"妇女节、"母亲节""父亲节"等节日,开展"回报父母、孝敬长辈"的系列教育活动,通过真实观察家长的辛苦,来体会父母的可敬,从而从内心深处激发起对父母亲人的浓浓的爱意;与自我交往,要学会关爱自己,通过"远足"实践活动,提升自己的生存能力,调整自己的心理素质,从而关注自己的生活,关注自己的生命,关注自己的发展,形成积极健康的人格。

3.合作探究策略

合作探究策略是生命教育实施策略的基本形式。生命教育活动并不仅仅只是一系列体验活动,教人热爱生命,还包括以生命教育为主题、强调师生参与、提倡合作学习和探究学习的实践活动,从而可以让人领悟人生存在的意义。通过集体的合作探究活动,加强与同学的交往、教师的交流,既可以愉悦学生的心情,促使其热爱生命,形成活泼开朗、积极主动的品质,进而有助于学生养成良好的个性心理品质。同时又可以在集体活动中使学生体会到生命个体的存在价值,通过师生间彼此合作探究、互相启发,在探究中发现和解决问题,使学生体会到生命个体与群体的关系,有利于个体价值观的正确树立。

(1)结成兴趣爱好小组。可以利用学生不同的兴趣爱好,组织生命教育活动,从而使学生在集体活动中共同进步,促进学生生命的丰富性和完整性。例如为了理解生命存在的价值,可以组建"红色文化"的兴趣小组,通过组织走访长征路、走进红岩村、慰问老红军、听老红军的故事等活动,让学生意识到,生命不仅在于生物体的"活着",更在于必须活出意义和价值。人生必须有坚定的信念、伟大的理想,并且通过不断的努力,战胜挫折,实现自我的人生价值。

(2)组成问题探究小组。可以结合生命教育相关的问题,组成问题探究小组,通过各个小组的通力协作,进而使学生体会到生命个体的价值和意义。

比如以"水与生命"为主题,可分为"水的认识"小组、"水与生命的关系"小组、"水环境的保护"小组,通过网络搜集相关资料,了解水的特征及其与生命存在的关系;通过参与水厂与长江水质的调研,了解水资源的利用与现状;最后通过进学校、进社区、进工厂宣传水资源的重要性,在各个小组的通力协作下,使每个成员能够充分发挥自己的特长,进而使学生体会到生命个体的价值,并在参与的过程中,增强其社会责任感。

三、活动课程的教学案例

生命教育主题班会活动案例

上浩小学 陈 侣

活动目的

一、通过本次班队活动,告诉大家生命不是你一人所有,世界上的任何一件东西也不仅仅属于你个人,请珍惜生命,请珍惜你所拥有的一切,请珍惜他人为你的努力和付出,请常常抱有一颗感恩的心。

二、让学生在活动中感悟生命是宝贵的、生命是美好的,同时生命也是顽强和伟大的,所以我们要珍爱生命,憧憬未来,让生活更加美好。

活动过程

一、主持人宣布活动开始

二、活动热身:谜语

主持人:大家好! 在活动之前,请大家猜一猜这个谜语。她像一支离弦的箭,像一只越燃越亮的蜡烛,是一笔留给后代的遗产,是一份来自上帝的礼物,她是最宝贵的。

全班:应该是生命。

主持人:对! 生命,这就是生命。人人都拥有自己的生命。那么我们的生命是谁给予的?

全班:父母,我们的父母。

主持人:是的,父母给予我们生命,没有他们就没有我们。下面我宣布二年级(2)班"敬畏生命"主题班会活动现在开始。

三、活动过程

主持人:感谢我们的父母,感谢他们让我们看到这个世界,感谢他们把我们辛苦养大,感谢他们给我们一个温暖的家。我们在父母的养育中一天天成熟,在老师悉心的教导下健康成长。

我们的成长凝聚着老师的心血、父母的辛劳和祖国对我们的期望。我们应该拥有一颗感恩的心,去感恩所有的所有,听一听邓雨佳同学的诗朗诵《感谢有你》。

四、小结

1.互动活动:听了朗诵后,说说身边最让你感动的事。(请几位学生讲述)

2.小结发言。

主持人:每个人都只拥有一次生命。那么生命是什么呢?

在生命的历程中,每天大家同样的生活,有的人觉得苦不堪言,有的人却过得多姿多彩。怎样对待生命,怎样让我们的生命更加精彩? 请听配乐散文《生命之歌》。

3.活动升华——一个真实的故事。

主持人:生命是美好的,生命同时又是脆弱的。往往一些潜伏在身旁的"暴风雨",使它比昙花一现还要短暂。地震、战争、洪水,还有各种意外事故都可能夺去一些人的生命,这都会给他们的家人带来巨大的痛苦。请看一个真实的故事《可悲——花季少女缘何跳楼》。

4.活动讨论:听完这个故事之后,你们有什么感触?(同学讨论)

甲:生活需要坚强,人的生命只有一次,应该珍惜。

乙:不如意之事,十之八九。人不能遇到困难就低头,遇到挫折就退缩。

丙：我们要从小培养克服困难、解决问题的能力，要坚强起来。遇到自己不能处理的事情，应当积极去面对，及时主动地告诉家长，告诉老师。

丁：对！面对困难，坚强应对。坚强是生活的基础。

五、小品表演——深化教育

主持人：对待生命，要学会尊重生命、珍惜生命。从一个婴儿的"哇哇"坠地到哺育他长大成人，倾注了父母无尽的心血和汗水。父母对我们的爱是无私的。我们要学会感恩，特别是对父母，羊有跪乳之恩，乌鸦有反哺之恩，而我们又应拿什么来报答父母所付出的无数艰辛呢？难道放弃生命、践踏生命就是对父母最好的报答吗？我们该如何做？下面的小品将会告诉我们。

请欣赏小品《我是家里的小太阳》。

小品讲述的是现在千千万万家庭里的小皇帝、小公主。他们娇生惯养，任性无理，过着衣来伸手，饭来张口的生活。经历一些事情后，痛改前非，改过自新，决心不做家里的小皇帝、小公主……

六、汇报演出——感谢生命，感恩生活

主持人：父母的爱很平凡但也很伟大。给予我们的爱，他们不求回报，唯一的希望就是我们健康快乐地成长。我们都应该怀着一颗真诚的心去感恩父母，珍惜父母给我们的爱，它是那么的平凡，却又那么的动人。我们只有珍惜生命，好好学习，好好生活，才能回报父母给我们的爱。

1.歌曲表演《感恩的心》一曲简简单单的感谢却包含了无尽的感动，学会感恩是人生的必修课。

2.齐声朗诵《感谢您》。

感谢您——我的父母，感谢您赐予我生命不求回报地爱着我疼着我。

感谢您——我的老师，传授我知识，告诉我做人的道理。

感谢您——我的朋友，在我困惑、委屈的时候给我力量。

感谢所有进入我生命中的人，因为是你们一点点装饰了我的人生。

感谢这个世界上所有值得我们感激的人。

拥有一颗感恩的心。

感恩你生命中的拥有，感恩你身边的人。

感恩你所有的所有。

七、辅导员总结讲话

在这次"敬畏生命"主题班会的过程中，我能感觉到同学们对这次活动的积极参与，大家都在竭尽全力地想靠自己的行动去打动别人。今天的节目都给我留下了深刻的印象,故事讲述很真诚,小品表演很精彩,诗歌朗诵很动人,歌曲演唱很深情。听你们讲述自己感恩的故事,表达自己感恩的心情,作为老师的我心里也涌起一份真实的感动。我突然感觉,在我眼里还长不大的你们其实很懂事,你们都是善良纯洁的孩子,对自己的父母、老师、朋友,甚至生命中所有的人都拥有一颗诚挚的感恩的心。通过这次活动,我们都深刻体会到生命的重要意义,也懂得了珍惜自己的生命,怀着一颗感恩的心去对待生活,对待学习,对待身边的每一个人,每一件事。

今天的活动到此结束,谢谢同学们。

第四节　潜在课程的教学策略

一、潜在课程概述

目前人们对潜在课程的概念众说纷纭,尚无一致的表述。国外比较有代表性的说法有:美国堪萨斯州立大学教授范兰丝在 1991 年出版的《国家课程百科全书》中,从过程和结果两个方面对潜在课程进行界定:"潜在课程是指那些在课程指导和学校政策中并不明确的学校教育实践和结果,即使如此,它仍然是学校经验中经常而有效的部分,潜在课程也许认为是不公开的,非预期的、隐含的或未被认识的,'潜在'的意图和程度随着作者关于这种现象的观念变化,但一般说来,这个名词仍然是不精确的。"马萨诸塞州立大学教授马丁对潜在课程则定义为"潜在课程是学校或学校教育环境中,产生的某些结果或副产品,特别是那些学生已经学到,但未公开宣称为有意产生的学习状态"。

国内教育学者比较有代表性的观点有:刘佛年认为潜在课程既不是课内学科,也不是课外活动,而是"第三类课程",即校园文化建设,它是"通过整个学校环境、气氛、学校风气所施加给学生的影响,起到教育作用的"。西南大学教授靳玉乐在1996 年出版的专著《潜在课程论》中,对潜在课程所做的定义是:"学校通过环境(包括物质的、文化的和社会关系结构)有意或无意地传递给学生的非公开性教育经验(包括学术的和非学术的)"①。他认为,潜在课程对受教育者的教育影响包括:正规课程中所隐含的价值观、态度等意识形态内容以及正规课程实施过程中产生的文化影响,包括学校的物质环境、精神环境、管理制度和教师人格、领导方式等对

---

① 靳玉乐.潜在课程论[M].南昌:江西教育出版社,1996:33-34.

学生产生的教育影响。

二、潜在课程的特征与功能

(一)潜在课程的特征

依据上述观点,潜在课程具备以下特征:

1.教育目标的潜在性

潜在课程的教育目标是隐藏的,不像显性课程那样有明显规定。学生不会产生一种高不可攀的畏难情绪,或被牵引、被强制的反感情绪。学生在耳濡目染、潜移默化的影响中达到受教育的目的。

2.教育内容的丰富性

潜在课程的教育内容是丰富多彩的,不像显性课程那样具有单一的学科性的教育内容。它涉及学校生活的所有方面并渗透于其中。

3.教育对象的全体性

潜在课程主要通过环境来对人产生影响,以大众传播媒介为载体来实施教育。它不可能单独为某个特殊群体,或只为升学有望的学生服务。它一经实施就面对每一个学生,能使大家公平地受到教育。

4.教育方法多样性和教育手段的非强制性

潜在课程能使学生充分地得到一种自由,一种解脱。在无思想负担、无精神压力的环境中自觉参与,有意无意中得到感化,受到教育,获得知识,使其身心健康成长,个性得到充分发挥。

5.教育效应的持久性和牢固性

学生往往能在潜在课程的长期熏陶下形成稳定的个性心理,所有这些影响将伴随受教育者终生。

(二)潜在课程的功能

潜在课程能够对学生的身心发展起促进作用,其主要功能体现在以下几个方面:

1.导向功能。潜在课程对学生有着直接或潜移默化的导向作用,深刻影响着每个学生的思想、行为规范和生活方式的选择,能够引导学生形成独特的、为社会认可和共同遵守的价值观、行为准则和思想作风。

2.激励功能。主要表现为激励学生学习的自觉性和积极主动性。它所包含的具有正向教育功能的丰富内容,能够满足学生求知、求乐、交流情感多种需要。因此潜在课程对学生具有一种巨大的激励作用,促使学生勤奋学习,努力探索,不断向人生最高层次的真善美境界进取。

3.规范功能。潜在课程对学生的教育作用不是强行灌输的,而是寓教育于各种富有情境性的活动和交往之中,它较之简单说教更易于引起情感的共鸣和心灵的感应。内容健康丰富的潜在课程可以通过不同渠道,多种综合因素综合对人施加影响,有利于规范学生的行为。

三、潜在课程的实施策略分析

潜在课程的教学不同于正规课程的教学,它是通过学校的各种物质环境、管理制度、群体关系等因素影响学生,从而达到教育的目的。其主要途径有:

1.美化校园布局与建筑设计

学校的建筑象征着校园文化与气氛,学生生活在不同的建筑文化氛围中,其思想观念与行为方式会自觉或不自觉地受到影响,并保持一定的传统。所以,学校在校园布局与建筑设计上应力求完美,在规划建筑物时,应把"尽量符合可教育性"作为最高原则,把教育渗透到设计与建造的全过程。要用长远的眼光来制定总体规划,以减少盲目性。校园不仅要整体上布局合理,而且要讲求每一建筑物的实用性和艺术性。

2.优化校园环境

在校园环境的影响下,学生获得一定的生活知识和经验,形成种种思想意识和行为习惯。古代教育家荀子说:"蓬生麻中,不扶而直;白沙在涅,与之俱黑……故君子居必择乡,游必就士,所以防邪僻而近中正也。"这是强调环境对人的潜移默化的作用,要人们重视习染。优美的校园环境可以提供良好的学习场所,陶冶学生的性情,有利于学生的身心健康。所以优化校园环境是每位教育工作者义不容辞的责任,也是学生自身的任务。

3.完善管理体制

学校的管理体制指学校内部的领导管理制度、组织机构、职责范围和相互关系的制度。有效的管理必以正确的原则为先导,反之,必将导致管理行动的失败,或费力不讨好,或好心办错事,或欲速而不达。管理体制的诸因素都以隐蔽的方式影响着学生的思想观点、价值观念、道德品性及行为方式,因而学校的管理制度和管理方式必须符合教育方针和人才培养的客观规律,切实注意和体现各项规章制度的导向性。

4.提高教师素养

韩愈说:"师者,所以传道、授业、解惑也。"名师出高徒。"名师"之所以能够教出"高徒",是因为名师业务精湛,品德高尚,教导有方。一个好的教师,他的人格、情感、意志、兴趣和多方面的才能无时无刻不熏陶和感染学生。因此,学校要不断加强师资队伍建设,使广大教师既有坚定正确的政治立场、高尚的道德品质和精神境界,又有深厚的业务基础,广泛的文化素养和卓越的创造才能,同时,还必须懂得教育规律,掌握教育的基本功。

5.树立优良班风

班集体不仅是教育的对象,而且其本身具有教育性。优良的班集体更具有巨大的教育力量。优良的班风能够形成正确的集体舆论,这种舆论一旦形成,它就以议论、褒贬等形式肯定或否定集体的动向或成员的言行,成为影响集体和个人的一种推动力,是学生自我教育的重要手段。一个良好的班集体,能对生活在其中的每一个学生产生良好的思想影响,促进他们更好地健康成长。因而,树立优良班风也是潜在课程教学的重要途径。

第三部分 生命教育 管理篇

学校管理的根本目的是培养人、教育人,保障学生健康成长,促进学生全面发展。这与整个学校教育的基本任务是一致的,与生命教育所倡导的使人们认识生命现象,感悟生命境界,提升生命质量,凸现生命价值的理念是相通的。人是教育的核心。现代学校管理不仅要适应现代社会和现代教育发展的需要,更为重要的是要体现人文精神的意蕴和学校组织的特性,为育人功能的实现服务。学校管理是针对"人"的管理,是为了人发展的管理,所以学校管理活动就应尊重人、尊重人性,这不但是开展学校管理活动的出发点与落足点,也应该成为现代学校管理的逻辑起点。因此,生命教育是学校管理的重要内容和内在要求,开展生命教育也凸显了学校管理的特色。在学校管理的实施过程中,我们把管理与教育结合起来,通过生命教育的开展进一步落实学校管理,并通过管理来加强生命教育,以确保学生的生命安全并促进他们的健康发展。

第七章　生命教育的办学理念

人类作为一种有意识的社会存在、文化存在形式,其行为方式必然受其所处文化环境的影响。对于一个国家而言,其传统习俗、行为方式等构成其文化体系,约束着人们的行为。而对于一个组织而言,企业有企业文化,学校也有学校文化,且都对各自的成员起着潜移默化并超越其他外力的影响,这就是文化的巨大魅力。毫无疑问,办学理念是一种文化形式且是学校文化的重要构成因素之一,作为关于学校整体发展的理性认识和价值追求,办学理念对于学校发展具有重要的指导意义。而确立生命教育的办学理念则是将生命教育渗透于学校文化的重要一步,同时以生命教育为指导加强学校文化建设也是实现学校教育本真目的的关键。

上浩小学以生命关怀为本的学校观和以实现人生幸福为追求的学校发展观是生命教育办学理念的充分展现。同时,通过学校文化管理模式的实施以及"三风一训"的学校文化建设,充分发挥了该理念对于学校发展的指导作用。

第一节　生命教育办学理念的内涵

生命教育办学理念既继承办学理念所应具备的一般特点,同时又不同于一般的学校办学理念,它是在生命教育指导下结合上浩小学办学历史及当代教育发展实际所形成的,因此,具有其自身的内涵特征。

一、何谓办学理念

(一)办学理念概念界定

要理解什么是办学理念,首先需清楚"理念"的含义。"理念"一词最早源于古希腊语,起初是指与事物的外观和形状相联系的"形式",后来逐渐向抽象方向发展,经英语的引入后内涵逐渐发展至"精神""信仰""理想""宗旨"等含义。① "理念"

---

① 潘懋元.多学科观点的高等教育研究[M].上海:上海教育出版社,2001:59-60.

最初是哲学范畴的概念,苏格拉底最早对其进行初步阐释,后来柏拉图将之作为哲学术语进行探讨,而到 18 世纪,德国哲学家康德和黑格尔对其作出了集中和详细论证。根据我国学者韩延明对"理念"的研究,他认为"严格来说,当代人使用的理念尽管仍有哲学成分,但已不完全是哲学上的意义了,而是泛指人们对事物或现象的理性认识所形成的观念或观点,并且是一种追求的目标或境界,或者说是一种对理性追求的概念化、系统化表述。"①

根据顾明远主编的《教育大辞典》的解释,"理念"是指人们对于某一事物或现象的理性认识、理想追求及其所形成的观念体系。虽然对于理念的认识仁者见仁,智者见智,难有统一的认识,但大致可以总结出,"理念"具有以下特点:

首先,它属于意识范畴,是人们的一种认识;其次,它不仅仅停留在对事物或现象认识的层面,它是进一步内化为人们行为的动力,作为一种目标性的追求支配着人们的行为。因此,可以简单地理解,理念就是一种理想、信念。

与"办学理念"相关的还有"教育理念",韩延明认为教育理念是指"人们对于教育现象或活动的理性认识、理想追求及其所形成的教育思想观念和教育哲学观点,是教育主体在教育实践、思维活动及文化积淀和交流中所形成的教育价值取向与追求,是一种具有相对稳定性、延续性和指向性的教育认识、理想的观念体系。"②因此,教育理念是基于对教育本质的认识并结合时代特征所形成的对教育价值取向的思考,探讨的是教育是什么、教育为了什么、应怎么实施的问题,并以此支配教育实践和教育活动的开展。

作为"教育理念"的下位概念,"办学理念"是基于学校层面的,罗欣、郑金洲认为"办学理念是为学校成员创造并共享的核心教育观念,集中反映了学校的价值追求,决定着学校的发展方向。可以说,'定位'与'定向'的双重叠加,构成办学理念的基本内容。'定位'表现为确定学校发展的时空方位,确定学校错位发展的基本方略,体现自身独到的办学特色。'定向'表现为明确学校发展的目标,描绘学校发展的愿景,引导学校向预定的方向迈进。"③

郭元祥认为"办学理念,即学校的教育理想和教育信念。具体而言,理念,即概念、观点、观念或思想及其价值追求的集合体,理念就是一整套概念体系或观念体系。办学理念,即学校发展中的一系列教育观念、教育思想及其教育价值追求的集合体,是学校自主建构起来的学校教育哲学。"④

基于对理念、教育理念以及关于办学理念的相关认识,我们可以总结为,办学

---

① 韩延明.大学理念论纲[M].北京:人民教育出版社,2003:52.
② 韩延明.理念、教育理念及大学理念探析[J].教育研究,2003(9):53.
③ 罗欣、郑金洲.办学理念:问题探寻和改进策略[J].上海教育科研,2010(6):30.
④ 郭元祥.论学校的办学理念[J].教育科学论坛,2006(4):5.

理念是以相关的教育理念、教育思想为指导,以学校自身发展实践为基础,结合时代特征所形成的关于学校发展的理性认识和价值追求。其核心应包括:对学校是什么的拷问,对学校为了什么的定位,以及对怎么办学校的思考,即可以看作是学校价值取向的一种文字表述,是学校精神的内核。

(二)办学理念应具备的特点

1.承前:生成于学校自身办学的历史积淀

办学理念的形成不应该是偶然的,而应该是以学校长期以来所形成的办学积淀为基础,在此基础上加以抽象提炼、概括总结所形成的,因此应具有承前性。马克思主义哲学认为,我们应该用历史的眼光看待事物,任何一个事物的形成都不是一个断层,而是有其自身的历史发展轨迹,通过对其发展过程的追根溯源才会形成更加辩证客观的认识。认识一个事物如此,同样去形成一种事物也应该以此思路为基础。因此办学理念的形成不能脱离学校自身的办学历史积淀,包括长期以来形成的优秀的学校文化和传统,丰富的学校教学实践经验、管理实践经验以及学校与周围环境在长期互动过程中形成的融合性。在我国广泛存在的一个问题是,由于中小学校长更换相对频繁,而每任校长都力求自己的办学特色,因此,往往在上任不久便急于重新调整学校办学理念,以求标新立异。由于急于求新,往往使新的办学理念缺乏继承性,从而导致学校办学方向的频繁更迭。对于学校办学理念的继承性,应有两层理解:一是较远程度上的,即对学校整个办学历史的总结继承,二是较近程度上的,即对学校近期办学实践的延续。

因此,办学理念应该是一所学校办学历史底蕴的体现,应具有继承性,在继承基础上再进行创新,否则就会成为无源之水、无本之木,百年历史名校的成功发展是对此的最好佐证。

2.溯源:归于教育本质

办学理念是学校发展的灵魂和动力,因此,对其进行准确定位直接关系学校发展的方向和路径。就办学理念的形成来看,科学的办学理念应该是基于对教育本质的深度思考,对教育目的的科学认识以及对学校价值的准确定位,因此,办学理念在根源上应该是教育本质的体现,坚持以人为本。教育是培养人的活动,其主体是"人",因此,以人为本是确立办学理念的起点。以人为本意味着学校教育的进行应符合学生身心发展的特点,符合学生的年龄特征,以学生的可持续发展为最终目标,帮助学生实现自身生命的超越。

3.与时俱进:符合时代特征

对于学校办学历史积淀的继承并不意味着办学理念与时代的脱节,教育作为一种社会现象,本身就无法脱离社会而独立存在。同样,学校教育作为实施教育的主要途径,也必须具有适时性,符合时代的发展需求。因此,作为学校发展方向的指针，办学理念必须符合时代特征，根据实际需要不断作出调整，与时俱进，这样才能保证学校发展的时代特色。学校办学理念的与时俱进并非指口号上的新颖、独特、赶潮流，而是对办学理念内涵不断进行充实、调整和完善，从而更符合社会发展的总趋势，符合时代对于人才培养的要求。

二、办学理念的意义

办学理念作为学校精神文化的核心，是学校价值取向的诠释，同时也是我国学校教育发展多元化的体现，因此对于学校自身发展、学校内部管理以及我国整体学校教育的发展具有重要意义。

（一）对学校自身发展的意义

办学理念是学校发展的灵魂和动力，对于学校自身发展具有不可轻视的作用。

首先，办学理念是学校特色发展之源和魂。学校特色发展是近年来学校改革和发展的热词，因此难免形成一些跟风之俗，盲目追求特色，最终却往往千篇一律，究其根源在于没有特色之本，只做表面文章，不免流于俗套，且无任何实际价值，徒增学校自身的压力。因此对于学校特色进行准确理解和定位，是走学校特色发展之路的前提。

学校特色发展不求标新立异，更不是简单的"人有我无，人无我有"，其本质是对学校独立存在和健康发展的追求，是在学校自主创造精神、自由选择意志支配下以及自由和谐氛围中成长出来的学校个性体现，是学校脱离外在约束逐渐促成自我解放的实现。这意味着学校已经具备了自主、自由、自在的精神和意志，积淀起了认识自我、接受自我、相信自我的基础文化，具备了进行自主创造、自由选择的建构本校特点的基础和能力。因此，学校追求特色发展的过程实质是一种学校发现自我、确立自我，进而信心十足地通过建设自我，实现自我为学生服务、为家长服务、为社区和社会服务的过程。

因此，要实现学校真正意义上的特色发展，必须具备一个核心，以此为基础和支撑，不断向外扩延，最终达成整个学校特色构建的实现，而这个核心即是学校最根本的特色，也是学校特色的灵魂，即学校的办学理念。正如艺术上的流派或风格的最根本区别在于各自都有自己独特的思想灵魂，以京剧表演艺术为例，其众多的流派绝不仅仅是唱念做打等表演形态和程式的不同，其根本在于"美学观点"的差异。因此，对于学校特色而言，办学理念的不同是学校特色的灵魂。

其次，增强学校的核心竞争力。"核心竞争力"一词最先于 1990 年由美国经济学家普拉哈拉德和哈默在《哈佛商业评论》上发表的文章中提出。他们指出，"核心竞争力是在某一组织内部经过整合了的知识和技能，是企业在经营过程中形成的不易被竞争对手效仿的、能带来超额利润的、独特的能力"。

　　学校核心竞争力是学校在长期的发展过程中培育和形成的,蕴涵于学校组织内质之中的,难于被其他学校模仿之独特的,能够支撑学校过去、现在和未来的一种基础性能力或竞争优势。可以看到,这种核心竞争力是学校所具有的各种竞争力要素中最关键、最重要、最本质的部分,是能够使学校在长期的竞争中稳操主动权的基本能力。对于企业而言,其核心竞争力可能在于其所拥有的独特专利技术、资金上的绝对优势或者不可取代的产品领域等。但对于学校而言,其核心竞争力在于其文化力。办学理念作为学校价值取向的体现,作为学校精神文化的核心要素,一旦形成则对学校发展具有持久的影响力,支配着学校发展的方向,是学校发展的灵魂,因此对于增强学校的核心竞争力具有重要作用。

　　第三,明确学校发展定位方向和路径。办学理念是学校关于自身发展的理性认识和价值追求,是学校办学目标、办学理想的诠释和精炼表达,因此以办学理念为核心,定位学校发展方向和特色,明确学校发展改革规划,制定学校发展的近远期目标,设计并组织实施各项教育活动,有利于减少学校发展的盲目性,增强学校发展的动力。

(二)对学校内部管理的意义

1.行为引导

　　办学理念作为一种学校内部成员共同的价值取向和追求,通过各种学校文化的建设使其逐渐内化为各成员的自觉需求,进而促成行为的自觉性和目的性。这种行为的自觉性和目的性首先表现为对校长的影响,“一个好校长就是一所好学校”,办学理念是关于学校三个基本问题的回答,因此,直接影响到校长的领导行为和管理行为,并自觉地和富有目的性地向办学理念所支配下的路径倾斜。

2.目标激励

　　顾明远先生说过:“优秀的学校文化总是有愿景、有期望、环境舒畅、人际关系融洽、生活朝气蓬勃,会激励师生开拓进取、不怕困难、追求卓越,努力把学校的各项任务出色完成。在这种优秀文化氛围中,全校师生有一种责任感、荣誉感,驱使他们努力教和学,不断创造新的经验和成绩。”①办学理念作为学校文化中的愿景和期望,表达的是学校发展的价值追求和理想目标,是学校全体人员的根本意愿,因此一旦形成并内化为全校人员的自觉需求,就会成为强大的精神力量并能调动起他们工作、学习的热情,激励学校师生的努力前行。

3.规范和制约

　　人是自由的,但自由又是有限度的,例如一个人,可以拥有行使各种权利的自由,但是一旦触犯国家法律或一个国家的道德底线就会失去本该拥有的自由。因

---

①顾明远.论学校文化建设[J].西南师范大学学报,2006(5):69.

此，人作为一种社会存在，总是受"软""硬"两种力量的制约，而就一个国家而言，这种硬性的外力无非指该国家的法律法规制度规范等，而软性的约束力则是一个国家长期形成的一种文化传统和风俗习惯，这种隐性的力量没有外在的载体，但是，却深入每个人的内心，并产生强大的制约力，且远远超越外力所起的作用。就一个学校而言，学校文化尤其是学校精神文化就是这种强大的隐性力量，其发生的作用远远超过学校的各种规章制度。办学理念是学校精神文化的核心，它的存在决定了学校发展的方向和目标，对校长的领导方向和教师的教学行为产生导向作用，从其本质来看也是一种规范和制约，要求全校师生以办学理念为核心围绕其行动。

三、生命教育办学理念的内涵阐释

上浩小学一直坚持并践行"上浩生命教育，奠基幸福人生"的办学理念，通过实施生命教育为学生们的全面发展和终身幸福奠基，同时也让教师收获学生幸福成长的感动。它是以生命为中心和原点而展开的教育，让校园生活充满关爱、理解、尊重、激励、温暖与成就感，让师生学会合作、学会沟通、学会善待自己，并让每个师生都能够更加真切地感受到生活的意义和美好。

这一理念是基于对学校是什么、办什么样的学校以及怎么办学校的思考，浓缩了上浩小学的学校观和学校发展观。

(一)以生命关怀为本的学校观

学校是什么？或者说学校教育是什么？这是确定办学理念的首要问题。对于这个问题的回答首先应思考教育的本质是什么，因为学校教育最终还是对所持教育理念的践行。叶澜教授认为"教育是直面人的生命、通过人的生命，为了人的生命质量的提高而进行的社会活动，是以人为本的社会中最体现生命关怀的一种事业"[①]，即以生命关怀为本的教育，"在起点上直面人的生命，在过程中通过人的生命、遵循生命的本性，在结果上，润泽灵魂，追寻生命的意义和价值，提高生命质量的一种教育理念。"[②]因此，学校教育也应是一种体现生命关怀的教育形式，"上浩生命教育，奠基幸福人生"是基于生命教育提出的办学理念，将对生命的关怀置于学校教育的根本，体现在：

第一，尊重生命的完整性。生命不是知识的容器，它应该更丰富多彩，从生命的角度看，生命包括自然生命、精神生命和社会生命，因此，尊重生命完整性的全人教育"包括自然生命的教育、精神生命的教育以及社会生命的教育，其中它们各自内部又包含有相应的体育、智育、道德教育和审美教育等，共同构成一个复杂的、完

---

①叶澜,郑金洲,卜玉华.教育理论与学校实践[M].北京:高等教育出版社,2001:136.
②冯建军.生命化教育[M].北京:教育科学出版社,2007:5-21.

整的教育网络和有机统一的教育体系"。[①]

上浩小学积极开展以生命关怀为本的全人教育,自然生命的存在是一切生命活动的基本保障,因此,帮助学生拥有健康的生命并学会保护、珍惜生命是学校教育的首要任务。上浩小学课题组首先对小学生生命教育的现状进行了调查研究,通过对发放给本校师生的调查问卷,进行统计、分析,发现学生对生命现象已形成一定的认识,但生命意识还比较淡薄。

因此针对这种现状,上浩小学积极开展认识生命、保护生命的活动,不仅将生命教育延伸至国家课程和地方课程,并且研发了校本教材《生命之花》,组织各种主题活动等,使学生通过多种途径了解生命、懂得生命的珍贵性以及学会保护生命的技能。

拥有健康的自然生命,作为人类,还应该充实自己的精神生命,即发展生命的德智体美各方面,实现精神生命的完整超越。

从2009年开始,学校积极开展体育、艺术、科学"2＋2"项目活动,组建了合唱队、舞蹈队、鼓乐队、田径队、游泳队、排球队、科技小组、绘画小组等,并利用课余时间进行训练。这些有益的课外活动,开发了学生的智力,培养了学生广泛的兴趣和爱好,学生素质得到了全面的发展。

第二,体现生命的自主性。"自然没有做出关于他的最后决定,而是在某种程度上让他成为不确定的东西。因此,人必须独自地完善他自己。"[②]生命的自主性体现在学校教育中就是注重对学生学习自主性的培养,在教学过程中通过引导、启发、探究充分发挥学生生命的自主性,帮助学生学会学习、学会自主学习,获得终身学习的能力,从而揭开其幸福人生的开端。

我们一直在强调尊重学生的自主性,但口号喊过之后还是回归原来的平静,学生仍然被灌输,教师也不情愿地担当着"传递者"的角色。生命本身就是具有自主性的,就是抓住了这一点,上浩小学的教师们始终将发挥学生自主性放在首位,无论是课堂教学,还是课外活动,让学生主导,让学生自己探索。走在自己选择的路上,即使满身都是泥泞,那也好过一脚就踏入满是鲜花的康庄大道,因为前者让我们不断地遇到惊喜,不断体味生命的意义,而后者从开端已知晓末路,生命之中满是乏味。

第三,发扬生命的独特性。世界上没有两片相同的叶子,同样也没有两个完全相同的人,每个人因为先天和后天环境的影响都具有自己的独特性,"在时间和空间的纵横扩展中,每个人都以其独立的个性存在着""都是作为无可替代的独立个

---

① 冯建军.生命与教育[M].北京:教育科学出版社,2004:1.

② 兰德曼.哲学人类学[M].张乐天,译.上海:上海译文出版社,1988:202.

体存在着"。^① 我们的教育不仅要培养全面发展的人,同时还要培养有独立个性的人,不是一刀切的教育。发扬生命的独特性就是要倡导一种个性化的教育,鼓励全面发展,也允许个性张扬,因为生命本身就是多姿多彩的,硬要把两片不同的树叶雕刻得完全一样,那结果只能是这两片树叶的伤痕累累。

(二)以人生幸福为目标的学校发展观

幸福是教育的终极目标,这被许多大教育家所认可,著名教育家乌申斯基认为:"教育的主要目的在于使学生获得幸福,不能为任何不相干的利益而牺牲这种幸福,这一点当然是毋庸置疑的。"^②教育家苏霍姆林斯基说:"在教学大纲和教科书中,规定了给予学生的各种知识,但却没有给予学生最宝贵的东西,这就是——幸福。理想的教育是:培养真正的人,让培养出来的每一个人都能幸福地度过一生。这就是教育应该追求的恒久性、终极性价值。"

教育作为以人为核心的社会活动,理应将人的发展作为主要目标,但是人的发展不是为任何外在的群体,而是为了自身幸福的实现,因此,教育以幸福为目的,既是一种存在的实然事实,同时也应是一种应然的价值追求。"上浩生命教育,奠基幸福人生",短短的几个字,浓缩了上浩小学对学校发展的定位,即立足于生命教育,以生命幸福感的获得为最终诉求。那生命是谁的生命呢? 学生、教师、校长,还是所有?

毫无疑问,不管是谁的生命,我们都无法否认其生命存在且平等的事实,因此,学校发展不仅是为学生生命幸福感的获得,同样教师及其他学校人员作为学校有机构成的一部分,学校是他们的工作场所,学校工作是他们一生的事业,他们人生中的很大一部分在学校中度过,因此,他们有权从中获得幸福。从另外一个角度来看,不幸福的教师怎么培养出幸福的学生? 就像叶澜老师所说的"把个体精神生命发展的主动权还给师生",她在1997年那篇至今影响深远的文章《让课堂焕发生命的活力》中就提出"课堂教学应该被看作是师生一生中一段生命经历,是他们生命的、有意义的构成部分。对于学生而言,课堂教学是其学校生活的最基本构成,它的质量,直接影响学生当下及以后的多方面发展和成长;对于教师而言,课堂教学是其职业生活的最基本构成,它的质量,直接影响教师对职业的感受与态度和专业水平的发展和生命价值的体现。总之,课堂教学对于参与者具有个体生命的价值"。^③

那什么样的教育可以让孩子感到幸福,什么样的学校可以让教师获得幸福?

---

①冯建军.生命与教育[M].北京:教育科学出版社,2004:269.
②郑文越.乌申斯基教育文选[M].北京:人民教育出版社,1991:213.
③叶澜.让课堂焕发生命的活力[J].教育研究,1997(9):51.

显然倡导一种以人生幸福为目标的学校办学理念,并将其付诸行动是师生获得幸福的根基。上浩小学将学校的发展与学生教师的成长密切结合,以实现人生幸福作为学校发展的目标。对于孩子而言,有趣的学习、开心的活动、亲切的老师、友善的同学、宽敞明亮的教室、绿色成荫的操场……这些都是幸福的来源。而对于教师而言,拥有一份热爱并富有价值的事业是莫大的幸福。因此,上浩小学积极进行学校文化的建设,通过共同学校文化的营造,在师生间形成共同的凝聚力和信念,从而形成共同的动力和行为方向,从以办学理念为核心的精神文化的塑造,到富有生命教育意义的校园环境建设,从探求教师教学行为的改善到努力实现学生学习行为的转变,一切以人生幸福为核心,一切为实现人生幸福为目标,这就是上浩小学的学校发展观。

第二节　生命教育办学理念的实施

办学理念作为学校精神文化的核心要素,其实施既要借助于学校物质建设等"硬"手段,同时,学校管理、学校精神文化建设等"软"要素是彻底贯彻生命教育办学理念的根本。因此,上浩小学着眼于学校管理模式的变革,打造形成文化管理的学校管理模式,同时,加强学校校训、校风、教风、学风建设,将生命教育办学理念落实到实处。

一、打造形成文化管理的学校管理模式

学校文化管理就是"以师生为出发点,以师生员工的价值实现为最终管理目的的管理模式,是文化管理在学校管理中的实施。它是在整合师生的价值观基础上形成主流价值观念和学校文化来感染全校师生。学校管理中各项规章制度的制定和实施中都要做到以师生为本,在尊重人性的基础上全面开发人力资源,充分调动师生的积极性、主动性和创造性,促进师生的全面发展、实现组织的目标。学校文化管理是继传统的经验管理、科学管理之后以尊重人性为前提,注重人的价值实现的现代管理模式。"[①]

学校文化管理模式最突出的特点是将管理的视角由物转向了人,从"物化管理"走向了"以人为本",实现了以人为管理对象,依靠人、为了人的管理理念的转变。从本质上来看,学校文化管理模式是一种人本管理,有两层涵义:"首先,通过

①王丽雪.学校实施文化管理策略的研究[D].长春:东北师范大学.2009:7.

强调人在管理中的主导地位以及调动人的积极性、主动性和创造性的核心思想，而将资源中的人回归到了真正的人；其次，通过以人为本的管理活动，追求组织的高效运转进而实现组织目标的过程，以此来锻炼人的意志、脑力、智力和体力，通过竞争性的生产经营活动，达到完善人的意志和品格，提高人的智力、增强人的体力的目的，使人获得超越于生存需要的、更为全面的自由发展。"①就学校管理来说，即将学校管理的目标转向了人及人的发展。

上浩小学在"上浩生命教育，奠基幸福人生"的办学理念支撑下，将"人"的概念作为学校发展的出发点和最终目标。与之相应，在学校管理上也一改传统管理注重"强制"与"外力约束"的管理模式，而是更加强调以人为本，重视学校内部成员的自觉性和主动性，将学校发展与学校师生发展相结合。因此，在学校文化建设的过程中，上浩小学也努力打造文化管理的学校管理模式，逐渐形成了"人和为根，管理为本，质量为魂，研训为先，创新为贵"的学校管理特色，营造了以人为本的学校管理文化。

（一）"人和为根，管理为本"

上浩小学在"生命教育"思想影响下，在"上浩生命教育，奠基幸福人生"办学理念指导下，始终以"人"及人的"生命"作为学校发展的动力和目标，这种以人为核心，注重人性及人文关怀的学校文化直接促进了学校文化管理模式的形成，"人和为根，管理为本"的管理特色，"关爱生命、注重人文、激扬民主、追求和谐"的16字工作要求即是其首要体现，表现在以下几个方面。

1.尊重为先

"尊重"是上浩小学文化管理的重要概念，尊重从其本身内涵来讲，包括尊重人的本性及人存在的价值，而从对象来看，就学校而言包括学校对教师的尊重，教师对学生的尊重以及受教育者对教育者及其教育行为的尊重。

第一，学校尊重教师。上浩小学遵循"集体管理，教师监督，校长决策，以人为本，分层负责，绩效挂钩"的管理路径，将教师的角色由被管理者转变为学校管理工作的承担者，充分发挥教师的积极性、主动性。

教师在学校管理中有着特殊的地位，相对于校长而言，是管理对象，而对于学生而言又是学校的"权威"，是学校的管理者，是学校各种规章制度的执行者。因此，要实现教师对学校管理行为的自觉遵从和执行，就必须首先保证教师对学校管理行为的认同及内化，这就需要尊重教师，赋予其参与学校管理的权利，使其具有主人公意识，积极参与学校的管理工作。

第二，教师尊重学生。上浩小学积极营造"尊重"的管理氛围，学生作为学校管

---

①孙鹤娟.学校文化管理[M].北京：教育科学出版社，2004：105.

理工作的核心,是学校管理的对象,对学生的尊重是文化管理的主要体现。尊重学生首先要尊重学生的人格,在上浩小学,打骂学生的现象是绝对禁止的,教师不是学生心目中的"权威",而是朋友,平等的师生关系是上浩小学的特点,也是骄傲。三年级(2)班学生何逸在作业中写道:

李老师,您还记得一年级我和张晨打架那一次吗? 我想您一定记得。

那一次,张晨用脏话骂我,我伸手就打了他一拳。我想:他被我打了一拳,就不敢再骂我了。没想到他居然还了我一拳,就这样你一拳,我一拳,我们越打越激烈,越打气越大。

您这个时候刚好进教室,我们俩的"罪行"就这样被发现了,您不知道,我们当时都吓死了,以为您一定会重重地"处置"我俩呢。果然不出所料,您把我们俩叫到了办公室。

在办公室,我一直紧低着头,恨不得找一条缝钻进去,来逃脱您的"狂风骤雨",但是,等了好久,"天"一直没有"阴"起来,周围好像也"风平浪静"。揣着疑问,我小心地翻了一下上眼皮,偷偷地用眼角看了您一眼,您居然在笑!"完了",老师这肯定是"笑里藏刀","不该打架啊,更不该被老师发现,死定了。"我下意识地嘀咕着。

"知道不该打架呀,呵呵,那告诉我为什么不该呢?""啊?"我更懵了⋯⋯"因为,因为⋯⋯""因为你们是同学是朋友啊,因为我们都是一家人啊,你们想想如果有人打你的家人,打你的朋友,你会高兴吗? 同样,你俩互相打架,你们的家人和朋友肯定会伤心。宽容是一种美德,要知道'宰相肚里能撑船',宰相可是大官哟,你们想当吗?"老师的话把我们逗得哈哈大笑!

⋯⋯

学生不是我们的工具,更不是任由我们摆布的木偶,他们有思想,有感情,需要尊重和爱护,因此,对学生的管理通过晓之以理、动之以情往往比呵斥、棍棒收到的效果更好。

另外,尊重学生还要尊重学生的个性特点,尊重学生的成长发展规律,给学生施以个性化的教育、自然的教育,这是对学生生命的尊重。

第三,学生对教师及其教育行为的尊重。在上浩小学的课堂上,你会感受到一种浓浓的师生情,教师充满爱心、耐心,践行着生命润泽的教育,而学生认真、积极、活跃,与教师配合默契。一位专家来上浩小学视导,参与到五年级吴丽萍老师的一堂数学课,他完全被老师与学生之间的那种默契感动了,课堂上,教师神采奕奕、感情充沛,对学生耐心地引导、启发,而学生也个个积极投入,完全不像是在上一堂"枯燥"的数学课,老师的每一个小问题,总是能引起下面如雨后春笋般的小手,孩子们的求知欲完全被调动了起来,可以感觉到,他们热爱学习,喜欢老师。

2.力求发展

上浩小学将教师、学生及学校的发展视为一体,以人的发展带动学校的发展。

文化管理的第二层含义即在学校发展的过程中,追求人自我价值的实现,将人的发展看作学校发展的起点和目标。就教师而言,上浩小学通过教风建设,重视对教师教学行为的引导,加大力度对教师队伍专业素质进行提升,制定了《学科教研活动制度》《青年教师培养制度》以及《教师外出学习制度》等,为教师专业素质的自我提升提供了各种途径。

另外,学校特别重视教师的自主学习和发展,因此,以教师所教科目为划分依据,在学校内部成立多个学习共同体,供教师进行经验的交流与学习;除此之外,集体备课制度也为教师提供了相互学习的平台,在集体备课时,首先由主讲教师介绍自己对教材的整体构思、重难点剖析、教学方法建议等,并提出疑难问题,然后同参加备课的教师集体讨论研究,达成共识。这个过程是融教师思考、疑问、总结、汲取的过程,同时也促进了教师的自我反思。

3.营造和谐

和谐的学校氛围是学校文化管理模式的重要体现,也是生命教育的目标追求,上浩小学积极进行和谐文化氛围的营造。

霍姆林斯基说过:"孩子在他周围——在学校走廊的墙壁上、在教室里、在活动室里——经常看到的一切,对于他精神面貌的形成具有重大的意义。这里的人和东西都不应当是随便安排的。孩子周围的环境应当对他有所引导,有所启示。我们竭力要使孩子所看到的每一幅画面,读到的每一句话,都能启发他去联系自己和同学。"因此,学校充分发挥教室、学校每一面墙、每一个角落的价值,让学校每一处都发挥文化管理的作用,例如:请学校老师填补一些张贴在学校里的与学校文化管理或者与和谐有关的名言、图画等;另外,再写一些关于和谐氛围营造的例子。

(二)"质量为魂,研训为先"

质量保障是学校发展的基石和灵魂,任何形式和层面的发展都需以保证质量为标准。文化管理的学校管理模式不是一种形式化的片面追求人本、人性、人文的标签,而是一种以人本管理的方式追求学校及内部人员实现更高层面的发展。

因此,上浩小学将"质量"放在学校管理的重要位置,作为学校开展管理工作的标准和依据,强调突出一个中心——学校工作以教育教学为中心,着力提高和稳定教育、教学质量;实施两大工程——强师工程、名师工程;强化三项建设——领导班子建设、师资队伍建设、校园文化建设;实现四个提高——提高教师运用现代教育技术的数量与质量和教学能力水平、提高校园人文环境建设质量、提高学生良好行为习惯和精神文明建设的档次、提高学校办学特色的质量。要求全体教职工以"学校因我的存在而光彩,我因为在学校工作而自豪"为奋斗目标,努力工作,开拓创新,坚持走内涵发展之路。

另外,上浩小学提倡"研训为先",坚持"科研兴教、科研兴校"。以课题研究带动教师专业素质的提高,带动教学水平的提高,促进学校发展方式的转变。2005年以来,学校先后承担了市、区级课题共计 5 项,其中"小学消防安全教育研究"课题组被评为"南岸区优秀课题组";"构建小学生消防安全教育特色学校的途径研究"获"南岸区科技进步三等奖","上浩小学生命教育的研究与实践"获市优秀课题。这几年,学生们在全国、市、区各类竞赛中屡创佳绩。学生论文《预防与消除小学生逆反心理的方法研究》获市二等奖,区一等奖;倪玙同学赴京参加中国少年科学院举办的 2010 年"小院士"课题研究答辩活动荣获"中国少年科学院'小研究员'"称号;罗沛霖同学在"青少年走进科学世界——科学实验嘉年华"2011 年度全国展示交流活动中取得优异成绩,被授予"中国少年科学院科学实验银质奖章";文旭同学所设计的"太阳能光控电动窗帘及照明控制系统"在 63 届 IENA 纽伦堡国家发明展中获银奖 1 枚、铜奖 1 枚,该作品同时参加在香港举行的首届世界创意节荣获创意一等奖等等;科技组同学在参加"全国科技创意大赛"等竞赛活动中,有20 多位同学获得了一、二等奖,学校连续两年获得团体比赛一等奖,被评为"2011年度中国创新型教育学校"和"2012 年度中国创新型教育学校"。学校近五年培养出罗旋、倪玙、罗沛霖、姚良杰 4 位"区长奖提名奖"、16 位"南岸区四好少年"、8 位"南岸区优秀学生干部"。这些都是学校重视发展质量的证明,以文化管理促进学校健康发展,以学校健康发展进一步实现学校文化管理的落实,实现了管理与发展的相互促进。

(三)"师、生、家共参,民主管理"

从 2009 年开始,为进一步保障学校文化管理模式的推进,学校完善制定了多项现代科学管理制度,坚持"师、生、家共参",为民主管理提供制度保障。包括完善和落实了《上浩小学制度汇编》,制订了《南岸区上浩小学教职工首次竞聘上岗工作方案》《南岸区上浩小学奖励性绩效工资分配方案(试行)》《南岸区上浩小学校教职工绩效考核评分方案》等有关绩效工资的新方案,以调动教师自我发展的积极性,实现文化管理的目标追求。

另外,学校修订了《上浩小学教师年度考核方案》和《上浩小学教职工考勤制度》,重点完善和推行"教职工聘任制""一岗双责"、《上浩小学安全责任追究制度》和《上浩小学精神文明奖励条例》等,将教师权利和责任以制度的形式加以保障,充分给教师以自主权,发挥教师参与学校管理的积极性。

另外学校加设各类意见箱,为学生建言献策提供途径,并在学校网络开辟师生互动专栏,为教师学生交流提供平台。

学校非常重视家庭教育、社会教育与学校教育的结合,发挥家长的力量,对学校进行监督并提供建议。因此,学校成立了家长委员会,从学生家长中选择了解和关心教育且愿意参与学校事务的家长作为委员会成员,负责对学校事务的监督和参与管理，并协调沟通学校与家长之间的联系。

同时，学校多次举办"学校教育与家庭教育研讨会"，努力营造家、校畅通工程，使家庭教育与学校教育同步。聘请当地派出所所长作为学校的法制副校长，经常对学生进行遵纪守法的宣传和教育，并与消防中队继续共谋创建"少年消防警校"。在共建中，学校教职员工及时更新观念，提高认识，积极探索教育、管理的新方法、新观念。

二、"三风一训"贯彻落实生命教育办学理念

(一)校训立校：为幸福奠定基础，为人生积蓄力量

所谓校训，《管理大辞典》中解释为"学校为了树立良好的校风，提高教学效率和育人功能，根据本校的办学目标和实际特点而制订或摘取言简意赅的名言、警句或国家教育政策的精粹等制成匾额条幅悬挂在校园、教室、会议室等地方或刻写在醒目的墙壁上，作为感化、鼓励和调动师生员工士气和积极行为的座右铭。"①

"幸福"是上浩小学办学理念的核心概念，是学校发展的起点和落脚点。"为幸福奠定基础，为人生积蓄力量"可以理解为要想在未来广阔的舞台上实现理想和价值，就要牢固树立生命意识，既抓住现在的幸福同时也成就幸福的明天，不断为提升自己的人生境界积蓄力量。校训作为树立良好学校风气的中心，必须具有概括性、简洁性，一目了然且寓意深远，才会起到激励士气的作用。因此，上浩小学立足于生命教育，并将其深入挖掘、拓展并最终概括、凝练形成学校校训，包括两个群体、两层意思、两个目标。

首先，两个群体，是指学生和其他教职工，上浩小学生命教育从来不是以牺牲教师的幸福而成就学生的幸福，而是将二者看作是相辅相成的。幸福是内心的一种真实感受，没有衡量标准，只有内心最真实的体验。幸福也没有捷径，不是一件物品可以复制，只有用幸福传递幸福。因此，没有教师的幸福就不会有学生的幸福。只有通过爱心的种子，以细心为水分，以耐心为养料，悉心照料，任其自然成长，再以微笑为阳光将幸福渲染，最后在知识的土地上孕育出幸福且茁壮的参天大树，那就是学生。而这所有的爱心、细心、耐心、微笑都是发自内心的，不含杂质的，更不是伪装的，都承载着教师的幸福，在学习的伊甸园中实现爱的传递。这就是上浩小学所追求的"幸福"，是教师和学生的共同幸福。

其次，两层意思，生命教育历来不是只重精神生命轻自然生命，或者重自然生命轻精神生命的，生命本来就具有完整性，生命教育更是一种全人的教育。因此，上浩小学的校训作为对全校师生行为激励和导向的一种方式，也充分体现了生命

---

① 中国管理科学学会.管理大辞典[M].北京：中央文献出版社，2008：898.

教育的主旨。"为幸福奠定基础,为人生积蓄力量"包含了两层意思:第一,保护自然生命。自然生命的存在是精神生命和社会生命的依托,没有个体自然生命的存在,一切都毫无存在的意义,正如"身体是革命的本钱",因此,学会认识生命、保护生命并进而尊重生命是生命教育的首要目标,是幸福人生基础的基础,也是人生力量的最初力量。第二,充实精神生命和社会生命。人是有意识会言语、不同于动植物的生命存在,因此人类生命不甘于通过生物本能获得自然肉体的满足,而是有更高的追求,那就是实现精神生命的充实和社会生命的丰盈,这是人生幸福的支撑和人生力量的发动机。所谓精神生命的充实就是德智体美各方面的全面发展,而社会生命的丰盈则是指社会生存技能的获得,人际交往、合作能力的养成。这些以及自然生命的健康都是人生幸福必不可少的条件,也是人生力量的源泉。

第三,两个目标,乍一看"为幸福奠定基础,为人生积蓄力量",给人的第一印象是今天是为明天而活,倡导的是一种"教育准备生活"说,但仔细体味,会发现另一番滋味。那教育是什么,学校教育是为什么?杜威说"教育即生活",陶行知说"生活即教育",杜威又说"学校即社会",而陶行知则说"社会即学校",看似是两个大家的完全不同的观点,但究其本质,无非是强调教育的生活性,强调学校教育要贴近社会。因此,我们不认为今天就应该是明天的牺牲品,人的生命是有限的,每一天都是珍贵的,每一天都是明天的昨天,都不可能重来。因此,一个真正热爱生命、珍惜生命、懂得享受生活的人不是弃今天于不顾而只为明天而活的人,尤其是我们的学生,这也是"生命教育"的真谛。因此,我们可以这样来理解"为幸福奠定基础,为人生积蓄力量",它有两个目标:第一,过好今天,今天的幸福才会产生对明天幸福的期待,今天的竭泽而渔只会让明天过早地枯萎。因此,为幸福奠定基础首先要有今天的幸福学习和快乐生活才会有明天的幸福继续,为明天积蓄力量首先要有今天的精神焕发才会有明天的蓄势以待。而我们的教育中有多少是竭泽而渔的教育,说是为明天的幸福人生,但长远来看其实是一种只顾今天不顾明天的做法,并非是一种可持续的教育,它损坏的是人内心积极生活的动力,牺牲的是人对生命价值的正确追求。第二,成就明天,明天需要的不是厚厚的眼镜片,不是佝偻的脊柱;不是病态的身体,不是阴霾的心理;不是一堆堆学历和证书,更不是塞满知识的机器,而是一个阳光、洒脱、活泼、勤劳、好学、会学,具有自由意志、自主创新能力,珍爱生命、热爱生活的真实但又独特的人。这样的一个人才是有生命活力的人,才是会有幸福明天的人。这两个目标是一脉相承的,不是两个断层。作为上浩小学的校训,它作为精神力量一直激励并鞭策着学校的教师和学生,今天和明天一样重要,因为人生并没有一个分界线来区分昨天、今天和明天,每一天都是昨天的今天,而每一天也都是今天的明天。

(二)校风强校——携手同行,幸福成长

所谓校风,《管理大辞典》解释为"学校全体成员共同具有且相对稳定的、占主

导地位的精神风貌和风尚，是学校领导作风、教师教风、学生学风及校园文化氛围的结合体，是学校风气的简称。校风的具体内容一般包括治学和学习的内容、道德和作风的内容、精神和风貌的内容、干群和师生关系的内容等。它具有稳定性、方向性、个性、时代性和综合性的特征，起着同化、约束和激励的作用。"①

上浩小学以"携手同行，幸福成长"作为学校校风建设的指导和方向，对其的基本理解是：沟通是心灵的对话，是改善师生关系的第一步；理解、尊重是校园和谐的音符。教师的成长，是学生成长的前提和基础；互相理解、互相尊重才能享受与学生共同成长的快乐。教师与学生在快乐和幸福中共同领悟成长的真谛，获得人生的成功。具体内涵表现在以下几个方面。

第一，"携手"，携手不仅指师生之间，同时也指生生间甚至教师和教师之间，总之是全体师生群体间和个体间的一种和谐状态，它体现的是在平等基础上的互相尊重、理解。表现为：同学间的互相友爱、帮助，教师间的互相交流、探讨；教师和学生间的平等沟通、互相理解。

第二，"同行"，所谓同行，其字面意思是指共同前进，共同进步、成长。但深入理解，它又包括两个群体，因为在上浩小学，生命从来就不单指学生或是教师，只要是生命都是平等的，都有获得幸福的权利。因此，"同行"一方面是指教师的教学要照顾到每一位学生，一视同仁，不偏爱也不歧视，平等对待，使学生公平地获得成长的机会。但是这种同行又并非是统一标准、一刀切的，而是根据每个学生的特点实行一种个性化的教育，尊重学生生命的独特性。虽然前进的过程中有快有慢，但是最起码每位孩子都是在按照自己的方式进步，这是"同行"的真实含义。另一方面，"同行"追求的也是一种教学相长，学生前进的过程离不开教师的不断进步，也促进了教师的不断进步，在教和学的过程中，实现教师和学生的共同发展。

第三，"幸福成长"，幸福成长是"携手"和"同行"的最终追求，教师和学生追求的不仅仅是生命的进步，更是一种幸福状态的生命的不断充实。"幸福"一直是上浩小学坚持的目标，"上浩生命教育，奠基幸福人生"的办学理念将"幸福"置于引领学校发展的路标和终点。因此，幸福的成长是上浩小学的学校风气，是一种早已深入人心的信念。

(三)教风建设：开启智慧，润泽生命

1.教学风气养成

上浩小学的教风是"开启智慧，润泽生命"，是指全体教师不仅要成为学生们的经师，更要成为他们的人师，亦即学生们的生命导师。教师们用生命去感动生命，用生命去滋养生命，用生命去引领生命，让学生从小获得性善论的熏陶，构建正确

---

①中国管理科学学会.管理大辞典[M].北京：中央文献出版社，2008：898.

的生命观、人生观、价值观,从小培育生命尊严的意识,善待自己的生命,也善待一切其他的生命。

"开启"一词是教风建设的核心词汇,有开放、启发之意。作为对生命教育的践行,教师的教要具有生命意味,遵循生命的特点。因此,区别于传统教学的"传道、授业、解惑",生命教育的教学应该是引导、探究、启发性的,以学生生命为主体,以学生生命特点为依据,实行一种尊重生命、开启生命、挖掘生命、绽放生命的教育,这是"开启"的应有之意。

"润泽生命"是教师的教学所要达到的一种至高境界,我们不要生命的复制,不要生命的雕琢,更反对生命的摧残,我们教师的教学应该是春风化雨般的,应该是润物细无声的,像阳光普照大地后的温暖,不是强制灌输,而是任由小树的自由汲取,这样的一种教学才是幸福且有效的。

2.加强教师队伍建设——以自我发展润泽学生生命

在前面论述过上浩小学以"携手同行,幸福成长"作为学校校风建设的依据,就是希望教师和学生的共同进步,因此,要实现学生生命的不断充盈必先以教师自身的不断发展为前提,以教师的自我发展实现对学生生命的润泽。

上浩小学一直将加强教师队伍建设作为学校工作的重要方面,具体表现为:

第一,转变观念。不管是校训、校风建设,还是教风建设,其首要目的就是引起学校师生观念的改变,信念的形成,这是行动的第一步。教师在成为教师之初都是来自不同的地方,都有不同的经验体会和观念以及教育信念,但是这并不是一成不变的,通过良好学校氛围的营造,一切改变皆有可能。要想让教师践行生命教育,首先得有生命教育的理念,因此,加强教师观念的转变是教师队伍建设的第一步。

自从开展生命教育课题研究,三年来,课题组成员求真务实开展研究工作,做了大量的工作,由此带动全校教师转变教育理念,教师们将生命融入教育,视教育为自己的事业,用生命碰撞生命,用生命点燃生命,具体体现为教师的责任心增强和专业能力的自觉提升。在这样的理念之下,教师的职业幸福感不断提升,教师们更爱自己的职业,更爱自己的学生,更愿意站在学生的立场理解学生,宽容学生。他们常说的一句话是:"学生的学习成绩差一点,也许算不得什么,但学生安全健康成长是第一重要的。人生而平等,我们要关爱每一个学生,不论是成绩好的,还是成绩差的。"教师们与学生建立了平等式的朋友关系,就如一位教师坦言:"通过课题的开展,我发现我变了。原来我只关心学生的成绩,教给学生知识;现在的我与学生一同笑,一同哭,一起玩,一起想办法,一起渡难关……"以前,学生稍有错误,教师就会加以指责或批评,而现在教师们普遍认为:"教育是引导孩子,成全孩子。"学生的错误恰是生命成长中的体现,对待学生的错误,心平气和地加以引导,把孩子引上健康成长的道路是教师的责任。因此教师在教会学生知识同时,更应注重启迪学生的智慧、润泽他们的生命。在这种理念支撑下，教师的教育行为发生了很大的转变。此外，教师们能够对生命教育的相关内容进行开发、利用，丰富了生命教育的内容和形式，拓宽了生命教育的范围；掌握了更多进行生命教育的方法，使生命教育真正"走进学校""融入课堂"，提高了学生的生命意识。这样，师生关系、家校关系更加和谐，教师赢得了学生更多的爱戴。自 2008 年以来，发生在师生之间、教师与家长之间的矛盾冲突逐年减少，到今年为"0"起，可见效果是非常显著的。

第二，科研兴教。"科研兴校，科研兴教"是上浩小学的办学方针，因此，加快教师科研能力的提升是教师队伍建设的任务之一，通过培育特色校本教研团队，以理论研究提升校本教研团队整体的素质。从 2004 年以来，学校先后承担了 8 项课题研究，并研发出版了校本教材《消防雏鹰》《生命之花》《火花》，使教师在研究中学习，在研究中提高。

作为推进特色学校创建工作的一项重要培训活动，上浩小学坚持每学期举办一次"生命教育特色学校教育科研论坛"，要求全体教师围绕论坛主题撰写研究论文，就特色学校建设实践中的问题展开研讨，促进教师们反思特色学校创建的思路与实践操作。

经过 8 年来的教学与研究的不断相互促进，学校教师的科研能力得到极大提升，理论素养增强。以 2008 年以来承担的生命教育课题为依托，学校教师一篇篇关于生命教育的优质论文不断脱颖而出，并形成了课题组的优秀论文集。三年来，学校新增区级骨干教师 1 人，学区级骨干教师 2 人，全国创新型校长 1 人，全国创新型教师 5 人。教师们在全国、市、区各级各类论文、课堂教学竞赛活动中成绩斐然，共计 693 人次。

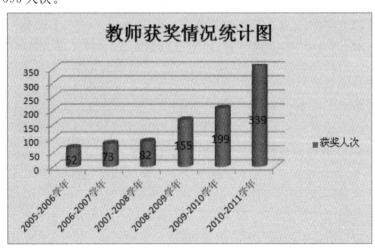

(四)学风构筑:珍爱生命,快乐学习

1.学习风气养成

上浩小学将"珍爱生命,快乐学习"作为学校校风建设的标准,对其加以简单理解,就是指:在学习生活中,学生们增强自我保护意识,提高自我保护能力,珍爱生命,感悟生命,提升生命的价值,快乐地学习,让自己的生命焕发光彩。

这是对学校办学理念的简单诠释,看似将学习过程简化为最低标准,但实则却是学生学习活动的最高境界。很明显,这句话包含两层含义,一方面是要学生珍惜、爱护生命,另一方面是要快乐地学习,但是这两层含义却是一脉相承互相依托的。学生怎么样才能珍爱生命? 这不是我们一味的告诫、劝说所能起到作用的,任何人的行为都是在自己观念支配下的活动,即使是别人的告诫那首先也需被自己认可,转化成自己所信服的观念才能起作用。在学校,学生的主要活动是学习,因此,要让学生珍爱生命,首先应该让他们从学习中获得快乐,看到生命存在的价值和乐趣,这样才能激起他们对生命的热爱,而压制教育所达到的只能是一例又一例学生的自杀事件。因此快乐的学习,从学习中体悟快乐,可以让孩子更加珍爱生命。而珍爱生命,懂得生命存在的价值,也可以让孩子珍惜生命,快乐地学习。

2.拓展兴趣,快乐学习——以特色求发展

上浩小学是一所历来重视培养学生的兴趣爱好,发扬学生个性,促成学生特色养成的学校,这也是学校生命教育的来源,因为生命教育本身就是尊重生命独特性的教育。

早在1952年,学校就根据当时形势和学校特点成立了航模小组,这是重庆市首个学生课余活动组织。这一活动的开展,不仅帮助少年儿童增长了知识,而且培养了他们对科学技术的爱好和献身祖国航空事业的远大理想。1976～1978年,学校航模组的活动得到了中国人民解放军重庆市警备区的大力支持,并在张虎老师的带领下,成功地制作了用作对空射击的"布伞航模靶机",很好地解决了部队对空射击的训练,大大地提高了部队对空射击的技能,为国防事业做出了突出的贡献。为此,成都军区和重庆市警备区还向航模组颁发了科技发明奖,警备区刘副司令员亲自赠送锦旗,张虎老师代表航模组出席了首届全国科学大会,受到了党和国家领导人的接见,大会授予该组和辅导老师先进集体和先进个人的光荣称号。从建组开始后的25年间,航模组培养了500多名航模爱好者,制作各种模型飞机1500多架,各种舰船150艘以上。其中,陈德泽、蒋盛华等22名同学成长为空军飞行员、航空机械师、飞机制造工程技术员等,为此,上浩小学一度被称为"培养祖国航空航海事业接班人的摇篮",当时的《重庆日报》还发表专刊专访,极大地肯定了航模组所做出的成绩。

1979 年 9 月,学校成立游泳队,为热爱游泳的孩子提供了学习锻炼的机会,凭借着自身的兴趣爱好,再加上认真勤奋的训练,学校游泳队多次在市区获奖,并输送多名少年运动员到市区体校学习深造。

1988 年"上浩少年军校"的成立又为孩子们提供了一个锻炼自己、拓展兴趣的机会。军校为学生定制了军装、肩章、帽徽。每周抽出半天向学员进行革命传统、爱国主义教育,进行队列训练、枪械知识讲座。这在当时是极具教育价值的。

1992 年,"重庆少年消防警校"成立,是对"上浩少年军校"的延续,警校对学生进行消防知识普及、消防活动演练以及各种训练活动,使学生懂得了生命的珍贵,学会了自我保护,同时也锻炼了他们坚韧的品质,这难道不是快乐学习的前提吗?

在少年警校学员张竞文的作文里,她写到:

"很早以前,听大人们说军人参加的军训是一种枯燥无趣、难以坚持的训练。可是当我参加了我们少年消防警校的军训,却发现军训尽管有些艰苦,但又充满快乐……当我们一个个精神抖擞、迈着整齐的步伐从主席台前走过的时候,真像一个个优秀的小军人一样。"

从警校受益的不仅是学生,家长们也为他们的成长而感动,张竞文的家长在她的作文里做了评语,写到:

"刚开始的时候看着孩子每天早早地起床到学校参加军训,总会觉得心疼,总会觉得孩子吃了苦受了累。可是当一段时间过去,孩子回家总会提起他们的军训,也总会煞有其事地昂着头挺着胸膛迈着正步。以前那个娇娇女不见了,一个坚强的孩子出现在我的面前。"

一直到如今,上浩小学一直重视对学生兴趣爱好的培养,发扬学生个性,使孩子快乐成长,各种合唱队、舞蹈队、鼓乐队、田径队、游泳队、排球队、科技小组、绘画小组成了孩子个性成长的伊甸园,孩子在其中尽情绽放生命之花,享受生命的丰富多彩,感受生命的珍贵,体悟生命的价值,快乐学习。

第八章　生命教育的制度规范

　　学校的教育制度规范是为了保证国家的教育方针、教育目的和各项教育政策的贯彻执行,并且为确保人才培养的高效率和高质量而建立的,它将教学系统的各种其他因素、教学人员的各种行动,联结和组成一个整体,保证教学活动的有序、规范与高效。在学校发展过程中,建立生命教育的制度规范,可以使学校制度更合理、更人性化、更符合学生身心发展规律,这是非常重要的。这样可以将生命教育内化为道德、习惯的培养,同时,在此种情境下,加强制度规范,以外在的约束来达到生命教育教学质量的提高,以制度规范为生命教育提供重要保障,从而使学生把生命教育的行为规范变为自觉行动,形成习惯,内化成为品格。

第一节　教学管理制度

一、教学管理制度的意义

(一)规范教师教学行为,提升教师教学能力

　　教学管理工作是学校管理的中心和支柱,是学校的生命线,是学校全面贯彻教育方针,培养德、智、体全面发展的社会主义建设者和接班人的主要途径。学校以生命教育理念贯穿于教学管理制度中,形成教学管理的发展特色。但学校教学管理制度也同样具有一般教学管理制度的作用,规范教师教学行为,提高教师教学能力,保证教学质量,这是教学管理首要的基本的意义所在。教学管理制度是一套经过实践检验的规范化的规章文本形式。这种具有体系的规范化的规章制度为教学发展铺设了一条科学的轨道,使教学工作的各层次、各环节按既定要求互相配合有条不紊地运转,保证了教学的有序和协调,同时也规范了管理者的行为,避免了管理的盲目性、主观性和随意性,减小了"人治"成分,增加了"法治"成分,并保证了教学管理的连续性和稳定性;规范化的规章制度也规范了被管理者的行为,保证了指挥的畅通,管理的有效,保证了步调的一致和各方面的协调。例如,对教学常规的

要求,包括备课、上课、听课、评课等,以严格的制度要求教师,使其明确教学的职责,端正教学的态度,认识自己教学过程中的不足,促进改进教学的方式方法,使教学质量得到提升。其次,对教学工作量的要求,定期定时召开教研会,对课堂教学研究、教改开展、教育理论学习、教师论文撰写都要做相应的规定,使教师有计划、有目地履行教学任务,按时完成教学计划,减少教学工作的随意性。再者对质量上的规范要求,教学活动要有目的、有计划、有专题、有准备、有成效,保证时间,在质量的规范要求中要特别重视成果的体现。这样,从量到质都有清晰的规定,对教师教学行为有严格的执行要求,这样就达到了规范教师教学行为的目的,从而为教学的实效性奠定基础。

教学是以知识、技能和伦理道德规范为媒介的师生之间的双边活动。在此活动中,影响教师作用的核心是其教育教学能力。教师的教育教学能力直接影响到教学活动的效果。在教学诸环节的管理制度中,课堂教学这一中心环节是衡量教师教学能力的重要标尺。我们制定管理的目的不是"管制"教师,而是借助制度的机制保障给予教师更多的自我发展空间,在课堂教学中发挥个人主动性与积极性,深入贯彻学校办学理念,充分展现个人才能,不断摸索教学规律,研究学生与教材,改进教学方式方法,逐渐提高教学能力,从而达到整体教学质量的提升。

(二)促进教师生命意义,提高教师职业幸福感

近年来,教师职业倦怠现象日趋严重,对教学工作厌倦、缺乏自信心与动力,常常感到压抑、心灰意冷,在工作中会有挫折感、紧张感,总是被动地完成自己分内的工作。职业倦怠的出现不仅会导致教师产生各种生理疾病,影响教师心理健康,而且不利于教师职业生涯的发展,甚至严重地影响教师的生活质量,遮蔽了教师生命的本真意义。很多教师仅仅把教师职业当成一种谋生的手段,工作得过且过,没有目标,不思进取;没有任何成就感,缺乏职业认同感和归属感,明显缺乏幸福的体验。教学管理制度的建设正是提供了教师发展的机制保障,因为教学管理制度的对象是教师,目标指向教师的教学,教学管理制度就是为教师的教学保驾护航,不仅仅是为了保障和促进教学的有序、规范、顺利进行,更重要的是促进教师在教学活动中生命意义的实现与职业幸福感的实现。这是生命教育理念下的内在规定。生命意义是个体作为生命存在的目的和价值,指个体不断地肯定自我、实现自我并超越自我,是"人的生命在其活动中的自我确证感和自我实现感"。[①]教师作为特殊的群体,其生命也表现为两种形态:一是人之共有的自然生命;二是作为"教师"这一特定社会角色的社会生命或职业生命。在这里,我们主要探讨教师的职业生命意义,指教师这一社会角色存在的目的和价值,以及教师在教育生涯中的自我确证

---

①张曙光.生命及其意义   人的自我寻找与发现[J].学习与探索,1999(5).56

感和自我实现感。狄尔泰认为,教育从本质上讲,是一种完美地理解生命意义的精神活动。教师的个体生命意义就在于教师主体性的实现和发挥。在教育教学过程中,如果教师只充当了知识的"传声器",只是国家、社会、学校的"代言人",那么,教师的生命便失去了其本真意义。教师不再只是被动、按部就班地机械式地工作,而应该努力使自己成为教育教学活动的主体,努力使教育教学活动成为自己生命的一部分。

教师职业幸福存在于教师职业理想的实现过程中,教育实践活动是其场域与源泉。在促进学生发展的同时,教师自身也获得发展是教师职业幸福的应含之维。教师职业幸福只能在教育活动中才能实现,这是教师的主观努力与客观条件相契合的结果。因为教学活动是教师指导学生学习的一种创造性教育活动,它是由教师的"教"和学生的"学"构成的特定的双边活动过程,两者都以对方存在为客观前提,缺少或忽视任何一方,都不能构成教学。因此,教学活动不仅仅是为教师的知识力量释放、人格魅力展示和职业幸福的获得提供了一个源泉和客观基础;还为教师实现教育理想搭建了一个平台。再者,教师通过教学,促进学生进步与发展,为学生的终身发展奠定基础,使之成为人格健全、对社会有益的人才,学生获得幸福,教师才会体验到由教育带来的职业幸福。

教学管理制度是提高教学质量的外在规约,而教学质量是衡量一个教师业务能力的最基本的标尺。教师遵从教学管理制度,并最大限度地发挥教学的主动性、创造性,不断提高教育理论水平和专业技能、加强教材研究能力、改善教学方法、增强课堂活力、运用教育智慧,发挥评价作用,在教学中职业素质与生命价值逐渐累积生成,逐渐感受到职业内在的尊严,职业理想的自由实现,自我潜能的发挥,专业成长进步的快乐体验。

二、教学管理制度的内容

为了规范教师教学行为,提升其教育教学能力与职业幸福感,学校从基于本校的教育教学实际,制定了教学常规管理制度、教师集体备课制度、学科教研活动制度、青年教师培养制度、教师外出学习制度五项教学管理制度,内容如下:

(一)教学常规管理制度

备课要求:

1.认真钻研大纲、教材和生命教育理论。把握教材重、难点,明确教学目的、教学原则、教学要求和任务,整体把握教学内容之间的联系,充分挖掘教材的教育内涵渗透生命教育理念。

2.深入了解学生。了解所教学生的"双基"掌握情况、缺漏所在、心理特点,以便因材施教,提高教学的有效性。

3.认真编写教案,认真设计教学活动方案,其内容应包括教学内容(或课题)、教学目的要求、教学重难点、教具学具准备、课时分配、授课时间、教学过程、板书设计、作业设计、教学后记等。

4.认真写好教学后记,用"生命教育课堂评价表"的评价标准重点写出教学过程的得与失、教学的体会与认识、教学效果的自我评价和原因分析及改进措施。

上课要求:

1.上课有教案,认真作好课前准备,准时进入课堂。

2.衣着整洁大方、教态亲切,语言文明、规范,使用普通话教学。

3.关心爱护学生,不讽刺、挖苦、体罚和变相体罚学生。

4.严密组织教学、加强个别指导,保障学生安全。

5.严格按课表上课,不私自调课、占课,因病因事调课需经教导主任同意并做好登记。

辅导要求:

1.认真拟定学生个别辅导计划,并做好辅导记载。

2.根据不同对象采取不同的辅导措施,促进班级整体发展。

3.结合学生实际情况,实施分类辅导,促进学生特长发展。

4.注重学生心理疏导,以表扬、鼓励为主,促进学生身心和谐发展。

作业要求:

1.认真落实"减负"要求,作业的形式要多样,以课外阅读、能力拓展为主,培养学生能力。

2.作业的内容要精选,具有层次性、思考性、应用性、开放性,控制作业总量,提倡不用或少用教辅资料。

3.严格要求学生认真、按时、独立完成作业,做到书写工整、格式规范、步骤清楚、书面整洁。

4.批改作业要及时、不漏批错批,作文批改要有总批、旁批,且字迹工整。

5.及时进行作业的评价,并督促学生订正错误,对无力订正的学生应进行面批。

考核要求:

1.每期进行1次基础知识的期末检测,时间不超过国家规定的要求。

2.学习技能的考察由任课教师随堂进行,教导处开展随机抽查。

3.每学月开展一次学生自我评价、同学相互评价、家长评价和老师评价,各班建立学生成长记录袋。

4.期末按"生命教育"评价体系要求做好综合性评价,以道德品质、公民素养、学习能力、交流与合作、运动与健康、审美与表现等六个方面的基础发展目标为依据,全面反映学生的发展状况。

组织课外活动要求：

1.课外活动要做到四落实：计划落实、人员落实、内容落实、时间落实。

2.课外活动要按计划进行，保证活动时间，活动内容丰富多彩，形式活泼多样，富有吸引力，确保活动质量，力争出成果。

3.课外活动要做好记录，包括辅导内容、方法、效果等，注意积累资料，期末认真总结。

4.成立形式多样的"生命教育"课外兴趣小组：音乐、舞蹈、体育、美术、书法、科技创新及消防知识等，各兴趣小组要结合学科特点，制订计划，明确目标，落实措施，使全体学生的兴趣、爱好得到发展。

听课要求：

1.听课教师必须提前进教室，态度要认真虚心，要认真写好教学全过程的听课记录，有教学环节的评析和课堂评价。

2.听课杜绝走形式，不能为应付检查而抄袭他人听课笔记或假造听课笔记。

3.学校领导随堂听课，可不事先通知，并同时检查授课与教学进度、教案是否相符等。

4.对教学效果差、学生和家长反应强烈的教师，学科主任要实行跟踪听课指导，帮助提高。

5.学校、教研组组织的赛课、示范课、观摩课、汇报课等，凡是没有上课的教师必须全参加听课。

6.教导处要定期检查教师的听课情况，并记入教师的业务考核档案。

7.校级干部每学期听课不少于40节，学科主任每学期听课不少于50节，教师每学期听课不少于15节。

评课要求：

1.评课时先由执教教师自我评价，找出成功与不足之处，培养教师的课后反思能力。

2.听课教师要有认真负责的态度，善于发现执教教师的优点，并提出有实际价值的意见和建议。

3.在充分评议的基础上，学科主任要全面客观地做出总结，使教师在听课、评课过程中得到提高。

4.学科主任要及时检查教师的评课记录，并纳入业务考核，对于不记录、记录不认真的教师要帮助其提高思想认识。

(二)教师集体备课制度

1.集体备课要定时、定主讲人，各学科两周至少一次。

2.语数以同年级同学科为集体备课组，其他科任以同学科教师为集体备课组，教学副校长、教导主任要主动参与活动。

3.集体备课要做到"五备"：备大纲、备教材、备学生、备教法学法、备练习；"五统一"：统一教学进度、统一教学目标、统一重点难点、统一课型与方法、统一练习与作业。发挥各自的特长与优势，形成各自的教学风格与特色。

4.同组教师都要在集体备课前认真钻研教材，阅读参考资料，充分了解所教学生的实际，为集体交流做好充分的准备。

5.集体备课首先由主讲教师介绍自己对教材的整体构思、重难点剖析、教学方法建议等，并提出疑难问题，然后同参加备课的教师集体讨论研究，达成共识。

6.集体备课要做到有计划、有措施、有记录、有效果，每月底将备课记录和备课方案交教导处汇总存档。

（三）学科教研活动制度

1.根据学校工作思路，各学科主任在学期放假前拟定出下期工作要点，由学校教学例会统筹协调各学科工作，并在开学前制订出具体有效的教研工作计划和活动安排。

2.教研活动以教研组为单位，每周定时活动一次，每次活动时间为两节课，以课题、专题形式开展研讨活动，两周进行一次"生命教育"专题研讨活动，并作好详细活动记录。

3.建立各学科师徒互助学习小团队，广泛开展听课、评课等交流活动，并有互助学习的翔实记录，同时将其纳入教师业务考核。

4.每学期每位教师上一堂展示课，每学科搞一次研究课，学校组织一次优质课大赛，组织一次"生命教育"观摩课，并积极倡导教师自主开展专题研讨展示。

5.同年级同学科教师要坚持集体备课，在每位教师认真钻研教材的基础上，共同分析研究教材内容，确定教学目标，分析重点难点，切磋教学方法，探讨双基训练和能力培养。

6.教研组要翔实记载每次教研活动的情况，及时向学校反馈教学、教研现状，并提出解决方案。

7.每学期末，学校将组织一次"生命教育"论坛，从学校管理、教学研究、教学经验、减负提质、科研心得、教育案例、班级文化、文明礼仪、养成教育等多方面进行交流，进一步丰富"生命教育"的内涵，对有突出成绩的个人或团队要给予表彰和奖励。

（四）青年教师培养制度

1.学科组要定期组织新教师学习教师职业道德规范，培训教育、教学、科研及"生命教育"理论知识，尽快掌握常规教学的基本环节和教学方法。

2.各学科主任要深入组内每一位青年教师的课堂，进行业务指导，每学期要对本组青年教师进行至少两次解剖式评课，提出改进措施。

3.每学年进行一次"师徒结对"活动,指导教师由学科主任确定,指导教师每学期深入青年教师课堂听课不少于3节,每周与指导教师至少进行一次教学交流与研讨,学习周期完成后要对师徒双方进行考核评估。

4.青年教师要积极向同行学习,每月听取指导教师以外的同学科或同年级教师的课不少于3节,每月撰写一篇教学反思文章,每学期至少上一节汇报课。

5.对已有一定教学经验,对教材比较熟悉的青年教师,要更多地开展课题研究,提高他们的教育理论及学科专业水平,进一步认识教学规律,提高艺术教学。

6.为青年教师成长搭建平台,对优秀的青年教师进行重点培养,优先提供外出学习机会,教导处要为青年教师建立成长档案,记录青年教师的成长过程。

(五)教师外出学习制度

1.教师外出学习期间,所任学科课可自行调课或由教导处协调安排,并由教导处备案。

2.外出学习教师由学校决定和教导处安排,教师要积极参加外出学习,不得推诿,参加干部岗位培训由党支部决定,学校安排。

3.外出学习教师回校后必须在一周内向学科组的老师上"汇报课"或作讲座,几人同时参加同一活动,推荐一人上课其他人以讲座形式汇报。

4.外出学习老师必须遵守培训单位的活动安排,不缺席,认真学习,做好笔记,回校后笔记交教导处检查记录。

5.外出学习费用在完成"汇报课"或讲座,学习笔记交教导处检查后,由校长签字,到学校财务处报销。

(六)教学工作例会制度

1.原则上每月召开一次,周五下午进行,由分管教学的校长负责召集主持。

2.会议内容:传达有关教学问题的重要精神,各学科主任汇报教学工作的落实情况并提出下一步创新工作,协调安排近期教学中心工作,研究科研课题及"生命教育"实施策略等。

3.教导主任负责记录并整理资料。

三、教学管理制度的措施保障

教学是学校的中心工作,而教学工作的核心问题是质量。教学质量是学校工作的重中之重,它关系到学校的前途和命运,关系到学校的生存和发展,关系到学校的办学效益和社会声誉。教学管理制度是为了确保教学质量的重要手段,因此,为了严格执行教学管理制度,使其真正发挥实效性,那么从根本上促进教师的自觉自为才是管理的长久之计。通过加强教师的教学监控能力,不失为一个有效的措施。

"教师教学监控能力,是指教师为了保证教学的成功、达到预期的教学目标,而在教学的全过程中,将教学活动本身作为意识的对象,不断地对其进行积极、主动的计划、检查、评价、反馈、控制和调节的能力。这种能力主要可分为三大方面:一是教师对自己教学活动的事先计划和安排;二是对自己实际教学活动进行有意识的监察、评价和反馈;三是对自己的教学活动进行调节、校正和有意识地自我控制。"①根据教师在教学过程不同阶段表现形式的不同,可把教师教学监控能力分为以下几个方面:(1)计划与准备,即在课堂教学之前,明确所教课程的内容、学生的兴趣和需要、学生的发展水平、教学目标、教学任务以及教学方法与手段,并预测教学中可能出现的问题与可能的教学效果;(2)课堂的组织与管理,即在课堂上密切注视学生的反应,努力调动学生的学习积极性,随时准备有效地应付课堂上的偶发事件;(3)教材的呈现,在这一过程中,教师应对自己的教学进程、教学方法、学生的参与和反应等方面随时保持有意识的反省,并能根据这些反馈信息及时地调整自己的教学活动,使之达到最佳效果;(4)言语和非言语的沟通,在课堂教学中,师生之间的言语与非言语的沟通是很重要的,教师在这方面应努力以自己积极的态度去感染学生,以多种形式鼓励学生努力学习,并保持对自己和学生之间交流的敏感性和批判性,及时解决沟通中出现的问题;(5)评估学生的进步,教师教学的效果最终要落实到学生对知识的掌握程度和他们能力的发展速度与水平上,因此,教学监控能力水平高的教师必然会非常认真地了解学生的掌握情况,采用各种方法评估学生的进步程度,以便于改进自己的教学;(6)反省与评价,在一堂课或一个阶段的课上完后,教学监控能力高的教师会对自己的授课情况进行回顾和评价,仔细分析自己的课有哪些优点和不足,哪些方面还需要改进,分析自己的教学是否适合学生的实际水平、是否能有效地促进学生的发展等。教学过程是教学环节最为重要的组成部分,教师只要抓住了课堂这个平台,在课前、课中、课后都做到有目标、有计划、自觉地监察与管理、调节与反思,势必会规范教学行为,提高自身教学能力,提升课堂教学质量。所以,教师学习并掌握教学监控方法、培养并加强教学监控能力是完善教学过程、提高教学质量、促进师生共同发展的重要路径。

教师的教学监控能力有别于各种形式的外在监控,它是教师自主地管理和调节自己的教学活动的能力,而不是在外界压力和要求下被动进行反馈和调节的过程。这种能力最重要的特征就在于其能动性。教学活动中所有的活动都是在教师自觉有意识地监控基础上展开的,如果教师缺乏能动作用,那么他就不会注意自己的教学活动是否有效以及教学效果的好坏,当然也就不会对教学活动进行认真的计划、对教学活动进行监察、对教学效果进行评价了。并且教学监控能力的核心在于教师教学过程的管理和调节,这就要求教师能够根据教学的任务和要求,结合主

---

①申继亮,辛涛.论教师教学的监控能力[J].北京师范大学学报:社会科学版,1995(1).67

客观条件,在教学的准备阶段努力地做出科学的计划和安排,在教学活动中,努力克服困难、排除干扰,保证教学的顺利进行,在教学之后,注意进行检查与评价,必要时针对具体问题采取一定的补救措施,以达到教学目的。其次,教学监控能力表现出很强的评价与反馈性。要求教师不断地去获取教学活动系统各要素变化情况的有关信息,审视和检查教学活动的效果,并据此及时调节教学活动的各个方面和环节。教学能力强的教师是善于根据教学条件、教学状况的变化,进行积极、灵活的自我调整,以适应新的教学情况。由于教学监控能力的出发点和目的都是尽可能协调好教师教学活动中各要素的关系,那么从这个意义来说,教学监控能力的根本目的就在于它使教师能够有意识地、自觉地尽可能采取各种调控措施对自己的教学活动进行调节和修正,使自己的教学过程达到最优化,从而获得最佳的教学效果,最大限度地促进学生的发展。因此,教师加强教学监控能力,既是有效执行教学管理制度的文本要求,又是深化教学管理的内涵意蕴;既是保证教学质量的维度体现,又是促进教师素质与专业发展的重要途径。

第二节　学生管理制度

一、学生管理制度的意义

(一)促进学生生命发展,提高学生生命质量

学校以消防安全教育为支点开展生命教育并制定相应的学生管理制度,其最根本的目的就是为了学生主体的健全发展,为了学生生命质量的提升。以生命教育为主线贯穿于学生管理系统,遵循"集体管理,教师监督,校长决策,以人为本,分层负责,绩效挂钩"的管理模式,以内在办学理念外化为制度形式,切实打造"生命教育"特色学校。在学生管理制度中,蕴含着对学生生存教育和生命价值教育两方面的内容。一是生存教育。生存教育包括生命意识教育和生存能力教育。它着眼于从外在的、自然的向度来定义"生命",把"生命"看成是人的生命存在,强调人要尊重生命,包括爱惜个体自身及他人的生命,甚至是整个大自然的生命。例如要求学生爱惜身体,具有健康意识和公共卫生意识,坚持锻炼身体,养成良好的生活习惯;具有安全意识,注意防火、防溺水、防触电、防盗、防中毒等;爱护公物、爱护自然中的花草树木、具有环保意识,节约资源等。二是生命价值的教育。站在社会的立场上,关注社会生命与类生命,强调生命意义的升华,以寻求个体与自身、与他人、与社会、与自然的和谐境界。例如能够学会适应环境、与他人友好相处、处理好人

际关系；懂得感恩，理解父母的养育之恩，师长的教诲之恩，朋友的帮助之恩，培养对他人的爱心、对社会的爱心、对生活的感激等。这些分别从生理健康教育、心理健康教育、道德教育方面提出对学生的要求和期待，让学生明确自己作为学校重要角色的责任，帮助学生个体生命在生理、心理、社会性上均衡全面地发展，帮助他们和谐地与他人、与环境、与自然相处，从而能够促进自我肯定、尊重和珍爱生命，增进生活智慧，不断提高生命质量，使生命获得长足发展。学生管理制度的意义是透过外在的条例约束，正确引导和帮助学生生命更加完善发展。以"管理育人"的思想，在科学、民主、人文的归属下，引导学生树立正确的人生观、价值观，履行学生的义务，养成良好的学习、生活习惯，具有良好的品德；提高学生的自我保护、自我生存能力，使之能科学、及时、有效地处理实际生活中的某些安全问题，形成适应现代社会生活的态度和技能；帮助学生建立生命与自我、生命与自然、生命与社会的和谐关系，使之学会关心自我、关心他人、关心自然、关心社会；引导学生认识和理解生命的价值和意义，热爱生命，珍惜生命，形成积极向上的健全人格，以促使学生的生命走向丰盈与完满。

（二）促进学校特色发展，提升学校品牌

2010年，《国家中长期教育改革和发展纲要》中提出："树立以提高质量为核心的教育发展观，注重教育内涵发展，鼓励学校办出特色、办出水平……"可见，创建学校特色是时代发展的需要，是优质教育的客观要求，是学校长远发展的核心竞争力。何为学校特色，我们可以从三个角度理解："(1)学校特色是一个关系性概念。它总是在与其他同类学校的关系中才能得到确证。也就是说，学校特色是共性基础上的个性显现，是个性基础上的共性存在；(2)学校特色是一个属性概念。独特性、优质性与稳定性是学校特色的核心内涵，也是判定学校特色发展与否的内在标准；(3)学校特色是一个对象性概念。学校特色总是体现在学校办学工作的某一个要素、方面或范围上面。因此，学校特色就是学校基于自身的历史传统和实际情况，在较长期间的办学实践中逐渐形成的一种区别于其他同类学校的独特、优质而且相对稳定的办学气质和办学风格。"①

学校一直以来注重以消防安全教育为主要内容的生命教育，形成了独具特色的学校专项教育。基于这一特色建设，学生管理制度的建设必不可少，它为拓展内涵丰富、具有可操作性的生命教育工程提供了制度的保障。因此，在这一层面上，学生管理制度的实施有利于学校的特色发展，有利于学校品牌的创建。学校品牌是一所学校在长期的教育实践过程中逐渐累积并发展起来的一种具有特定文化内涵和意义的无形符号资产。一个学校的品牌声誉是通过"育人"这个核心价值观树

①王伟，李松林.学校特色发展：内涵、结构、条件与状态[J].教育学术月刊，2009(7).7

立的形象,它着眼于全体学生,着眼于学生的充分、全面、多元、终身发展和允许有差异的发展,着眼于学生较为均衡、有个性的发展和应"世"能力的培养。管理制度是提升学校品牌有效的教育制度文化力量。在这个发展模式日趋多元的时代,这种制度形成的文化力量能够促进学校从某种特色切入,并且把这种特色发展为一种办学优势而最终成就品牌。正如朱小蔓教授所说:"我理想中的品牌学校,是那些能培养出有好的品德习惯、积极的人生态度、较为宽阔的知识面和浓厚的学习兴趣,以及有积极的、比较灵活的思维能力、工作能力和活动能力的人的学校;是那些能培养出性格开朗、能与人合作的学生的学校;是那些培养的学生在十年、二十年之后仍然能立足社会、服务社会并对自己的生活感到满意的人的学校。"[①]学生管理制度的长远目标和意义在始终坚持"育人"的根本功能下促进学校特色发展,提升学校品牌。

二、学生管理制度的内容

为了促进学生生命发展,提高学生生命质量,学校针对生情实际,制定了德育工作制度、班主任(辅导员)岗位职责、少先队工作制度、小学生守则、小学生日常行为规范、升降国旗制度、家校联系制度、家长委员会章程、家长会制度、班主任家访工作制度、班级管理制度、重大传统纪念日教育制度等十二项学生管理制度。

(一)德育工作制度

根据《小学管理规程》和《中小学德育工作规程》要求,制定本制度。

第一条　全体教职工要认真学习邓小平理论和"三个代表"重要思想。学习落实全国中小学德育工作会议精神。利用一切工作渠道,教育学生热爱祖国、热爱中国共产党、热爱社会主义,达到使学生"学做人、会求知、能创新、健身心、有特长、出人才"的育人目标。

第二条　建立校长负责德育工作的体制,加强德育工作队伍的建设,成立校德育领导小组,每学期至少召开三次有关学校德育工作的会议,针对德育现状,提出教育措施。

第三条　德育主任要协助校长制订每学期德育工作计划,全面负责学生的德育常规工作。每周一升旗仪式后对上周工作进行评述。抓好班主任队伍建设,组织各种针对性活动,加强对学生的管理。

第四条　少先队要根据各自的特点和任务变化,配合学校落实大纲要求,进行学生干部培训,参加学校管理活动。组织学生参加各类活动,充分发挥组织作用。

第五条　班主任要全面关心每一个学生的思想、学习、生活和身体健康状况。

---

① 朱小蔓.学校品牌管理:一种道德模式[J].教育发展研究,2005(5).2

建立起良好的班集体(每周开好一次主题班会),培养学生良好的思想道德行为和学习习惯、劳动习惯和文明习惯。全体教师应把德育渗透于学科教学之中,面向全体学生,坚持正面教育原则,严格禁止体罚和变相体罚,反对任何挖苦和歧视学生的现象。

第六条　充分发挥学校、家庭、社会三位一体的育人功能。定时组织学生参加劳动和社会实践,包括家务劳动、公益劳动、社会调查、益民服务、军训、军民共建等活动,充分发挥校外辅导员、德育基地的作用。

(二)班主任(辅导员)岗位职责

第一条　根据《小学德育纲要》《小学生守则》《小学生日常行为规范》等有关法律法规及学校的各项规章制度,运用多种形式对学生进行思想政治和道德教育,培养学生的良好的道德品质、行为习惯和心理素质,培养学生全面发展。

第二条　做好班队工作计划和总结,负责本班学生的思想、品德、行为习惯、学习、体卫劳、生活、安全、普法和其他常规的教育与管理,对本班学生的教育和管理负全责。

第三条　努力学习教育理论与方法,在工作实践中不断探索与研究新时期学生思想教育和管理的有效途径,不断提高班主任(辅导员)工作水平。

第四条　高质、高效、全面配合学校的各项工作,圆满完成学校交办的其他各项工作。按要求做好班级卫生、出勤、纪律、安全工作,每学期至少家访一次。

第五条　建立健全班级常规管理机制,争创"流动红旗""阳光班级"和"先进班集体"。指导班委会和少先队开展班队活动,选拔、培养、使用好班队干部,充分发挥班队干部作用。

第六条　坚持做好升旗仪式、两操及各项活动的跟班管理。关心学生的课外活动,鼓励学生发展正当的兴趣和特长。特别要支持组织好学生参加学校、年级的各种竞赛活动。

(三)少先队工作制度

第一条　队干部选举制度。每学年初改选一次队委,要充分发扬民主,试行队委竞选,培养竞争意识。

第二条　队干部轮换制度。队干部任职期满,不再连任,使更多的少先队员有机会参加少先队组织管理,有机会受到锻炼。

第三条　队干部例会制度。队干部例会隔周进行一次,主要内容是学习、汇报、研究和布置工作。

第四条　队干部培训制度。使他们熟悉工作职责,学会工作方法,掌握技能技巧,解决工作中的困难。

第五条　队前教育制度。新队员入队前,要进行队前教育,学习队章,学唱队歌,学敬队礼及呼号,学系红领巾,做一件好事。

第六条　表扬奖励制度。经常表扬好人好事,在每年"六月一日""十月十三日"等节日集会表彰先进。

第七条　活动制度。大队每学期进行一次主题大队会,中队活动每月一次。活动要适合儿童特点,内容丰富多彩,教育性强。

第八条　阵地教育制度。充分利用少先队特有的阵地,对队员开展经常性的教育工作,培养他们的组织观念和队组织的责任感。

(四)小学生守则

1.热爱祖国,热爱人民,热爱劳动,热爱科学,热爱社会主义,热爱中国共产党。

2.遵守国家的法律,增强法律意识,遵守社会公德,遵守学校纪律。

3.刻苦学习,勤于思考,勇于实践。

4.珍爱生命,注意安全,锻炼身体,积极参加有益的文体和科技活动。

5.热爱生活,自尊自爱,自信自强,生活习惯文明健康。

6.积极参加劳动,生活俭朴,消费合理,自己能做的事自己做。

7.孝敬父母,尊敬师长,礼貌待人,交际交往,注重礼节。

8.热爱集体,维护集体的荣誉,团结同学,乐于助人。

9.明辨是非,诚实守信,言行一致,知错就改,有责任心。

10.热爱大自然,珍惜资源,节约能源,保护环境。

(五)小学生日常行为规范

1.尊敬国旗、国徽,会唱国歌,升降国旗、奏唱国歌时肃立、庄严肃静、脱帽、行注目礼,少先队员行队礼。

2.尊敬父母,关心父母身体健康,主动为家庭做力所能及的事。听从父母和长辈的教导,外出或回到家要主动打招呼。

3.尊敬老师,见面行礼,主动问好,接受老师的教导,与老师交流。

4.尊老爱幼,平等待人。同学之间友好相处,互相关心,互相帮助。不欺负弱小,不讥笑、戏弄他人。尊重残疾人。尊重他人的民族习惯。

5.待人有礼貌,说话文明,讲普通话,会用礼貌用语。不骂人,不打架。到他人房间先敲门,经允许再进入,不随意翻动别人的物品,不打扰别人的工作、学习和休息。

6.诚实守信,不说谎话,知错就改,不随意拿别人的东西,借东西及时归还,答应别人的事努力做到,做不到时表示歉意。考试不作弊。

7.虚心学习别人的长处和优点,不嫉妒别人。遇到挫折和失败不灰心,不气馁,遇到困难努力克服。

8.爱惜粮食和学习、生活用品。节约水电,不比吃穿,不乱花钱。

9.衣着整洁,经常洗澡,勤剪指甲,勤洗头,早晚刷牙,饭前便后要洗手。自己能做的事自己做,衣物用品摆放整齐,学会收拾房间、洗衣服、洗餐具等家务劳动。

10.按时上学,不迟到,不早退,不逃学,有病有事要请假,放学后按时回家。参加活动守时,不能参加事先请假。

11.课前准备好学习用品,上课专心听讲,积极思考,大胆提问,回答问题声音清楚,不随意打断他人发言。课间活动有秩序。

12.课前预习,课后认真复习,按时完成作业,书写工整,卷面整洁。

13.坚持锻炼身体,认真做广播体操和眼保健操,坐、立、行、读书、写字姿势正确。积极参加有益的文体活动。

14.认真做值日,保持教室、校园整洁。保护环境,爱护花草树木、庄稼和有益动物,不随地吐痰,不乱扔果皮纸屑等废弃物。

15.爱护公物,不在课桌椅、建筑物和文物古迹上涂抹刻画。损坏公物要赔偿。拾到东西归还失主或交公。

16.积极参加集体活动,认真完成集体交给的任务,少先队员服从队的决议,不做有损集体荣誉的事,集体成员之间相互尊重,学会合作。积极参加学校组织的各种劳动和社会实践活动,多观察,勤动手。

17.遵守交通法规,过马路走人行横道,不乱穿马路,不在公路、铁路、码头玩耍和追逐打闹。

18.遵守公共秩序,在公共场所不拥挤,不喧哗,礼让他人。乘公共车、船等主动购票,主动给老幼病残孕让座。不做法律禁止的事。

19.珍爱生命,注意安全,防火、防溺水、防触电、防盗、防中毒,不做有危险的游戏。

20.阅读、观看健康有益的图书、报刊、音像和网上信息,收听、收看内容健康的广播电视节目。不吸烟、不喝酒、不赌博,远离毒品,不参加封建迷信活动,不进入网吧等未成年人不宜入内的场所。遇到坏人坏事主动报告,敢于斗争。

(六)升降国旗制度

1.除寒暑假和星期天外,每日升挂国旗。

2.除假期外,每周举行一次升国旗仪式。

3.升旗仪式在每周一早晨举行(寒暑假除外,遇有恶劣天气不举行),重大节日或纪念日举行升旗仪式。

4.举行升旗仪式时,全体师生参加,整齐列队,面向国旗肃立致敬。

5.升旗仪式程序:

(1)出旗(出旗手正步出旗,升旗手接旗后准备好升旗,在场的全体师生站立)。

(2)升旗(奏、唱国歌,学生敬队礼,师行注目礼)。

(3)国旗下讲话(由每年级先进教师代表轮流作简短而有意义的讲话)。

6.每日傍晚,由旗手和护旗手按《国旗法》规定降旗。降旗时国旗不得落地。

7.每日升降国旗时,凡经过现场的师生员工都应面向国旗,自觉肃立,待国旗升降完毕,方可自由行动。

8.旗手、护旗手要由五、六年级各班推选代表轮流担任,并经过严格训练后,方可执行升降旗任务。

9.不升挂破损、污损、褪色等不合规定的国旗。

10.对违反《国旗法》的行为要给予相应的惩处。

(七)家校联系制度

1.学校要动员社会各方面的力量,共同关心下一代的健康成长,进一步推进学校教育、家庭教育、社会教育的有机结合。要积极创造条件举办家长学校或成立家长委员会。

2.每学期深入每位学生家中不少于1次。

3.积极向家长宣传党的有关教育法规如《义务教育法》《教师法》等,让家长熟悉《中小学生守则》《小学生日常行为规范》,使家长能积极配合学校,教育子女自觉遵守规范,明确送子女入学是家长的义务。

4.建立家访登记制度,设立教师家访登记册,教师要认真填写,及时上交学校统一存档。

5.定期召开家长会。

6.讲求家访实效。教师要针对不同的学生,讲究方法,实事求是地向家长反映学生在校的表现,挑明优缺点,引导家长用科学的方法培养教育子女,反对告状式的家访。

(八)家长委员会章程

1.家长委员会的宗旨

学校和家庭是共同教育孩子健康成长的摇篮。为了进一步深化我校素质教育工作,加强学校与学生家庭之间的沟通与了解,发挥家长参与学校民主管理和民主监督的功能及调动家长参与学校教育的积极性,构建"家庭与学校""家长与老师"之间的桥梁,完善学校、家庭、社会三位一体的学生整体教育网络,特成立学生家长委员会。

2.家长委员会的产生

(1)委员会成员由关心孩子成长,热心教育,热情支持学校或班级工作的学校在校学生的家长组成。

(2)委员会成员的组成必须能代表各个层面家长,由学校或班主任推荐候选人,经学校行政研究,征求个人意见后确定,并由学校发给聘书。

(3)班级家长委员会成员由班主任老师、任课老师和学生家长推举产生,由2到3名家长组成。

（4）学校家长委员会成员由学校提出建议，从各年级家长委员会中推举产生。

（5）学校家长委员会选出主任 1 名，副主任 3 名，委员若干名，负责各委员之间、委员会与学校之间的联络组织工作。

（6）学校家长委员会成员在学生毕业离校后另行补充调整。

3.家长委员会成员条件

（1）了解和关心教育，懂得一定的教育规律，具有认真负责的工作态度，关心学校，能为学校的教育教学和日常管理提出意见和建议。

（2）具有良好的行为表率形象，有比较丰富的家庭教育经验和较好的教育效果。

（3）能热心听取并向学校积极反映家长们所关注的问题。

（4）能主动为学校事业的发展和改善办学条件提供一定的支持与帮助。

（5）具有某方面特长，能为学校开辟课外教育渠道提供帮助。

4.家长委员会职责

（1）广泛搜集家长对学校的意见和要求，协助班级、年级和学校定期召开家长会议，交流家庭教育的情况和经验。

（2）通过参与学校的重大活动或组织听课等，关心、了解学校工作，对学校的办学方向、教育质量、教师工作、行政管理等方面提出建设性意见，做出适当的评价，实行必要的监督。

（3）大力支持学校工作，对学校开展的重大教育、教学活动提供可能的帮助，做好学校与家长的协调工作。

（4）配合学校用正确的教育思想、方法去影响家长、影响社会，使家庭教育、社会教育与学校教育相一致。协调学校与社会、家庭的关系，增强教育的整合力。

（5）动员有关单位热心教育事业的各界人士对学校进行资助，改善学校的办学条件，进一步提高教育质量。

（6）定期向家长介绍学校办学思路、设想等有关制度及重要决议，及时交流教改信息，使家长深入了解学校，理解和支持学校的工作。

（7）向社会宣传学校的形象，利用一切合法的途径，排除学校发展的障碍，维护学校合法权益。

（8）为学校或该班级创造机会，让孩子们走出学校，到社会的大课堂学习更多的知识。

5.家长委员会的具体工作：

（1）定期听取学校领导对学校工作计划、工作情况的介绍。

（2）对学校各项工作提出建设性意见。

（3）广泛听取家长对学校教学工作、教师师德、学校后勤等方面的意见，并及时与学校联系,交换意见。

(4)参与或主持学校的重大活动。

(5)为改善学校的办学条件出谋划策,提供条件。

(6)参加或召开家长会、家长代表会,协助学校举办家长学校或进行家庭教育讲座。

(7)组织交流和推广家庭教育先进经验,督促家长履行家长义务,提高自身素质,为孩子做出榜样。

(8)每年为学校办一件实事。

(9)总结家教经验,撰写家教论文进行推广、交流。

(10)学年末组织评选表彰"好家长",及时宣传"好家长"的事迹。

(11)每学年组织委员学习一次教育法规文件或校长开放周活动。

(12)每学期对家长工作研究探讨一次。

(13)每学年要组织一次家庭教育经验交流会。

(14)每学年要评选一次优秀家长并给予奖励。

(15)每学年要召开一次家长代表会,就学校工作征求意见。

(16)每学年向家长代表汇报一次家长委员会工作。

(九)家长会制度

1.各班每学期应召开 1～2 次全体或者部分家长会。

2.家长会旨在加强学校、家长、学生三者间的相互了解。让家长了解学校,让家长了解子女在校情况,使学校掌握家庭现状和学生在家的活动情况。

3.由班主任拟好家长会提纲并主持会议。

4.在家长会上,班主任、教师应热情接待,不诉苦、告状,不歧视后进生家长,要多提建设性意见,共同教育好学生。

5.全体科任教师都有责任认真准备和积极参加家长会,向家长汇报学生本学科学习情况,并虚心听取家长意见。

6.由班主任负责做好家长会会议记载,并将有关内容报学校备案。

7.家长学校授课时间与家长会同步,班主任、科任老师为家长学校常任授课教师。

(十)班主任家访工作制度

1.家访的量化指标

班主任每一学期到学生家中家访,起始年级应达到全班总数的 15%,其他年级应达到全班总数的 10%,其余形式家访(如电话家访、网络家访等)应达到 100%。

2.家访的原则

家访必须分层次进行,不得只进行后进生的家访,而应包括中、上等、旷课、逃学、思想波动大的学生的家访,可以以后进生的家访为主。

3.家访的内容

(1)学生在校实际情况汇报。

(2)学生在家实际情况询问。

(3)了解学生家庭的结构、经济状况、环境、教育等情况。

(4)与家长协商共同教育学生的措施、方法、手段。

(5)协调学生与家长的关系。

(6)联络教师与学生、学生家长的感情。

4.家访的注意事项

(1)班主任家访目的要明确,必要时家访内容要列出提纲。

(2)家访后,班主任应如实填写家访登记表,并让学生家长在家访登记表上签字。

(3)家访中,应一切从实际出发,切忌片面孤立地看问题。

(4)家访时,学生、学生家长都应在场,个别问题可要求学生回避。家访时做到不告状、多鼓励,达到家访的目的。

(十一)班级管理制度

1.班干部职责

班长:负责班级全面工作。每月召开一次班委会,制订工作计划草案。作好班委会会议记录。

副班长:协助班长做好工作,做好课堂考勤工作。

学习委员:负责沟通师生之间的信息交流,向有关部门反映学生对教学的意见,组织班级学生开展各类学习活动和基本技能训练。

劳动委员:负责班级责任区集体劳动的安排及监察并及时反馈信息。

体育委员:负责开展经常性的体育活动及组织参加各种体育比赛。

文娱委员:负责开展班级的文艺活动,丰富课余生活。(文娱委员每学期必须组织一次班级文艺活动)

2.学生课堂常规

(1)课前认真做好上课准备,学习用品要整齐安放在课桌指定的位置。

(2)听见上课的预备铃后,尽快安静有秩序地进入教室,在自己的座位上静候教师上课。教师走进教室,宣布上课后,班长发出"起立"口令,师生相互问好,在教师示意下,学生方可坐下。

(3)迟到的学生在教师同意后,应轻手轻脚走进教室,不得妨碍同学上课。

(4)上课时,精神饱满,坐姿端正,自然挺胸,两手放在规定的位置,不做小动作,未经老师许可,不能随便离开座位和教室。

(5)上课时要专心听讲,积极思考问题。读书做到心到、眼到、口到。努力掌握正确的学习方法,勇于提出问题,积极参加讨论。发言、提问,要按规定的姿势举手,在教师指名后才能发言,发言时要姿势端正,说普通话,声音响亮,语句完整,并注意文明礼貌用语,发言完毕即自动坐下。

(6)对教师布置的作业要认真、独立完成,遇到困难时,如果经过思考还是不懂,要主动请教师辅导。作业要整洁,格式符合规范,做到按时交。

(7)写字要严格保持"眼离书一尺,胸离桌一拳,握笔手指离纸一寸"的正确姿势。

(8)下课时,教师宣布"下课",班长发出"起立"口令,在教师招呼后,学生方可平静有序地走出教室。

(9)值日生应督促全体同学保持教室整洁,一下课就帮助教师整理教具,擦净黑板。

3.班级环境管理制度

(1)教室前黑板上方正中挂国旗。

(2)劳动、卫生等方面的工具一律摆放在教室后内墙角。

(3)奖状、锦旗一律挂在教室后黑板上方,做到整齐、美观。

(4)"课程表""作息时间表""值日生表"等贴在规定位置。墙壁、讲台、课桌等不得乱贴、乱画。

(5)教室壁报内容每月更换一次,围绕当月主题,内容丰富多彩,版面设计要有特色和创意,讲究艺术美。

(6)教室保持良好的通风和整洁。

4.班级公物保管制度

(1)公物保管由班主任负责,登记后张贴上墙。

(2)公物领借、归还应及时主动,并能严格按制度办事,不任意挪用其他班、室公物。

(3)师生应节约使用、安全运作,不损坏、勤擦洗班级公物。

(4)公物应安放整齐、协调和谐、清洁美观、有条不紊。

(5)公物有损坏应及时报告总务处,按有关规定处理。

(6)学校替各班添置的公物,一律保管到教室,按规定存放。

(7)每学期由总务处定期与不定期组织检查。

5.优秀班集体的评选条件

(1)政治思想——班集体有坚定正确的政治方向,树立"勤奋、严谨、团结、创新"的良好班风。积极开展班队活动,形式新颖,效果良好,班会每月不少于一次。全班同学在思想、学习、生活上互相帮助,班集体凝聚力强。

(2)班级管理——班干部以身作则,有号召力,善于管理,班级管理制度健全,班级工作有目标,有计划,有措施(必须有班务日志等书面材料);积极参加学校组织的各项活动,并取得一定的成绩。

(3)学风建设——班级学风严谨,同学学习目的明确,学习态度认真,学习气氛浓厚,能较好地完成各项学习任务。

(4)基础文明——全班同学注重基础文明建设和个人品德修养,维护社会公德,尊敬师生,团结友爱;有良好的卫生习惯。

(5)组织纪律——班级纪律严明,全班同学自觉遵守学校各项规章制度,自觉维护公共秩序、教学秩序和生活秩序。

(6)校园文化活动——积极参加校园文化艺术活动,积极开展各项文体活动及科技创新活动;注重身体素质的提高,坚持参加早锻炼,社会实践活动开展得有特色。

6.学生评优评先条件

(1)校"十佳"五小公民评比条件

现为少先队员,热爱中国共产党,热爱社会主义祖国,热爱人民,立志成才,具有远大理想;勤奋学习,善于思考,积极实践,敢于探索,具有创新精神;热爱生活,乐观向上,勇敢顽强,自强自立,具有坚强意志;热爱劳动,勤俭节约,诚实守信,团结互助,具有优秀的品质,德、智、体、美全面发展,事迹能够充分体现21世纪中国少年儿童的精神风貌。

(2)校优秀学生干部评比条件

①责任心强,能积极协助老师开展各项工作。

②能带头遵守队纪、队章,在学习、劳动等方面起到良好的带头作用。

③组织能力强,能组织安排好班、队活动并能单独主持主题队会。

④敢于大胆开展工作,抵制不良现象,制止各种违反校规的行为,团结帮助同学,一齐前进。

(3)文明学生评比条件

①尊敬师长,团结同学,自觉遵守《小学生日常行为规范》《小学生一日常规》。

②热爱集体,积极为班级服务,不做有损集体荣誉的事。

③在家中,孝敬父母,尊重长辈;尊重家长的劳动;替家长做力所能及的家务事;自己的事自己做;不挑吃穿。

④在一学期内无打架骂人、乱扔纸屑垃圾的行为。

(4)单项奖评比条件

在学习、生活、劳动、体育、艺术等任何一方面有显著进步或有突出成绩的学生,经过学生和教师共同评比,学校给予表彰。

7."好学生"评选标准

(1)"好学生"应具备的条件

"好学生"的评价标准:在家做个好孩子,在学校里做个好学生,在社区做个好公民。

①在家庭里做个好孩子:孝敬父母、自觉与父母沟通、生活自理、勤俭节约、自信乐观、尊老爱幼、和睦邻里。

②在学校做个好学生:学习目的明确、态度端正、积极进取、奋发向上、尊敬师长、团结同学、欣赏别人、自重自爱;热爱劳动、关心集体、助人为乐、心理健康、勤俭节约;全面发展、学有特长、合作坚韧、具有团队意识和创新精神;能够模范遵守《中小学生守则》和《中小学生日常行为规范》,具有良好的道德品质和文明行为习惯;操行评定优秀、学习成绩良好、体育成绩合格。

③在社区做个好公民:热爱祖国、拥护党的领导、道德品质优良、遵纪守法、文明礼貌、诚实守信、爱护公物、讲究公德、保护环境、助人为乐、伸张正义、积极参加公益活动,具有社会责任感。

(2)否决项

①有不良学习习惯的。

②集体活动不积极参加的。

③进入营业性网吧及游戏厅上网玩游戏的。

④打架斗殴严重违纪的。

⑤不能与同学、老师、家长和谐相处的。

⑥其他违法违纪行为的。

(十二)重大传统纪念日教育制度

为使全体师生不忘历史、了解历史,结合重大纪念日对学生进行历史教育、国情教育、思想政治教育是学校德育工作的重要组成部分。在每个重大纪念日来临之际,必须精心组织精心设计,使教育活动生动活泼,切实起到应有的教育作用。

重大纪念日:

1 月 1 日:元旦

3 月 8 日:国际妇女节

3 月 12 日:植树节

4 月 5 日前后:清明节

5 月 1 日:国际劳动节

5 月 4 日:青年节

6 月 1 日:国际儿童节

7 月 1 日:党的生日

8 月 1 日:建军节

9 月 10 日:教师节

10 月 1 日:国庆节

11 月 27 日:渣滓洞、白公馆死难烈士纪念日

三、学生管理制度的措施保障

学生管理制度是学校办学特色与发展的宏观体现,为了确保学生管理制度内

容的有效实施,需要学校内部和外部共同努力。在前一节中,我们提到了教学监控的措施,这也是学校实现发展的重要途径,因为教学质量是学校发展的命脉。这一节中我们倾向于从外部探讨学生管理制度的保障措施。

(一)借助教育行政部门,发挥教育督导作用

学校办学离不开教育行政部门的大力支持,需要他们给予办学的自主权、发展权;需要政策上的引导;需要财政上的支持等。当然,为了促进学校的特色发展和学生的全面发展,教育督导的作用不容忽视。教育督导的主要职责就是根据国家规定,对下级人民政府、教育行政部门和学校以及企事业办学单位的教育工作进行全面监督、检查、评估、指导,保证国家教育方针、政策、法规的贯彻执行和教育目标的实现。正确发挥教育督导的导向、监控、反馈、评估、协调和激励等功能,有利于全面贯彻教育方针政策,落实工作总体目标和任务;有利于遵循教育客观规律,强化学校科学管理工作;有利于提高教育教学质量,端正学校办学方向;有利于促进应试教育向素质教育转化,推动教育改革和发展。

"教育督导是国家对教育工作实施有效管理的重要手段,是政府履行教育职责的重要环节和有力突破口,在促进义务教育均衡发展中发挥积极作用。"[①]

对学校发展水平进行督导评价,是衡量学生管理、学校管理的具有说服力的重要依据之一。学校发展水平督导评价,就是"以现代教育发展观为指导,以促进学校发展为目的,以学校发展过程为主要对象的评价,是一种关注学校的发展目标和潜力,注重诊断发展中的问题,寻求学校发展的关键因素,重视学校教育质量提升,强调学校依法办学、自主发展,帮助学校发展个性、办出特色的督导评价新模式"[②]。其核心理念是促进学校内涵式、可持续、个性化的自主发展。"内涵式"指通过提升教师素质、优化学校教育管理、提高教育教学质效等手段来促进学校发展的一种方式,是学校发展力量的本源;"可持续"是指学校发展的轨迹,是学校不断自我提升和健康发展的标志;"个性化"是指学校发展的外显特征,是学校自主发展、创建特色的结果体现。在当前基础教育领域由"应试教育"转向全面实施素质教育的深刻变革中,教育督导机构依据国家有关教育的法律、法规、方针、政策及教育目标,运用科学的手段,对教育过程和教育效果进行价值判断和监督指导,是实现教育管理科学化、强化宏观管理的有效手段。教育督导是现代教育管理的不可缺少的组成部分,教育事业的改革、发展,只有决策和执行是不够的,对决策和执行情况必须实行监督;对教育发展的水平和质量必须进行科学评估。总之,有效发挥教育督导的作用,是监督和评价学校管理的有力举措,是检验和衡量师生发展的重要手段,是

①张军凤,马蕴龄.加强现代化建设督导评估,促进义务教育均衡发展[J].天津市教科院学报,2010(3):55.
②俞根龙,沈忠明.完善教育督导评价机制,促进学校依法自主发展[J].上海教育科研,2003(7):47.

提高和改进学校办学的有效参考。

(二)发挥学校、家庭、社会的网络化管理作用

学校学生管理制度要紧紧围绕办学宗旨、深化办学理念、凸显办学特色,以"生命教育"为关切点全方位展开。教育不仅仅是学校的工作,管理也不仅仅是学校的工作,而是需要家庭、学校与社会的共同合力。学校以课堂教学为主渠道实施生命教育与管理,以课外的实践活动作为有效的延伸和补充。学校、家庭和社区共同组织开展形式众多的实践活动诸如:采访、参观、调查、实践、校园网互动等,让学生的身心得到锻炼与发展。

学校以"生命教育,奠基幸福人生"为总体办学价值理念与依托,秉承对每个学生生命负责的态度,转化教师的生命教育观念、提高教师的教学与科研能力,凝聚教师团队,构建生命教育的课程体系,完善人文与科学化管理,营造良好的校园文化环境,一切为了学生的幸福成长,一切为了生命的本真回归。其次,注重优化家长心理素质工程的建设,为生命教育注入新的内容,使家校形成生命教育的共同体。通过"家长学校""亲子活动""家长讲座""一日家校交流活动"等形式,指导家长形成良好的心理素质,掌握科学的生命教育观。例如,依靠家长学校,让同学们自由搭配,去探访大自然中的每一片花草、每一棵树木,看一看小草露头时的姿态,闻一闻树木吐翠时的气息,听一听鸟儿飞落枝头时的鸣叫,了解自然界花草树木的生长特点。或者结合节日庆典活动开展感恩教育。在"母亲节""父亲节"等节日,开展"回报父母、孝敬长辈"的系列教育活动,可以让学生实实在在地观察到家长的辛苦,体会到父母的可敬,从而从内心深处激发起对父母亲人的浓浓的爱意。同时,拟定每学期开展两次生命教育观摩活动,邀请家长参与听课、评课。听取家长的反馈意见,与家长进行沟通交流,促进教育教学的改进。并鼓励家长、家长委员会共同参与课程设计,协助开展生命教育体验活动,并参与社会实践和服务,体验、认识生命的意义,不断形成家校齐抓共管的大教育网络。同时,开展社区性活动,如"我为家乡添美丽""节约用水,为生命止渴"以及红色革命主题社会实践活动,并与家长会、社区机构、人力资源保持密切联系,逐步使生命教育由学校推广到社区。

第三节 校本教研制度

一、校本教研制度的意义

"校本教研制度，是指随着新课程的深入发展而生成并日趋完善，以学校为研究场域，以学校领导和全体教师为研究主体，以学校课程发展中的真实问题和困惑为研究对象，以实践和反思为研究形式，以促进学校文化的形成、教师专业的成长以及学生全面发展为归宿，以显在制度文本和潜在规则体系的有机结合为存在形式的教学研究制度。"①校本教研制度的建设深入关切教师的发展，它从外部环境和文本制度上都为教师的专业发展提供了良好的支持与保障。对其发展起着规约、保障和促进的功能。不仅为教师提供了更多的培训与学习机会，而且融入教师的职业生命，将理论与实践有机结合起来，并注重以"行动教育"为基本理论，强调"实践—反思—实践"的研究形式，进而为教师专业素质的提升创建了发展环境，为教师专业化发展开辟了广阔道路。

（一）促进教师专业自主发展

校本教研是教师直接参与的行动研究，是教师专业成长的有力平台，因为校本教研不同于以往的教研活动，它更加注重以下三方面：校本教研致力于解决教师在教育教学过程中遇到的真实问题。这些问题的解决主要靠教师自己去研究去探索；校本教研偏重于实践研究，它不是仅停留在理论的层面，而是为了寻求教学中问题的解决；校本教研是所有教师需要参与的，不是个别教师的专利。因此校本教研关注的是教师的行动研究和实践能力，关注自身教学行为的反思与跟进，关注教师如何让学生学得更好的问题，关注师生生命成长的过程。可以看出，教师的内在需求是推进校本教研的原动力。校本教研将促进教师从自身内部发展起来并为改进自身所面对的独特情景而进行研究，以持续不断的系统化反思作为主要的研究方式，以促进自身专业结构的更新、演进与丰富，进而形成独具特色的职业生活方式。

专门研究教师专业化及专业发展的美国学者杰克逊早在20世纪70年代就指出："教师被动专业化即将被尊重教师个人成长规律、强调教师自身积极作用的教

---

① 和学新，乌焕焕.校本教研制度建设的意义与价值审视[J].教育科学论坛，2010（1）：30.

师主动专业化所替代。"①因此,可以看出,要想真正实现教师专业发展,教师必须是主动的、自觉的。实际上,教师的专业发展只有在教师自觉、自律的基础上才能得以实现。教师的主动专业发展"关键在于实践性知识的不断丰富,教师的专业性靠实践性知识,即运用综合的高度见识所展开的问题意识与问题解决的成熟度来保障的。教师在以'参与''反思'为主要特征的行动研究中不断获得对实践的反思能力,进而使自己获得专业发展"。② 校本教研制度的核心理念就是强调教师的自主性、能动性、合作性。教师专业发展主要取决于教师能动的探索和发现教育教学中的问题,进而进行实践行动与反思。生命教育研究是我校校本教研的主要内容,所有教师都要参与进来,在校本课程开发、课堂教学、系列活动中都紧紧围绕上浩小学生命教育的理念,不断地探索和总结经验,促进教师个人和群体的自觉性形成。使每个教师真正懂得生命教育的内涵与价值追求,在构建自我生命成长的过程中,贯穿敬畏生命、尊重生命、关怀生命的强烈意识,才能给予学生最佳的榜样示范,从而通过校本教研促进教师的职业发展与职业幸福。

(二)促进教师实践智慧的生成

教师的实践智慧是教师开展教学研究的一种实践性知识,是教师专业发展必不可少的知识和经验基础。这种实践智慧不等于任何脱离主题而存在的"客观知识",是人在生活世界中知道怎样做的知识和经验。实践智慧在性质上属于知识经验范畴,在来源上不属于外在输送的"客观知识",而是主体在能动实践中生发的属于自我的认知,其目的不是概括出一般规律和理论,而是基于实践,解决实践中的具体问题,实现主体的自我完善和发展。教师的实践智慧,是指教师在教学实践中,通过不断反思和探索而生发出属于个体的实践性知识,它有利于完善教学实践,实现专业发展。校本教研是在教学中进行研究,在研究中改进教学,是教学与研究的内在融合。教师实践智慧来自教学实践,但仅有教学实践不能生成,还需要教师在实践中不断地思考、反省和探究。在传统的教学实践中,教师只是按教学计划、教学大纲、教科书所框定的内容进行机械灌输,教师是输送知识的机器,学生是接受知识的"容器",师生之间的教学关系是机械的"我—它"的关系,完全丧失了人际交往中的主体性。在这种关系中,教师只是进行"流水线"作业,没有能动的反思,实践智慧也无从生成。新课程强调教师的主体性和能动性,要求教师在教学中能动地"用教材教"而不是"教教材",要能动地创生教材、教学进程。实践智慧在生命教育校本教研中可以理解为在教材中如何挖掘和正确使用生命教育的因子,如

———————————

①Jackson PM.Olddogs and Newtricks:Obervations on the continuing education of teachers[A].In:RubinIJ, Ed. Improving Inservice Education:Proposals and Procedures for Change[C].Boston,Massachusetts:Allyn&Bacon,1971:19-36.

②叶澜.教师角色与教师发展新探[M].北京:教育科学出版社,2000:228.

何以恰当的方式让学生理解与接受,并内化到学生的心灵。新课程理念下建立的校本教研制度,以学校的生命教育校本教研为例,就是在制度上为教师从事教学研究提供规范,为教师实践智慧的生成提供机制上的保障。

二、校本教研制度的内容

教师的专业水平是从事教育工作的生命,为了在教育教学中更好地发挥教学研究工作的作用,提高教师生命教育专业水平和课堂教学能力,进一步提高办学质量,特制定校本教研制度。

(一)目标

以促进教师专业发展和学生全面发展为宗旨,以生命教育实施过程中教师所面对的各种具体问题为对象,以教师作为研究的主体,研究和解决教学实际问题,总结和提升生命教育教学经验,形成民主、开放、高效的教研机制,努力把学校建设成为学习化组织。

(二)组织保障

1.构成对象

成立校长为第一责任人的生命教育校本教研领导小组,积极构建层层管理,逐级落实,全员参与的教学研究管理机制,整合学校教导处、教科室、教研组等力量,形成校长总负责,教导处、教科室具体抓的管理模式。

2.组织形式

学科组和年级组是校本教研的基本组织形式。年级组教研,同年级任课教师从不同的学科角度,分析研究生命教研开展情况,并通过集体的智慧以及学科间的交流研究教学,有利于促进学生生命质量的发展;学科组教研,同学科教师共同研究本学科的有关教学问题,有利于学科研究的深入,更有利于教师个人学科专业化水平的发展。

3.改革传统制度

备课制度。改革传统的教师备课形态,不再以个人为单位按照自己的想法备课,强调集体备课,资源共享。形成以各学科科室为小单位的集体备课组,促使教师深入钻研教材和教法,共同讨论与交流,分享彼此教学中的经验与感受,形成智慧合力。改革传统的以"知识为中心"的传授方式,紧密结合新课程的理念,不仅只备教材,还要备学生,要求更加注重学生的主体经验成长。

听课制度。改革传统的听课目标。听课不仅仅是观察教师教学内容的达成情况,要转移到以学生获得为核心的目标追求上,综合知识与能力、过程与方法、情感态度价值观的三维目标评价体系。凸显以生命教育为特色的学科教学,以提高师生生命质量为长远目的,以促进师生幸福为价值追求。

说课制度。学校的核心力量是教师。说课是检验教师素质最主要的方式之一。要求教师改变传统的只为说课而说课的形式,要求提升教学理念,因为教学理念是关系教师教学态度和教学情意的重要因素。紧紧围绕生命教育的至高追求,关注教学过程的动态生成,叙说教学过程师生之间的互动和情感沟通以及教师的体会与感受,强调教后反思及自我评价。

评课制度。改变传统的重教师轻学生,重结果轻过程的评课制度。校本教研中的评课首先需关注学生,从学生学的角度评价教师教的质量。其次,关注过程,取消形式主义,要求教师从内心深处和学生一同体验生命教育的成长,而不是仅仅教会学生喊空话,要在生活的细节入手。结合诊断性评价、过程性评价和终极性评价的方式形成全面有效的评课制度。

4.建立新制度

理论学习制度。学校有计划地组织教师学习教育理论,特别是展开以生命教育为主题的理论学习,引导教师学习新课程及相关教学理念,不断完善自身的知识结构和理论素养,养成理论学习和实践反思的习惯,不断提高研究和解决教学实际问题的能力。

对话交流制度。学校定期邀请校外专家、优秀教师与本校教师就教学实践中出现的问题展开研讨,互相对话,以实现经验之共享;同时,经常组织本校教师结合个人的教学实际,围绕某一典型案例或教学细节,深入研讨与发展生命教育理念。

课题研究制度。在专家团队的带领下,努力将我校生命教育实施状况与相关成果上升为理论高度。同时,学校教科室须善于将本校教学中迫切需要解决的问题提升为校本课题,以年级组、学科教研组或备课组为单位,组织教师深入研究,并切实加强对校本课题的过程管理,在实践的摸索与总结中找到解决问题的途径与方法。

(三)教研方式

1.自我反思

自我反思是指教师以本身实际教学活动为思考对象,对自己在教学中的行为以及由此产生的结果进行审视和分析的过程。这种反思不是一般意义上的回顾,而是带有研究性质地反省、探究存在于教学活动中各方面的问题。教学前,教师凭借以往的教学经验,设计新的教学活动;教学中,及时发现教学过程中的问题且迅速调控;教学后,在一定理念的指导下,反思教学过程中出现的一切问题,或总结经验,或汲取教训,以促进教学能力的发展。

2.同伴互助

同伴互助强调的是教师群体间的合作与交流,经验的分享与共同成长。特别是新手教师需要有经验的教师的指点与帮助。优秀教师作为引领,形成学科组、教研组为单位的互助关系,提供良好的教师学习氛围,促进校本教研的顺利开展。

3.专业引领

校本教研虽然是以学校教师为主体,但由于各方面条件限制,本校研究团队缺乏先进的理念和理论水平,为了更好地实现学校生命教育的特色发展,聘请有关专家与学者进行定期指导与研讨,结合学校实践情况,帮助学校在理论层面构建更加完善的生命教育体系。

(四)开展形式

进一步完善学校、教研大组、备课组三级校本教研制度。规定教研组两周开展教研活动一次。

校级教研活动以上浩小学生命教育指导纲要、新课程理念、课标、教育思想学习和案例分析,课例评析、典型课观看、讨论为主。每学期要举行不同形式的生命教育课堂教学观摩活动1~2次,生命教育教学沙龙或研讨交流1~2次,将"说课一听课一研讨"作为新教研常规,促进课堂教学的实效性和教师的发展。教研大组活动则以生命教育各学科的针对性业务学习,案例分析,课例研讨、备课为主;备课组教研活动不受时空的限制,可随时随地开展备课、教学研讨、案例分析、问题探讨解决等活动。具体形式如下:

1.加强自我研究意识,养成理论学习和实践反思的习惯,要求每周写一篇有针对性的生命教育教学反思、每学期两篇生命教育教学案例 、每学期生命教育论文一篇、上1~2节生命教育研究课,一个教育故事,一个教研案例,不断提高研究和解决生命教育教学实际问题的能力。

2.以学科组和跨学科综合教研组为互助载体,促进教师与同伴的对话,注重"以老带新,以强带弱",提倡在校本教研中有不同呼声,在一个群体中有不同思想。鼓励教师大胆批评,各抒己见。

3.把教师提出的问题作为研究内容,将问题入组,以组为单位制订计划,开展研究,每学期要重点解决生命教育教学中的问题1~2个。

(五)教研活动要求

1.各组长做好教研活动计划,按计划组织好教研活动。

2.做好教研活动过程记录,做好学期末的活动总结。

3.各组认真收集和整理各种研讨资料,完善校本教研资料袋。

4.各组成员积极参加教研活动。

(六)奖励制度

1.将校本教研制度的落实情况列入学期目标考核工作中。

2.每学期开展"生命教育校本教研先进教研组""生命教育先进个人"评比活动。

3.对优秀的教师个人优先参加各级专业培训，评估评优优先考虑。

三、校本教研制度的措施保障

校本教研制度是为校本教研在制度层面提供的一个保障，是保障校本教研得以顺利开展与实施的机制条件，是评价与监督校本教研的重要指标。上浩小学校本教研制度主要是保障学校顺利开展以生命教育为主题的研究。为此，学校提出若干措施：

（一）提高教师参与教研的自觉性

苏霍姆林斯基曾说："如果你想让教师的劳动能够给教师带来乐趣，使天天上课不至于变成一种单调乏味的义务，那你就应当引导每一位教师走上从事研究这条幸福的道路。"校本教研是教师参与行动研究的最佳途径。教师从这里起航，将会体会到教育的另一种快乐。校本教研是以教师为主体，以教师发展为主旨和归宿的研究活动。从这个意义上讲，教师必须树立全新的观念，通过校本教研理论的学习，充分认识到校本教研是有效推动自己成长，促进自己专业发展的平台，唤醒自我研究的自觉意识，从情感上接受校本教研新理念，对教育改革的理念与艺术也从感性的潜意识上升为理性的自觉性，并逐渐形成自觉研究的行动需求，从而对教师个体和群体的专业发展产生持久而深刻的影响。因此，提高教师参与校本教研的首要任务是更新教师的校本教研观念，以教师自身不断成长与进步为动力，以教师职业价值的实现为目的，在行动研究中体验职业幸福。

其次，运用激励机制提升教师的精神境界，激发教师主动学习的内驱力是行之有效的良方。学校通过各种途径和形式，广泛宣传校本教研的意义和作用，着实强调只有真正开展以校为本、以师为本的校本教研，才能更好发挥自身潜能，提高专业素质；运用典型事迹和生动案例，澄清一些教师在校本教研方面的模糊认识，使教师看到教育科研不是只有名师和高校专业人员才能做的事，普通教师只要钻研和努力也一样能够做到做好；在改进对学生学业评价标准的同时，对教师的业绩也实行发展性评价，改变以往单一以学生考试分数评价教师的标准为以教师发展为核心的评价机制，充分肯定每一位教师的点滴进步和创新成果，通过科学评价促进教师对工作的反思，全面了解自己的优势和缺陷，从而不断地改进教学，提高专业发展水平；鼓励和引导教师开展校本教研的自我评价和同伴互评，每学期初由教师自定个人专业发展目标，期末对照所定目标，进行自我评定，凸显教师的主体地位，从而进一步提高教师参与校本教研的积极性；制订教研奖励方案，每年一次对发表论文、获奖论文、编写教学专著等的教师，按不同等级给予相应的奖励。

（二）优化教师队伍

教师作为校本教研的核心实体，它的质量决定了校本教研是否顺利开展及其成果。因此，优化教师队伍是保障校本教研制度得以顺利实施的重要一步。我们在了解与观察的基础上，深入了解各位教师在生命教育研究上、教学实践中急需解决的重点、难点与热点问题，分清轻重缓急，由点到面，由易到难，由浅入深，有计划、有步骤地安排校本教研活动。比如根据学校的教师年龄结构，充分利用年轻教师的朝气蓬勃、积极上进的精神，年长教师的丰富经验优势建立帮对制度，定期听课、指导与交流；制订行之有效的培训计划，定期开设专题讲座、观摩学习与教师技能大赛等。对于中年教师，培训的重点是尽快使他们成为骨干，提高论文水平与工作总结质量，提高评课水平，更好地协助辅导并带动青年教师迅速成长等。对于骨干教师，努力创造条件使他们的专业素养有所突进，形成有创新特色的教学风格，成为各学科的带头人。这样，在各个层面优化教师队伍，为校本教研提供有力的保证。

（三）创设教师自主发展的校本教研环境

学校是进行教育教学教研的主要阵地，为了更有利于教师专业素质的提高，我校努力在各方面为教师创设一个充满人文关怀的、宽松愉悦的工作环境，引导教师健康生活，快乐工作，在学习和工作中提高生命质量，实现人生价值。例如每年给教师订购教育科研书刊；成立专门负责校本研究的教育科研室；教科室每年根据学校的实际情况以及存在问题，制订一系列有指导性、针对性和可行性的制度和措施，为教师的教学和研究工作服务，并努力创设条件，引导教师们进行同伴互助。建立平等对话、合作切磋、经验交流的平台，举办形式多样的"教学研究沙龙"活动等，提供一个安全、信任的校本教研氛围，使教师们自由表达自己的见解，彼此吸纳有益观点，并在各种观点的碰撞中达成共识。使每位教师能够从最初对校本教研的陌生逐渐产生热爱之情，通过以生命教育为课题的研究中，逐渐形成教育行动研究的意识，并践行研究的理念，反思研究的过程，以此来促进教师共同成长与进步，形成教育研究的和谐氛围，共同打造上浩小学生命教育特色。

第九章　生命教育的保障措施

　　生命教育保障机制，是为了实现学校生命教育的发展，由生命教育与生命教育活动有关的教育要素有机结合成的学校教育的互动系统和关系结构，细化为校园环境改进、校本科研推进、校本教材跟进等保障措施。这些都有力地支撑了上浩小学生命教育的实施。

第一节　校园环境改进

　　校园环境是指校园物理环境，包括校园地理环境、建筑群落布局、教学设备与校园网络等物质要素①。通过对各种校园生命安全设施的改进，保障师生生命安全，通过对各种教学设施的利用，为师生提供一个良好的尊重生命、热爱生命的氛围。因此，校园环境为生命教育的实施提供了坚强的物质保障，同时也为生命教育文化的塑造提供了坚实的物质平台。

　　校园环境文化也是一种学校物质文化。学校文化是以学校的精神为核心，蕴含于学校的教育制度、教育教学活动、师生的行为方式以及学校的传统、仪式、典礼和学校环境、建筑之中的学校的精神追求和行为方式的结合体②。而校园环境文化则是学校价值观念和教育理念在学校物质设施中的体现。学校的环境文化建设主要表现在学校建筑、学校环境、教室安排、学校雕塑和标志物等方面。

一、生命学校物质保障的意义

（一）为保护师生生命提供硬件保障

　　生命学校的物质设施为保护师生生命提供了硬件保障。生命学校的物质设施包括消防生命安全设施、治安生命安全设施、劳动生命安全设施、生命教育文化设

---

①蔡红生.中美大学校园文化比较研究[M].北京:中国社会科学出版社,2010:210.
②冯建军.生命化教育[M].北京:教育科学出版社,2010:97.

施等,通过各种硬件设施的全方位装配,从而为保护师生生命提供硬件保障。

上浩小学生命教育研究课题组投入资金120多万元,用于安装消火栓、修建辅助消防通道跨楼天桥、完善消防生命安全设施设备,以及为每位警校学员配置"小军装"。同时,积极建设生命教育文化设施,从而为生命教育的进行提供了硬件保障。

(二)为实施生命教育创造良好环境

在实施生命教育的过程中,除了传统的课堂教学外,还有就是"潜在课程"教育或"隐蔽课程"教育,硬件设施的配置则为生命教育的"隐蔽课程"实施创造了良好的条件。"隐蔽课程"是一门鲜活的、立体的、形象的、内容丰富的教科书,苏联著名的教育实践家和教育理论家苏霍姆林斯基曾指出"用环境……进行教育,这是教育过程中最微妙的领域之一",而生命教育也不例外。因此,精心设计、创建良好的以尊重生命、热爱生命为主题的校园环境是培养"全面和谐发展的人"的前提,同时它又是对学生精神世界施加潜移默化的影响的手段。

首先,我国传统教育历来重视环境的教育作用。中国古代圣贤都非常重视环境对人的感化、熏陶作用①。《荀子·劝学》篇有"蓬生麻中,不扶而直"的说法,就是讲环境对人潜移默化的陶冶作用。中国古代书院大多依山傍水,景色宜人,建于环境幽雅之处,"借山光以悦人性,假湖水以静心情,使学生获超然世外之感,在万籁空寂中悟通皈真"。到了近代和当代,人们不仅注重选择良好的自然环境作为校址,而且积极把自然环境创建成理想的学习场所,在这些校园里,校园环境都是精心设计、精心安排的,校园整齐有序,充满文化气息,校园的合理布局,建筑物的装饰,校园绿化美化等文化景观的建设,通过自然山水、花草树木、橱窗宣传、名人画像、名人雕塑、名言警句等,校园人得到潜移默化的教育。环境育人的内容和效果不同于其他的教育形式,它通过审美过程使人产生心灵的震颤,通过美的享受和艺术的感染去净化心灵,陶冶情操,升华道德,最终使受教育者在没有意识到受教育的情况下而接受了教育。

其次,校园环境也为生命教育的实施创造了良好的条件。生命情感氛围的营造不是靠知识传授的方式可以完成的,它需要通过渗透的方式给人以心灵的震撼和人格的陶冶。所以,情感氛围的营造需要学校中的各个主体主动参与其中。而在肯定生命过程、肯定生命价值的校园里,师生在对生命命题达成共识的校园环境中,个体对自我生命及他人生命的认知和体验必然能够达到升华。因此营造校园生命情感氛围,能够帮助学生产生积极的生命情感,让生命充满振奋、乐观、向上的因素,从而能够充分体验生命的美好。"近朱者赤,近墨者黑""蓬生麻中,不扶而直",这是古人对环境造就人的精辟阐述。

①蔡红生.中美大学校园文化比较研究[M].北京:中国社会科学出版社,2010:211.

校园的物质设施不仅是教学科研活动地,同时也是校园文化,尤其是生命文化的载体。通过积极营造适合学生生命教育的校园环境,充分利用一切资源,营造一种轻松的、高品位的校园文化环境。以科学、正确的校园文化引导学生的生命观念,使学生在良好的校园环境中感受生活的美好,培植正确的生命观,从而更加珍惜生命,主动远离对生命的干扰和不良影响,以饱满的热情参与到工作、生活、学习中去,积极向上,不断进取,努力实现自己的生命价值.

(三)为创新教育形式打造全方位条件

在新课程改革和生命教育实施的大背景下,构建生命学校这一小环境也同样重要。良好的生命校园环境是"会说话的",它可以成为课堂教学的智力背景,可以成为教学计划的第二套大纲,可以成为精神生活的有机部分,可以成为个性全面发展的重要源泉。

1.生命教育与审美教育相结合

审美教育对建设生命校园环境的作用是显而易见的。建筑本身是一门实用与审美相统一的艺术,建筑的设计必须既考虑到它的实用价值,还要满足人们的审美需求。因此,在校园的规划、布局上就应该紧扣"审美与生命"这两个主题,根据自己学校的办学特点,在正确的审美观指导下,借用文艺美学的成果,因地制宜,突出生命文化氛围,使建筑、景观、花卉、树木、草坪有机地融为一体,通过感受生命的蓬勃发展的魅力,来达到心灵的震动和道德的升华,从而在不知不觉中发挥"润物无声,春风化雨"的生命环境育人功能。

2.生命教育与人格教育相结合

以尊重生命为主题的校园环境可以激励受教育者向真善美的境界进取,对于师生正确的人生观塑造有着积极的促进作用。优美的校园环境本身给人以美感,并通过英雄的雕塑、励志故事的展览等方式,以直观的方式呈现着崇高的审美理想和高尚的审美情趣,从而可以让我们感受生命的魅力与真谛,并促进师生人格教育的发展。

3.生命教育与育人目标相结合

以尊重生命为主题的校园环境还是提高办学质量的有效保证。以尊重生命和热爱生命为主题的校园环境对师生的教学活动、对优良的校风、学风、教风的形成都有很重要的影响。其原因在于置身于这样的环境,学生们能够意识到生命的意义与重要性,进而能够珍惜时间,勤奋好学;教职工重视体现自身的生命意义,勤政廉洁,专心育人,从而增强了学校师生员工的凝聚力和向心力,实现了教书育人、服务育人、管理育人、环境育人的综合效应,进而有助于整合学校育人目标的实现。

二、生命学校物质保障的特点

生命学校物质保障主要包括生命安全设施和生命教育设施,生命安全设施主

要保障师生的生命安全,生命教育设施主要为生命教育的实施提供相应的条件。而在其具体的保障过程中,具有以下特点:

第一,情境性与导向性转换。

生命物质保障首先是注意应用情境性。通过物质设施的建立,为整个学校构建尊重生命、热爱生命的良好氛围和情境,人在环境中感受生命的律动和意义。物质设施不仅是教学科研活动地,同时也是校园文化,尤其是生命文化的载体。通过积极营造适合学生生命教育的校园环境,充分利用一切资源,营造一种轻松的、高品位的校园文化环境。以科学、正确的校园文化引导学生的生命观念,使学生在良好的校园环境中感受生活的美好,培植正确的生命观,从而更加珍惜生命,主动远离生命的干扰和不良影响,以饱满的热情参与到工作、生活、学习中去,积极向上,不断进取,努力实现自己的生命价值。

第二,感性与理性结合。

通过对校园生命安全设施和生命文化设施的使用,师生可以感受到生命的强大的感性力量,例如生命的意义、生命的价值、各种生命的事迹等等。而在产生感性的刺激以后,师生通过理性的沉淀,将生命的相关知识内化,从而从直觉的瞬间把握生命的精髓,获得丰富的生命体验,进而有助于构建自己的正确的生命价值观和人生观。

第三,具体性与形象性共通。

通过校园文化设施的建设,例如,通过自然山水、花草树木、橱窗宣传、名人画像、名人雕塑、名言警句等,将生命教育的精神内涵和价值观念以具体的形式体现出来,从而使学生能够形象和直接地感受到生命的意义和内涵,进而通过感化和内化的方式获得相应的体验和理解。

第四,艺术与教育的融通。

环境的艺术教育具有强迫性,它和人的生活世界紧密地联系在一起,就是把动与静相结合,把整体与局部相结合,把视觉观照与动觉体验相结合,实现教育的目的。通过生命学校的物质保障实施,将生命艺术与生命教育融通在一起,进而可以在艺术的感知中促进师生对于生命意义的理解。

三、生命学校物质保障的实施

(一)物质保障的内容

作为生命教育实施的保障和载体,学校的生命物质设施和生命物质文化起着构建校园生命文化氛围,沟通心灵的渠道,并为师生员工提供良好的生命保障设施和丰富校园生命的生活的作用。而生命学校的物质实施和文化设施主要包括学校环境、文化设施和学校标志等。

学校环境直接影响师生员工的工作效率和情绪,优美的艺术化的校园环境,使学校的墙壁也说话,为师生员工提供良好的教育教学氛围,是学校重视师生员工的需要,激励其工作积极性的重要手段。学校文化设施是学校物质文化的重要结构层面,是学校教育、科研和生活的载体,是学校各项工作正常运作的保障。学校标志不仅代表着独立的存在实体,而且表达着自己独特的涵义。

(二)物质保障的原则

物质环境的设计要以人为本,要尊重人、关心人,发挥人的才能和智慧,调动人的积极性,只有这样,学校才能有凝聚力和生命力。而构建尊重生命、热爱生命的学校环境则是物质环境建设的目标,其应是以促进学生的发展为宗旨,一切为了学生,为了学生一切,其特征是自然化、生活化、真实化,强调学生的广泛参与,学生可以在学校生命环境中得到熏染,获得知识,又可以将学习的结果融入学校生活中,从而让学生在属于自己的家园中快乐地幸福地成长,进而能够尊重生命、理解生命、热爱生命。

在具体应用中,应以生命智慧的培养及生命自觉的启发为目标,营建一个从物质到文化的尊重生命的环境,并且重视和强化环境的生命教育作用。如校长可以微笑着对待教师,让教师感受到工作得很舒心;学校上、下课铃声由刺耳的铃声换成柔和、动听的音乐,草坪上有"别踩我,我会痛的"等等的温馨提示。苏联教育家苏霍姆林斯基曾经指出:"孩子在他周围——在学校走廊的墙壁上、在教室里、在活动室里——经常看到的一切,对于精神面貌的形成具有重大的意义,这里的任何东西都应当是随意安排的。"环境是一种直观而又潜移默化的生命教育力量,是一种重要的生命教育资源。碧波的荡漾、鸟儿的啁啾、花儿的芬芳能培养情操、陶冶心性,同时在优美的环境中,学生会产生一种自豪感、归属感,学生尊重生命、热爱生命的意识也会得到提高。

(三)配置生命安全设施,构建生命安全制度

生命学校的物质设施为保护师生生命提供了硬件保障,包括消防生命安全设施、治安生命安全设施、活动生命安全设施、医用生命安全设施、教学生命安全设施等,通过各种硬件设施的全方位装配,从而为保护师生生命提供硬件保障。上浩小学生命教育研究课题组投入资金120多万元,用于安装消火栓、修建辅助消防通道跨楼天桥、完善消防生命安全设施设备,以及为每位警校学员配置"小军装"。同时,积极建设生命教育文化设施,从而为生命教育的进行提供了硬件保障。

当生命安全设施配置齐全后,最重要的是通过建立一整套系统的生命安全制度来保障生命安全设施的使用能最大程度地发挥效果。

1.建立生命安全领导小组负责制度

学生生命安全工作关系到家庭的幸福、社会的稳定,树立"生命安全至上""生

命安全责任重于泰山"的思想意识,严防死守,层层落实,责任到人,对生命安全工作要"小题大做",保持对生命安全工作的高度敏感性。

2.明确领导小组及各部门的职责

领导小组要全面负责协调统筹学校师生生命财产的安全工作,负责起草并落实各项生命安全措施,负责召开师生生命安全工作会议及生命安全常识培训等工作。学校生命安全工作领导小组下设办公室、后勤组等,对生命安全工作进行层层分解,做到时时、处处、事事的生命安全工作有专人负责,以保证生命安全工作万无一失,杜绝生命安全事故。同时,应完善学校各类生命安全工作责任书。生命安全工作责任书包括:《班主任生命安全工作责任书》《科任教师生命安全工作责任书》等。以上责任书的签订,较好地覆盖了学校生命安全工作的方方面面,提高了全校教职工对生命安全工作的高度认识,做到责任明确、措施落实。

3.制定安全条例并开展安全教育

制定安全教育管理条例与学生安全教育制度,对学生的安全教育要突出预防为主,教育先行,明确责任,管教结合。因此,上浩小学制定了《安全教育管理条例》,条例规定学校定期开展安全知识讲座,将防盗、防火、防病、防事故等方面的教育制度化,规定班主任老师每逢周末、节假日都要对学生进行专门教育,增强学生的安全防范意识。另外,学校制定了学生安全制度,使学生明确有关安全问题的规定和纪律;明确在校不进行追逐、攀缘、滑楼梯等一切危险活动;明确校外公共场所要遵守的各项法规、守则,注意公共安全;明确防水、防电、防火的必要性及防范措施,如不私自游水、不玩电源开关等。

4.建立家校联系机制

通过家校合作以辐射社会的每一个细胞,实行群防群治。学校安全文化的建设靠学校的一己之力无法做到尽善尽美,必须依靠全社会共同协作。除了宏观上国家政策法规的明确要求,上级教育部门的有效监管,从中观角度,社区尤其是家庭与学校的协调配合,对学校的安全工作具有重要意义。主要应从以下两方面着手:首先,建立家校联系机制,对安全教育工作实行群防群治。定期召开家长会,借机对学生家长进行安全教育,要求家长认真督促检查子女的安全工作,把安全工作从校内做到校外。其次,定期联系家长,齐抓共管,不断提高家长对安全工作的认识。暑假、寒假,学校都致家长一封信,信中的一个重要内容是提醒家长注意对子女的安全教育,以保证子女在假期中的安全。

附录:重庆上浩小学消防教育活动

课题组坚持"安全教育,消防先行"的指导思想,着力打造以消防安全教育为特色的校园文化,实施素质教育,为学生一生的平安幸福打好基础。近年来,学校先后被评为"重庆市十佳少年消防警校""全国先进少年军校""全国消防安全教育示范学校"。相继有法国、英国以及市内外学校师生、社会群众到学校参观指导,《中国教育报》《重庆日报》和重庆电视台等主流媒体进行了专题报道。

一是抓警校建立。学校于 1995 年成立第一所"重庆市少年消防警校",为课题组开展消防安全教育特色搭建了坚实的平台。经过十六年的不断进取,少年消防警校培养了一大批懂消防基础知识、有消防宣传能力、会消防技能等综合素质高的学员。

二是抓组织领导。课题组聘请南岸区教委主任和南岸区消防支队队长担任少年消防警校的名誉校长,上新街消防中队队长担任名誉副校长,消防战士、中层干部、班主任、体育老师担任教练员等。强力的组织构架为学校打造消防安全教育特色学校提供了有力的保障。

三是抓物质保障。在学校的支持下,课题组投入资金 120 多万元,用于安装消火栓、修建辅助消防通道跨楼天桥、完善消防安全设施设备,以及为每位警校学员配置"小军装"。

(四)配置生命文化设施,构建生命文化氛围

学校的生命文化实施包括学校建筑、校园雕塑与宣传栏、校园绿化与美化等。通过对生命文化设施进行全方位的生命教育主题的渲染与包装,从而将生命教育的精神内涵和价值观念得以以具体的形式体现出来,进而为整个校园塑造生命文化氛围。

1.学校建筑的设计:作为人类的一种特殊品格的艺术,学校建筑是物质和精神、主体和课题、技术和艺术、形式和内容、自然和社会、历史和现实的"多元整合"。校园建筑是群体建筑,一般通过建筑造型、理学结构、线条组合、空间序列的转换和组合,来展现它特有的精神意义和价值蕴涵,有着重要的教育意义。因此,在学校建筑进行设计及其装饰的时候,应该多以"奋斗的生命""尊重生命""奔放的生命"为主题,通过建筑的形状,美化建筑的装饰,进而为生命文化构建最直接的生命教育的题材。

2.校园雕塑与宣传栏的设计:校园雕塑与宣传栏也是生命化学校环境中不可缺少的。首先,雕塑与宣传栏的设计要考虑到放置雕塑的环境特点,即朝向、人流、空间、噪音以及周围的环境。分析雕塑放置的位置同观赏者之间的距离,准确测定雕塑的尺度,使之能够更为合理,校园雕塑只有与周围环境形成"一体性",才能展示作品的意境,取得完美的艺术效果。同时,雕塑应选择学生比较熟悉的名人,同时,又能通过名人的奋斗历程让学生感悟到生命的价值与意义,例如,《钢铁是怎样炼成的》一书中的保尔·柯察金,其对于人生的态度感动了一代又一代人,尤其是"人最宝贵的是生命。生命对于我们只有一次。一个人的生命应当这样渡过:当他回首往事的时候,他不因虚度年华而悔恨,也不因碌碌无为而羞愧——这样,在临

死的时候,他能够说:'我整个的生命和全部精力,都已献给世界上最壮丽的事业——为人类的解放而斗争'。"的名言,就是非常理想的生命教育的题材。通过对校园雕塑与宣传栏的位置设计与内容的选择,进而可以构建最突出的生命教育的题材。

3.学校的绿化与美化:学校的绿化与美化对学生的生命体验有着直接的作用,绿化可以创造一种幽静宜人的环境,校园中芬芳的花草、如茵的绿地、扶疏的花木可以使学生在校园中享受大自然的美,得到大自然的馈赠,而碧波的荡漾、鸟儿的啁啾、花儿的芬芳能培养情操、陶冶心性,同时在优美的环境中,学生会产生一种自豪感、归属感,因此,通过校园的绿化与美化,可以让学生直接地感受到生命的灵动与鲜活,进而可以感受到生命的魅力,学生的尊重生命、热爱生命的意识也会得到提高。

附录:重庆上浩小学生命校园环境设计意见

一、校园设计的指导思想

1.宗旨:以学生生命发展为本,凸显生命的灵动,体现"上浩生命教育,奠基幸福人生"的学校办学理念、"开启智慧,润泽生命"的教风和"珍爱生命,快乐学习"的学风。

2.风格:快乐、智慧、温馨、现代。

3.思路:现代的形式背后凸显出文化的深厚和历史的悠远,意韵隽永,令人回味。常绿植物和五彩缤纷的四季鲜花,流淌着生命的律动和光彩。名人雕塑和名言的刻画,就如同物质的语言符号,阐释着对教育的独特理解,对生命的尊重。

二、具体设计

1.大门:灰色花岗岩镶嵌,校名为中英文对照。

2.校园大道:糙面青石板材铺设,呈圆形图案,体现生命的灵动。

3.篮球场:标准篮球场五组,球架造型为卡通,体现生命的活泼。

4.篮球场与运动场之间:建长廊,白色,廊柱稀疏;种植两种不同季节开花的藤本植物;廊中放置供休憩的童话长椅;地面为非规则大理石拼成的卡通图案,营造生命与自然融合的氛围。

5.学校墙壁四周涂上温馨的颜色,同时绘上各种生动与灵动的图案,书写一些尊重生命、热爱生命的主题标语。

6.雷锋与保尔·柯察金雕塑:放置于学校主干道两旁,同时将其名言"为人民服务""人最宝贵的是生命,生命对每个人都只有一次。一个人的一生应该这样度过:当他回首往事的时候,不因虚度年华而悔恨,也不因碌碌无为而羞愧"等名言写于雕塑的上方。

7.休闲活动区:相对于两个主题区域,用规则鹅卵石拼成卡通图案的曲径贯穿连接两个区域,草地上移栽易活的高大花木,如玉兰、樱花、杜鹃等;彰显灵性的溪水曲径通过校园,放观赏鱼于其中,一尊小型雕塑,形式为精致小品,风格为抽象派,体现学校的价值理念,即教育是基于生命的事业,小学教育的使命就是为儿童的未来幸福奠基。

第二节　校本教研推进

一、校本教研的目标

(一)校本教研的提出

随着新一轮基础教育课程改革在全国范围内的逐渐进行,国家课程、地方课程、学校课程三级课程管理模式的确立,传统的基础教育与科研都发生了巨大的变化。新一轮课程改革倡导课程应以促进学生发展为目标,并打破传统的统一模式,提倡多样化教材,并在教学过程中倡导学生主体性的发挥和教与学方式的转变等。另外,在教学过程中,教师的角色也发生了转变,教师应是一个引导者、方法的建立者,而不是简单的知识传授者,充分发挥学生在学习过程中的能动性。鉴于新课程理念的变革,教师在面对新的教学目标时,必须不断主动探索,经常反思总结,加快教师的专业发展,转变教师的角色,使教师从经验教学者转变为教学改革的研究者,并积极地将研究付诸实践以改革目前的实践教学。于是,在上述背景下,通过"校本教研"来提高教师专业素养的理论研究水平和实践探索能力,成为新课程改革中被广泛关注的焦点,校本教研由此逐渐普及开来。

(二)校本教研的内涵

"校本教研"就是以学校为本所开展的教学研究活动。它是以新课程理念为导向,以学校为研究基地,以促进每一个学生的发展为宗旨,以教学实践中出现的各种具体问题为研究对象,以学校的改革与发展为最终指向的,其目的在于改变教师的生活状况,促进教师的专业化发展,提升学校的教育教学水平。因此,"为了学校,基于学校,在学校中"是"校本教研"最简单的描述。

校本教研是一种新型的教研类型。从形式上来讲,校本教研并不是正式的学术研究,它是基于学校的实践教学问题,通过教师参与研究来改进学校的教学质量和管理水平,其研究范围比学术研究要小,研究目的也不是为了学术推广;从内容上来讲,校本教研并不是单纯的实践教学或者理论研究,而是通过基于教师教学实践问题的分析与研究，来促进教师专业水平的提升和学校的特色发展；从特色上来讲，首先它强调教师的主动参与，新课程理念下，教师不仅是一个"教书匠"，更是一个教学研究者，并且其研究行为应是自主的、有意识的和合作的，具有自觉的内在动力，同时通过教师之间的相互合作和教师自身的自我反思，使教师能够共同进步、成长[①]。同时，校本教研强调自然情境性，校本教研与一般的教育科研不同，它重视的是中小学教学实践的科学研究和开发，主要目的在于沟通教育理论和实践，促进中小学教师的专业化发展，因此，学校是校本教研开展的场所，教室是教师的实验室，学生是教师的实验对象，教师在自己最熟悉的课堂上开展研究，在研究的过程中完成教学任务，这意味着校本教研是在动态的自然情景中进行的，它所解决的问题是教学实践中真实的、亲历的，研究的结果是直接运用到本校以改进教学实践的，具有很强的针对性和情境性。

（三）校本教研的目标

基于校本教研的意义与内涵，我们认为开展"生命教育"的"校本教研"，其主要目的是为了解决学校和教师在生命教育教学实践中发现的问题、遇到的困惑，从而有助于促进生命教育教师专业成长，提高生命教育教学质量，其根本是为了促进以尊重生命、热爱生命为主题的校园文化，培养学生正确的人生观与生命观。

校本教研是促进教师专业成长的最佳途径。随着课程权利中心的下移和教师主导地位的提升，教师的专业发展成为教育领域研究的热点问题。校本教研作为一种新颖的教研形式，为教师的专业发展提供了契机，搭建了平台。校本教研是在教学中进行研究，在研究中改进教学，是教学与研究的内在融合。教师实践智慧来自于教学实践，但仅有教学实践还不能生成实践智慧，还需要在实践中不断进行思考、反省和探究。新课程理念下，强调教师在教学过程中的主导性和能动性，要求教师在教学中能动创生。校本教研为教师实践智慧的生成与专业的自主发展提供了契机。

校本教研是提高生命教育质量的必要途径。在生命教育实践应用过程中，问题和矛盾总是会出现的，而通过校本教研，立足微观的视角，以提倡教育实践中遇到和亟待解决的问题作为切入点，以解决生命教育中出现的实际问题为目的，从生命教育的形式、生命教育的方法、生命教育的内容等方面进行改进，全面打造学生愿学、乐学的生命教育实施体系，促进学校个性化、人本化的生命化校园的建设，有效地提高生命教育质量。

校本教研是促进学生形成正确的生命观的关键。通过培养专业素质较高的教

---

①杨韬.校本教研—教师专业化的必由之路[D].武汉：华中师范大学，2006：13.

师,并实施学生愿学、乐学的生命教育的内容与生命教育的形式,采用学生能够接受的生命教育的方法,从而能够真正促进学生正确学生观的形成,促进其养成尊重生命、热爱生命的意识。

二、校本教研的方法交流与介绍

校本教研是基于真实的教学情境而展开的研究活动,因此,其研究的进行遵从行动研究范式。行动研究的原则是"行动者要参与研究,研究者要参与行动。即一线教师要介入教学研究领域,而教学理论研究者要深入到真实的教学情境中",具体到校本教研活动,从研究主体上,强调以工作在第一线的基层教师为研究主体,从研究内容上讲,以教师自己在学校教学和班级管理中所遇到的种种问题为研究内容;从研究目的上讲,通过在教育研究人员指导下教师对问题进行诊断和分析,找出问题产生的原因,制订解决问题的具体计划和方案,并对实施结果进行循环评估和改进,进而使教师的教学和管理行为不断得到改善和提高,提升教师的专业能力。因此,作为应用研究的教育行动研究,其特点可以概括为:以问题解决为导向,以教师为研究主体,以实际工作中的问题为题材,重视与同伴及校外专家的伙伴关系,重视研究过程对教师观念和行为所带来的变化和改进,是一个不断循环修正的过程。

而在生命教育为主体的校本教研活动中,本着"为学生幸福奠基,促进教师专业持续发展,促进学校教学质量提升"的目标,上浩小学在行动研究范式的指引下,在生命教育教学实践中主要采取了"实践反思、同伴互助、专业引领"①三个具体方法。

(一)实践反思

实践反思是教师对自己教学实践的反思,即教师以自己的教学活动为对象,自觉审视自身的教学行为,分析产生其结果的原因并尝试改进的一个研究过程,"是一种理论与实践之间的对话,是这两者之间相互沟通的桥梁,又是理想自我与现实自我的心灵上的沟通。"在实践反思的过程中,教师担任着双重角色,一面是教学的主体,进行着具体的教学实践,同时,教师也是教学研究的主体,在教学的过程中,教师不断反省、思考、探索和解决教学过程中的各方面问题,通过研究自身的教学行为、教学理念,反思自身的教学实践,并且不断地调整教学理念,改进教学实践,提升教学水平,使自己真正成为教学和教学研究的主人。实践反思具有研究的性质,是校本教研中最基本的力量和最基本的形式,其具体形式如下:

1.课后教学反思。课后反思是教师执行课时计划后的及时总结,是课堂教学

---

① 任丽华.校本教研的理论与实践[D].济南:山东师范大学,2006:17.

中成功与失败的体现，是教师及时调整教学方法、改进教学措施的重要依据，是积累教学经验的具体素材。要求教师应当从一节课的最成功之处和失误之处着手，进行总结，内容可以是以下方面之一：自己对教材的深入理解把握及创造性使用情况、教学目标的落实情况、教学片段赏析、教学的"败笔"之处、教学中学生的见解及参与状态、教学设计等。

2.阶段教学反思。阶段反思是教师执行阶段性教学计划后的及时总结，是对一个阶段内教育教学内容和方法的反思。阶段性教学反思跳出一堂课的局限，从而可以站在更加宏观的视角，基于某一章的教学内容或者教学主题，反思教师与学生的具体沟通方面、教材内容的具体处理方面以及课堂反应的应急反应等，从而可以为下一阶段的教学任务制订较为有针对性的教学方案与教学方法。同时，学校规定阶段教学反思必须写自己真实的教学反省、思考、分析、探索，经过一年的督促，不少教师已尝到坚持进行教学反思的甜头——个人教学水平有提高，逐渐生成教学实践智慧。现在的教学反思，已由以往的被动应对检查逐渐变为教师的自觉行动、专业成长的需要，已成为教师教学行为的一种自然的流露、一种教学习惯、一种内在必需，反思的内容更广，反思更有深度。

3.学期教学反思。学期阶段反思是教师执行学期教学计划后的及时总结，是对一个学期内教育教学内容和方法的反思。学期末，学校要求教师对自己一学期的教学工作进行梳理反思，教师能真正静心思考自己一学期教学中存在的问题，总结自己的探索。写作回归反思分析的过程，也是教师澄清教学理念、专业水平提高的过程。

基于实践的自我反思，有助于更新教师的教学观念，积累教师的教学经验，提升教师的教学水平。只有经过反思，使原始的教学经验不断地被审视、被修正、被强化，最终能够强化教师的自主研究意识，加强教师实践的理解和认识，形成基于实践的系统性化的经验体系，从而使教学经验得到提炼、得到升华，从而成为一种开放性的系统和理性的力量，唯其如此，经验才能成为促进教师专业成长的有力杠杆，因此，基于实践的自我反思是促进教师专业发展的最直接和最有效的方式。

（二）同伴互助

校本教研强调所有的教师都是教学研究的参与者，并注重教师之间的合作参与，教师之间相互协作也是校本教研中重要的方法。校本教研提倡所有教师之间平等开展的专业切磋、交流和合作，相互学习，彼此支持，共同分享经验，促进共同的专业成长，而不是只是由教学经验丰富、教学成绩突出的优秀教师主导的成果分享。通过所有教师之间开展的多种形式的对话、交往与互动达成教师之间的互助与合作，分享彼此总结的教学实践经验，相互取长补短，进而在经验交流中使原有的单个的、独立的静态经验被激活、被分享,从而使所有的教师都能够增强自己的实践智慧和实践能力。同伴互助具有研究的性质,是校本教研中的重要形式,其具体形式如下:

1.教研组集体教研。在生命教育的实践中,生命教育课程教研组进行集体备课、通研内容、交流教学方法、互查备课作业设置、教学问题集体诊断等方式,从而能够保障各个班级的生命教育既有统一的计划与内容安排,又可以根据具体的班情和生情,灵活地选取教学方法,进而能够最大程度地提高教学效果。同时,其他学科教研组也积极开展了生命教育与学科融合的教学实践,通过集体教研,使生命教育的内容融入到语文、体育、科学、品德等学校的教学中。

2.师徒结对共同教研。在各个教研组的内部,由于教师之间的教学水平、教龄等存在较大的差异,学校本着"以老带新、以能带新、结对共进"的原则,每学年开始就给青年教师找指导老师及共进对子,并对师徒结对听课、指导互学作明确的规定:指导教师每周听徒弟 1 节课,徒弟每周听指导老师 2 节课。学期末对指导青年教师有突出贡献的指导教师、结对共同取得优异教学成绩的教师给予表彰鼓励。从青年教师的"师徒结对个人总结"看,师徒结对对青年教师的专业成长有很好的促进作用,从而使青年教师能够迅速地融入新的教学实践中,从而能够更快地将生命教学教育内容融合到各自的学科教学中。

3.教师之间相互听课教研。学校非常重视教师之间的相互听课,对教师听课节数有明确的量和质的要求:中学高级教师每学期听课至少 8 节,小学高级教师听课不少于 10 节,小学一级教师听课不少于 15 节,工作三年之内的青年教师每周听课至少一节,见习教师每周听课 2 节,听课的形式包括学科教师间的公开课、区市级的公开课、教研组间的公开课等。通过教师之间的相互听课,使教师能够熟悉到各个教研组之间是如何将生命教育的内容贯彻到各自的学科教学中的,并可以吸取其经验,完善自身的学科教学,从而可以有效地改进自身的生命教育质量。相互听课制度,也促使教师开放自己的课堂,更好地研究自己的课堂,促进教师之间的相互学习、相互交流、相互探讨。听课是一种很好的学习,已成为大家的共识。

校本教研强调教师之间的同伴互助,并非指要求在互助协作中必须达成一致,更主要的是在教师之间真正形成一种民主的、开放的研究氛围,尤其是促进教师集体的内部的专业争论。"在一个教师群体中,能够有不同的思想、观念、教学模式、教学方法的交流与冲突,是非常宝贵的,是非常重要的。"对话、交流、合作并不是指为了取得一致意见,更可贵的是不同意见观点的交流、碰撞甚至尖锐对立,在这种不同意见的申辩论争中,彼此之间才能启迪智慧、扩大理解,扩展和优化各自的认识水平和能力结构。因此,教师集体的同伴互助和合作文化,是校本研究的标志和灵魂。

（三）专业引领

所谓专业引领，就是其专业的理论知识来引领教师的教学实践，是理论对实践的指导，是理论与实践之间的对话，是理论与实践关系的重建。而生命教育的校本教研，不仅依靠校内教师的力量间的合作和反思，还要依靠校外专业人员的引领和指导，因为作为工作在实践一线的教师缺乏的正是系统的教育理论素养，而专业人员（主要包括教研人员、科研人员和大学教师）正好弥补了教师这方面的不足。因此，专业研究人员的参与是校本教研向纵深可持续发展的关键，理论指导、专业引领是校本教研得以深化发展的重要支撑。上浩小学的生命教育专业引领方面，主要有以下几种形式：

1.加强教师自身的理论学习。为了能够加强教师的理论学习，学校本着"营造生命校园，构建学习型教师"的目标，购置了一大批生命教育的相关书籍，涉及生命教育理论、生命教育实施方案、生命教育内涵认识等。同时，在创造了基础的条件后，为了促进理论书籍的有效使用，我校为每个教师制订了学习计划，为教师推荐读书书目，教研组之间相互推荐优秀文章，并要求教师在规定的时间书写读书笔记和读后感，同时，学校进行评比通报，并将优秀读后感上传到学校网页，供大家相互学习。

2.校内专业引领。为挖掘、发挥校内教师优势资源的作用，学校每学期都组织优秀教研组展示课，校首席教师、区市名师、教学能手、学科带头人展示课，教学骨干教师的课堂教学观摩，给予新进校的青年教师及老年教师很好的专业引领，进而使教师对于生命教育进课堂、进学校能够有一个直观的认识，从理论到实践上，起到示范辐射作用。

3.校外专业引领。同时，为了加强与校外专家交流和学习的机会和力度，学校每年都会聘请西南大学、区县调研员深入学校，为全校教师就生命教育的理论内涵、实施的必要性、实施的内容与方法开展相关的讲座，从而加深教师的理论知识素养。另外，学校定期会举办生命教育相关的公开课以及教学研讨会，邀请校外的大学专家、区调研员等作为点评嘉宾，就我校教师开展生命教育的形式、理念、方法等进行有效地指导，并就学习目标的制订、实施操作策略的准备等给出具体的指导意见。

教师角度讲，加强理论学习并自觉接受理论的指导，努力提高教育理论素养，培养理论思维能力，是从教书匠通往"研究型教师"的必由之路，同时，教师在加强自身理论素养之后，又会以更高的起点投入到生命教育的校本教研中，从而形成一个良性的循环。

综上所述，我校的生命教育校本教研的具体方法是实践反思、同伴互助、专业引领,三者相对独立又相辅相成、互相补充、互相渗透、互相促进,只有充分发挥三者的作用并注重相互间的整合,才能有效保障校本教研的顺利实施。

三、校本教研的成果实施

为了有效地利用班会开展生命教育,激发学生学习有关自我保护的知识,培养珍爱生命的能力,激发热爱生命的热情,学校各教研组结合本专业的特点,通过教师研讨、同组听课等方式,最终形成了一份上浩小学生命教育主题班会的实施方案。

该实施方案的主题包括"感悟生命、关爱生命、珍爱生命、绽放生命"等四部分,通过问题讨论式、专家讲座式、学生自主活动式等多种形式,分年级、分主题地开展生命教育,其主要内容如下:

上浩小学生命教育主题班会的实施方案

主题	主题班会	具 体 内 容	目 的
感悟生命	走进自然	低年级:保护益鸟 青蛙——农民的帮手 中年级:你了解吗——有益的动物 高年级:动物与环境 何谓生态平衡	了解有哪些有益的动物,懂得动物与环境的关系,认识到生命是平等的
关爱生命	尊重	低年级:学会使用礼貌用语 中年级:尊重,从称呼开始 高年级:尊重别人的人格 尊重别人的隐私	懂得与人交往最起码的是要尊重别人,该从哪些方面来尊重。如:尊重别人的意见、人格、兴趣、爱好
	宽容	低年级:从小学会宽容,不当小刺猬 中年级:宽容是一朵美丽的花 高年级:退一步海阔天空 宽容,赢得朋友	懂得宽容多,朋友多,能宽容别人的错误,学会大度,与人交往时能宽容别人,不斤斤计较
	同情	低年级:关爱同学、敬老爱幼 中年级:关爱残疾人 高年级:当别人有困难时 让世界充满爱	学会关爱残疾人,敬老爱幼,善待别人,当别人有困难时,有同情心,有爱心

（续表）

主题	主题班会	具体内容	目的
珍爱生命	环境	低年级：植树造林 　　　白色污染 中年级：绿叶、收集废电池 　　　垃圾的处理 高年级：废物的再利用	了解垃圾、塑料袋，知道植树造林，美化环境
	水	低年级：水污染源有哪些 中年级：节约用水 高年级：水与人的健康	了解水对人类的重要性，懂得节约用水，了解家乡的水资源现状及如何采取对策
	质量	低年级：小食品对我们身体有好处吗 中年级：我们的饮食有质量问题吗 高年级：查找假冒伪劣产品系列活动	了解假冒伪劣商品对人体的危害，明确拒绝购买假冒伪劣产品、保护自身健康
绽放生命	绽放	低年级：爱与奉献 中年级：让生命绽放异彩 高年级：理想与前途 　　　我们携手向明天	懂得爱的魅力，体会到爱的真谛，激发他们的爱心，进而关爱身边每一个人 畅谈理想，憧憬未来，认识到面对挫折应该学会坚强，只有勇敢面对一切困难，才能迎来灿烂的明天，让生命之花绽放异彩

第三节　校本教材跟进

一、校本教材开发的必要性

　　校本教材是在新课程理念的指引下，结合校本课程开发计划，根据学校自身特点和区域文化特色，由学校教师利用校内外的教学资源，自主编写或开发的满足学生个性发展的教材①。校本教材类型多样，既包括教师教学使用的教科书、习题集、练习册、教学软件、教学指导书与参考书等，也包括学习使用的音像教材、选修教

---

①孙娇.校本教材应用的策略与困境研究[D].杭州:浙江师范大学,2011:8.

材、补充读物等。校本教材的开发是我国基础教育课程改革的需要，同时也是学校特色构建的需要，更是师生个性化发展的需要。

(一)基础教育课程改革的需要

新世纪，在知识经济、信息化和全球化的影响下，改革基础教育课程，调整人才培养的模式以适应竞争激烈的社会环境成为全球发展的主流。我国基础教育也于2001年开始了新一轮的改革，明确指出"在课程管理方面为保障和促进课程适应不同地区、学校、学生的要求，实行国家、地方和学校三级课程管理"，同时，课程教材作为学校教育的核心环节，是教师开展教学和活动的主要依据，"在教材的开发和管理方面，要逐步地引导学生利用已有的知识和经验探索知识的发生和发展，教师要进行创造性的教学，开发和利用学校内外的各种课程资源，实现教材的高质量和多样化"。

校本教材建设是课程教材改革的关键。在课堂教学中，教师、学生、教材（教学媒体）是其组成的三要素，在传统教学中，教师依据教材而教教材，而新课程改革理念提倡利用校内外的各种课程资源来开发教材，同时要求教师在教学过程中要由"教书匠"向"研究者"转变，不能再"唯教材而教"，而学生学习的过程，也不再是一个被动接受知识的过程，而是一个主动探索和接受知识的过程。校本教材开发和使用的主体是教学一线的教师，通过校本教材的编制，教师能够结合学生的认知特点和学习兴趣，从日常生活和校内外搜集材料编写教材，并进行创造性教学，进而能够实现教材的高质量和多样化，从而促进学生的学习兴趣和创新能力的培养，进而有助于新课程改革目标的实现。

(二)学校特色构建的需要

学校特色建设是一个学校发展的生命线，唯有实现素质教育，办出学校特色，才能够改变我国千篇一律的人才培养模式，进而为青少年的全面发展和个性发展提供更为有利的环境和条件，为满足经济和社会发展的需要提供多层次、多规格、全方位的人力资源基础。同时，由于目前办学体制的多元化，学校办学自主权的扩大，逐渐形成了教育竞争的新格局。各类学校都在力争创新，通过采用现代方式进行有效管理，大胆进行改革，试图形成自己独特的办学特色，扩大学校的影响力，以求能够在激烈的竞争中脱颖而出。因此，学校特色是学校发展的生命线，也是提高人才质量的关键。

而在新课程标准理念下，作为课程体系的组成部分，国家课程具有基础性和统一性，地方课程具有针对性和地方性，而校本课程则具有独特性和差异性[1]。校本课程的实施对于学校实现本校的办学理念，体现本校的办学特色，以及发展学生的

---

①孙娇.校本教材应用的策略与困境研究[D].杭州:浙江师范大学,2011:20.

个性具有深远的意义。因此，在各个学校追求办学特色的大背景下，具有独特性和差异性、且以学校为开发主体的校本教材自然成了学校特色的物质载体，进而引领学校发展，适应学生个性化发展的需求。学校根据特色教育理论，根据校本实际，开发校本教材，体现校本课程特色，并在本校中应用于实践，进而构建学校自己的特色。校本教材开发和编制的主体是学校的一线教师，因此，校本教材最能够直接体现学校教育的思想和观念以及教师的教学特色，这使校本教材从设计与开发开始，就具备了学校办学特色的标签。

（三）师生个性发展的需要

在新课程改革理念下，课堂教学活动已经不是原有的知识由教师到学生的单向传递活动，而是师生互动发展的过程。教师的教学是一个以促进学生的发展为目标，基于对学生的需要和学习兴趣的价值判断，不断调整教学的内容和形式，进而最大程度地促进学生更加有效学习的教学发展过程，并且，在这个过程中教师不断提高自身专业能力。因此，教学已经变成了一个动态的师生共同学习、共同建构知识、共同发展的过程。而校本教材开发则顺应了课堂教学理念的变化，从而能够促进学生的个性发展和教师的专业发展。

首先校本教材的使用有助于促进学生的个性化发展。以往统编教材是针对全国所有的学生，尽管具有整齐划一的特点，但是不同地区的文化差异巨大，学生的生活环境和兴趣爱好也有很大的区别，其对学习内容的要求也不一样，统编教材则无法满足学生的个性化学习需求。而校本教材的出现，则为解决上述问题提供了契机。校本教材作为学校根据自己学校的特色开发的教材，可以在统编教材的基础上对其中的部分内容或环节做出适当的补充，既不影响国家课程的实施，也是对学生渴望了解和学习的内容外延的延伸，进而能够迎合学生的需求，尊重学生的差异性和多样化，培养学生的兴趣和爱好，有利于学生的发展，更好地体现新课改"一切为了学生的发展"的目标，有助于学生的个性得到充分和积极地发展。

同时，校本教材的开发有助于促进教师自身的专业发展。由于国家统编课程教材并不能满足各地区学校的个性化发展，因此，新课程理念倡导教师参与校本课程开发。而随着学校办学自主权的扩大，一线的教师也具有了编写校本教材的机会和权力。一线的教师有着丰富的教学实践经验，其在编写校本教材的过程中，可以基于新课程标准理念，遵循学生的心理特点，本着利于发展学生个性和创造性的原则，尝试利用周围一切的资源来开发校本教材。通过校本教材的开发和使用，教师可以反思自身的教学理念，革新自身的教学方式，充实自身的知识结构，并从学生对于校本教材的反馈来意识到自身的不足并加以改进，进而，既可以有效增加教学责任感，又能够有效地提高教师自我发展的意识，并促进教师自身的专业能力的提升。

二、校本教材的设计原则

校本教材设计的原则是能够激发学生的学习兴趣,满足学生个性发展的需要,因此,校本教材在设计和开发的时候,需要根据学生自身的认识和发展特点,遵循以下的设计原则:

(一)差异性与整体性融合

从设计理念上讲,校本教材应遵循差异性与整体性融合原则。传统的学科教材在设计理念上,讲究学科间的逻辑性和统一性,却割裂了知识,忽略了个性的存在。而校本教材则追求打破学科间界限,强化学生生活实际与知识之间的联系,进而最大程度地还原知识的本来面目。同时,在教学中使用校本教材时,教师应重视实施过程中学生的知识、能力、情感态度和价值观等发生的变化,整体上把握学生的发展状况,并针对不同班级的不同学生,制订个性化强的教学设计,进而最大程度地在促进学生整体发展的同时,兼顾到每个个体的进步,进而提高校本教材的教学效果。

(二)适应性与发展性兼顾

从设计目标上讲,校本教材应遵循适应性与发展性兼顾原则。校本教材首先应秉持适应学生发展的原则,学生的智力与情感的发展是循序渐进的,因此,校本教材在设计时,应兼顾到学生现有的智力水平和知识储备水平,通过整合各种教学资源和采取有针对性的教学方法,来适应学生的发展。同时,在保证适用性原则的时候,校本教材还应关注学生的"最近发展区",既要着眼学生当前的一时兴趣,又要致力于培养学生长期的学习愿望;既要注意符合学生现有的能力水平,又要对其产生一定的挑战性,只有做到适应性与发展性兼顾[①],才能够使学生学得会、愿意学,能够产生学习成就感,进而激发学生兴趣、促进学生个性的发展。这样校本教材的应用才能进入一个良性的循环,才能最大程度地促进学生的发展。

(三)知识性与趣味性并存

从设计形式上讲,校本教材应遵循知识性与趣味性并存原则。教材是教学使用的材料,是知识的物质载体,其主要功能是向学生传递知识,而校本教材除了具有传统教材的功能外,其最大的特点是通过灵活多样的趣味性的知识表现形式来激发学生的学习兴趣。传统理念认为,学生学习知识是被动接受的过程,而新课程理念则强调学习的内发性,即学生能够根据自身的学习兴趣,主动去探索和学习知识,校本教材的出现则满足了学习理念变革的需要。校本教材基于学生的学习需

①蔡伟,高钗.校本教材建设的思考[J].教育研究,2006(2):91.

求，整合时代鲜明特色、能够激起学生学习知识的兴趣，变呆板僵化的知识为灵活多变的知识，从而能够激发学生的学习积极性，引导学生自主学习，帮助学生改进学习方式，提高学习效果，保证教学活动顺利进行，从而发挥校本教材的最大功能。

(四)生活性与教育性统一

从设计内容上讲，校本教材应遵循生活性和教育性统一的原则。真正的教育应该是"活"的教育，即来源于生活而又高于生活。校本教材的生活性原则是指从教材内容的选择上，应选择学生生活环境中的资源，而不仅仅是课本上现成的资料，更应是与其生活密切相关的涉及生存与生活的知识，更多地强调与生活的联系，与社会的关系，强调教学与实践的统一，使学生掌握的知识社会化、生活化。同时，校本教材设计和使用的目的不仅是让学生了解社会，更应当帮助其形成自我的价值判断机制，培养学生理性看待社会、理性应对社会风险的能力，通过过滤社会文化，培养学生抵御不良社会信息的能力，并培养学生预测未来，勾画美好蓝图的思维。因此，秉持生活性与教育性统一的原则，校本教材能够既注重生活实践，又能着眼于学生的未来发展。

三、校本教材的具体操作

校本教材的具体操作包括校本教材的开发、校本教材的实施和校本教材的评价三部分内容。本部分将通过结合上浩小学生命教育的校本教材《生命之花》，来阐述校本教材的具体操作。

(一)校本教材的开发

指导思想：在生命教育理念强调人文性、体验性、对话性的指导下，将国家课程、地方课程与学校生命教育相结合，特编制生命教育的校本教材，用于指导其实施。

开发组织：成立生命教育校本教材开发组，由思想品德、科学、语文等各学科的骨干教师组成。各学科骨干教师充分发挥本学科的优势，通过发挥各学科的生命教育特色，结合学生的真实生活，选取学生感兴趣、易接受的教学资源，进而不断补充和完善校本教材。

开发目的：①引导学生认识和理解生命的价值和意义，热爱生命，形成积极向上的人生态度和健全的人格。②引导学生养成健康的生活方式和良好的心理品质，促进其身心的健康发展。③提高学生的自我保护、自我生存能力，使之能科学、及时、有效地处理实际生活中的某些安全问题，形成适应现代社会生活的态度和技能。④帮助学生建立生命与自我、生命与自然、生命与社会的和谐关系，使之学会关心自我、关心他人、关心自然、关心社会。

教材内容：《生命之花》(内容框架见附件2)分为上、下册，每册以"感悟生命""尊重生命""珍爱生命""绽放生命"为主题分为四个单元，每个单元2~4课。此教材凸显了综合性、贴近生活,教材的呈现重视学生的实践体验,注重发展学生的交流、合作能力,获取信息的能力,书面及口头表达能力,模仿、创造能力,让学生形成正确的价值观、人生观和世界观,锻造坚强的意志品质,培养团结合作和奉献的精神。

附件1

生命教育校本教材《生命之花》内容框架

分项版块 ＼ 内容	上册 (1～3年级)	下册 (4～6年级)
感悟生命	认识动植物生命的美好	了解自己从何而来
	感受人的生命的美好	感受生活的美好
尊重生命	良好的生活习惯教育	心理健康教育
	良好的卫生习惯教育	生理健康教育
		人际交往方面教育
	良好的学习习惯教育	礼仪教育
珍爱生命	交通安全教育	游泳安全
	乘电梯的安全	用电安全
	食品安全	地震与逃生
	巧妙逃离火场	泥石流与逃生
绽放生命	在家里,怎样当小主人	树立远大理想,让生命发光
	在学校,怎样为班级争光	感受祖国腾飞,描绘美好未来
		感恩教育
	在社会,怎样关爱他人	学校生命教育的活动展示

(二)校本教材的实施

成立专门的生命教育课程实施机构,由分管教学的副校长、教导处主任、教育科研室主任、专家视导室专家及资深教师各一名组成的5人小组专门监管生命教育课程及课堂教学改革事务,重点负责策略制定与组织、协调。

建立生命教育校本课程教研组,该教研组由各年级各班班主任组成。在课题组的建议下,学校将生命教育课纳入正常教学计划,由各班班主任利用班队会时间进行教学。在教学时采取全校教师分年级组集体备课,确定教学方法,并定期开展生命教育讲座,定期上研究课,课后集体讨论,总结得失,从而更好地组织校本教材的实施。

附件 2

生命教育校本教材《生命之花》实施框架

版块 \ 分项 \ 内容	上册 （1～3 年级）	下册 （4～6 年级）
感悟生命	认识动植物生命的美好【一年级】	了解自己从何而来【四年级】
	感受人的生命的美好【一年级】	感受生活的美好【四年级】
尊重生命	良好的生活习惯教育【一年级】	心理健康教育【四年级】
	良好的卫生习惯教育【一年级】	生理健康教育【四年级】
		人际交往方面教育【四年级】
	良好的学习习惯教育【二年级】	礼仪教育【五年级】
珍爱生命	交通安全教育【二年级】	游泳安全【五年级】
	乘电梯的安全【二年级】	用电安全【五年级】
	食品安全【二年级】	地震与逃生【五年级】
	巧妙逃离火场【三年级】	泥石流与逃生【六年级】
绽放生命	在家里，怎样当小主人【二年级】	树立远大理想，让生命发光【六年级】
	在学校，怎样为班级争光【三年级】	感受祖国腾飞，描绘美好未来【六年级】
		感恩教育【六年级】
	在社会，怎样关爱他人【三年级】	学校生命教育的活动展示【六年级】

（三）校本教材的评价

校本教材评价包括教材设计评价、教材实施评价和教材使用效果评价。教材设计评价主要包括教材设计目标评价、教材设计内容评价和教材设计形式评价等，教材实施评价主要包括教师实施的课程大纲评价、教学设计评价、教学方法评价等，教材使用效果评价主要包括学生学习教材后的知识掌握评价、学习过程评价和价值观评价。通过对校本教材的系统性评价，来评价校本教材实施的效果，从中发现相关的问题，并为校本教材的改进提出修改意见。

生命教育校本教材《生命之花》评价框架

评价分类	评价内容	评价指标	评价方法
教材设计评价	教材设计目标评价	科学性	观察法 访谈法
		适用性	
		发展性	
	教材设计内容评价	丰富性	
		教育性	
		生活性	
	教材设计形式评价	知识性	
		趣味性	
教材实施评价	课程大纲评价	科学性	观察法 访谈法
	教学设计评价	可行性	
	教学方法评价	灵活性	
教材使用效果评价	知识掌握评价	知识量	观察法 问卷法 访谈法
	学习过程评价	满意度	
	价值观评价	生命观	

第十章　展望

　　人是在自然生命基础上的超生命存在,是在本能基础上创造的自为的生命[①]。生命是人的一切活动的基础,更是学生学习活动的根本,是教育安身立命的依据。因此,如何通过生命教育的实施,培养学生重视生命、尊重生命、发展生命进而完善生命的意识和能力,成为当前学校教育亟待解决的问题。本书从探究生命教育的理论内涵出发,基于生命教育的哲学、心理学和教育学基础,从课程开发、实施策略、制度规范、措施保障等角度探讨了生命教育在中小学的实施路径。

一、创新生命教育实施载体,开发"国家、地方、校本"三级课程

　　课程是生命教育实施的重要载体。本研究在充分改造和利用已有课程体系基础上,尝试构建了校本的生命教育课程。首先,通过将生命教育理念融入国家课程的目标、内容和实践,实现国家课程的生命化实施,同时,通过对地方课程,如《法律教育读本》《安全教育读本》等进行生命化教育改造,从而在其实施过程中体现生命特色。更为重要的是针对学校自身的教育实际和文化特色,系统性地开发了《生命之花》《火花》等校本课程,并纳入了正常的教育计划,并以"消防活动""主题班会""四大文化节"等实践活动辅助课程的实施。

二、构建生命教育实施策略,形成"体验、对话、人文"三种课堂

　　课堂是生命教育实施的主阵地,本研究通过将生命教育理念融入课堂教学,构建关怀师生生命历程、创生师生关系以及促进师生生命成长,焕发生命活力的生命教育课堂,并通过"学科教学与课外活动"的教学策略具体实施。具体形式分为体验式、对话式、人文式三种,体验式生命教育课堂通过关注学生在教学中的生命体验促使其理性与感性的和谐发展,对话式生命教育课堂提倡师在生间的心灵与心灵的交往互动来共享人生经验和价值,人文式生命教育课堂尝试建立民主、和谐、平等的师生关系来培养学生尊重、宽容的人际交往观。

---

①冯建军.生命化教育[M].北京:教育科学出版社,2010:4.

三、完善生命教育实施规范，革新办学理念和制度规范

生命教育实施规范有助于提升学校的教育品质，并形成学校新核心价值。通过革新办学理念，提倡"上浩生命教育，奠基幸福人生"，形成"为幸福奠定基础，为人生积蓄力量"的校训，"携手同行，幸福成长"的校风，"开启智慧，润泽生命"的教风，"珍爱生命，快乐学习"的学风，从而形成生命教学的核心价值。而教学管理、学生管理、校本教研制度的建立，则为实现生命教育核心价值奠定了制度基础。

四、健全生命教育实施保障，注重环境改进和教研推进

生命教育实施保障有助于保证其顺利的执行。在校园环境改进方面，生命物质设施和生命物质文化起着构建校园生命文化氛围，沟通心灵的渠道，并为师生员工提供良好的生命保障设施和丰富校园生命的生活作用，在实施层面，可从生命安全设施配置和生命安全制度的构建、生命文化设施配置及生命文化氛围的构建两方面来入手；在校本教研推进方面，从教师个人的实践反思、教师集体的同伴互助以及专业研究人员的专业引领三个方面进行，从而有助于促进生命教育教师专业成长，提高生命教育教学质量。

该研究基于上浩小学实施生命教育的现状调查，通过理论分析和创新实践，提炼了生命教育的办学理念和制度规范，创新了生命教育的三级课程的实施载体，构建了生命教育的三种课堂的实施策略，并从环境改进和教研推进方面健全了生命教育的实施保障。而后续研究工作还需从以下几个方面入手：

1.从研究视角上，以上研究是基于教育目标与现实需求，从上位的角度来进行生命教育的理论分析，并提出相应的实施措施，但是却忽略了生命教育的主体——学生，因此，接下来的研究应从分析学生自身出发，基于学生的认知特点和心理需求，提炼生命教育的实施内容，构建个性化的实施策略。

2.从研究内容上，以上研究从生命教育实施的必要性、内容、方法、保障措施等角度进行了详细的探究，但是生命教育本身是一个综合性的领域，涉及教育学、心理学等多学科领域，因此，如何系统构建生命教育的内容分类、评价指标体系等成为当前生命教育亟待解决的问题。

3.从研究方法上，以上研究多是采用理论分析与具体实践两个角度来进行的质性方法，但是生命教育的实施与评价也需要量化分析的支撑，因此，如何从实证的角度，针对生命教育的具体实施内容和策略，来进行质性和量化的分析，进而能够全面、客观地进行评价，从而能够更好地促进生命教育的实施，成为当前亟待解决的问题。

生命是富有整全美追求的，而教育在本质上是生命的，因此，生命教育的目标

则在于改善人的生活、充实人的生命。生命教育对于指导师生去追求美好人生、实现美好人生、创造美好人生具有非常重要的作用,同时,这也是生命教育的责任和义务,是生命教育的最终追求①,因此,如何构建系统的生命教育认识观、全面的生命教育内容体系和科学的生命教育实施体系,亦是我们在今后相当长的时间内仍要面对和必须认真研讨的重要课题。

---

①刘济良.生命教育论[M]北京:中国社会科学出版社,2004;286.

参考文献

专著类：

1.马克思恩格斯选集：第 3 卷[M].北京：人民出版社,1972.

2.重庆市中小学公共安全与生命教育[M]编写组.重庆市中小学公共安全与生命教育.西南师范大学出版社,2010.

3.埃金,等.课堂教学策略[M].王维诚,等,译.北京：教育科学出版社,1990.

4.毕义星.中小学生命教育论[M].天津：天津教育出版社,2006.

5.蔡红生.中美大学校园文化比较研究[M].北京：中国社会科学出版社,2010.

6.车文博.人本主义心理学[M].杭州：浙江教育出版社,2003.

7.单中惠.西方教育思想史[M].太原：山西人民出版社,1996.

8.邓和平.教育社会学研究[M].武汉：湖北人民出版社,2006.

9.段德智.死亡哲学[M].武汉：湖北人民出版社,1996.

10.冯建军,等.生命化教育[M].北京：教育科学出版社,2007.

11.冯建军.生命与教育[M].北京：教育科学出版社,2004.

12.冯沛祖.人类怎样拯救自己[M].广州：花城出版社,1997.

13.高清海.人就是"人"[M].沈阳：辽宁人民出版社,2001.

14.高清海,等.人的"类生命"与"类哲学"[M].长春：吉林人民出版社,1998.

15.葛力.现代西方哲学词典[M].北京：求实出版社,1990.

16.韩延明.大学理念论纲[M].北京：人民教育出版社,2003.

17.扈中平.现代教育理论[M].北京：高等教育出版社,2000.

18.金生鈜.理解与教育——走向哲学解释学的教育哲学导论[M].北京：教育科学出版社,1997.

19.金生鈜.理解与教育[M].北京：教育科学出版社,1997.

20.靳玉乐.潜在课程论[M].南昌：江西教育出版社,1996.

21.景小霞,张立.追寻绿色教育生态梦想[M].北京：教育科学出版社,2010.

22.李常明,曹雷.综合实践活动[M].重庆：重庆出版社,2012.

23.李家成.关怀生命：当代中国学校教育价值取向探讨[M].北京：教育科学出

版社,2008.

24.联合国教科文组织国际 21 世纪教育委员会.教育——财富蕴藏其中[M].北京:教育科学出版社,1999.

25.联合国教科文组织国际教育发展委员会.学习生存[M].北京:教育科学出版社,1999.

26.刘德华.让教育焕发出生命的价值[M].桂林:广西师范大学出版社,2003.

27.刘放桐,等.新编现代西方哲学[M].北京:人民出版社,2004.

28.刘济良.生命教育论[M].北京:中国社会科学出版社,2004.

29.鲁宏飞,等.学校文化建设与管理研究[M].上海:华东师范大学出版社,2007.

30.鲁洁.教育社会学[M].北京:人民教育出版社,2001.

31.潘元.多学科观点的高等教育研究[M].上海:上海教育出版社,2001.

32.钱朴.教育社会学的理论与实践[M].南宁:广西教育出版社,2001.

33.邵瑞珍.教育心理学[M].上海:上海教育出版社,1997.

34.施良方.课程理论——课程的基础、原理和问题[M].北京:教育科学出版社,2011.

35.孙鹤娟.学校文化管理[M].北京:教育科学出版社,2004.

36.孙孔懿.学校特色论[M].北京:人民教育出版社,2007.

37.孙立春.中小学校本教学研究[M].泰安:泰山出版社,2003.

38.檀传宝.德育美学观[M].太原:山西教育出版社,2003.

39.王北生,等.生命的畅想[M].北京:中国社会科学出版社,2004.

40.王晓虹.生命教育论纲[M].北京:知识产权出版社,2009.

41.韦志成.语文教学情境论[M].南宁:广西教育出版社,1996.

42.萧宗六.学校管理学[M].北京:人民教育出版社,1988.

43.肖川.教育的理想与信念[M].长沙:岳麓书社,2002.

44.熊川武.学校管理心理学[M].上海:华东师范大学出版社,1994.

45.徐瑞,刘慧珍.教育社会学[M].北京:北京师范大学出版社,2010.

46.杨昌勇.教育社会学[M].广州:广东人民出版社,2005.

47.叶澜.教师角色与教师发展新探[M].北京:教育科学出版社,2000.

48.叶澜.教育理论与学校实践[M].北京:高等教育出版社,2000.

49.张曙光.生存哲学[M].昆明:云南人民出版社,2001.

50.张文质,等.生命化教育的责任和梦想[M].上海:华东师范大学出版社,2006.

51.赵汀阳.论可能生活[M].北京:中国人民大学出版社,2004.

52.赵中建.学校文化[M].上海:华东师范大学出版社,2005.

53.钟启泉,等.解读中国教育[M].北京:教育科学出版社,1996.

54.重庆市南岸区教育委员会"少儿自护手册"编写组.少儿自护手册[M].重庆:重庆出版社,2008.

55.朱小蔓.基础教育阶段现代学校制度的理论与实验研究[M].北京:教育科学出版社,2008.

56.邹进.现代德国文化教育学[M].太原:山西教育出版社,1992.

57.[巴]保罗·弗莱雷.被压迫者教育学[M].顾建新,等,译.上海:华东师范大学出版社,2001.

58.[德]M.兰德曼.哲学人类学[M].阎嘉,译.贵阳:贵州人民出版社,1988.

59.[德]费迪南·费尔曼.生命哲学[M].李健鸣,译.北京:华夏出版社,2000.

60.[德]鲁道夫·奥伊肯.生活的意义与价值[M].万以,译.上海:上海译文出版社,1997.

61.[德]雅斯贝尔斯.什么是教育[M].邹进,译.上海:生活·读书·新知三联书店,1991.

62.[美]F·泰勒.科学管理原理[M].韩放,译.北京:团结出版社,1999.

63.[美]埃尔德.大萧条的孩子们[M].田禾、马春华,译.南京:译林出版社,2002.

64.[美]艾温·辛格.我们的迷惘[M].李健鸣,译.桂林:广西师范大学出版社,2001.

65.[美]杜威.杜威教育论著选[M].赵祥麟、王承绪,译.上海:华东师范大学出版社,1981.

66.[美]多尔.后现代课程观[M].王红宇,译.北京:教育科学出版社,2000.

67.[美]内尔·诺丁斯.幸福与教育[M].龙宝新,译.北京:教育科学出版社,2009.

68.[苏]M·N·康达柯夫.学校管理学基础[M].李玉兰,张永泰,译.北京:教育科学出版社,1982.

69.[印]克里希那穆提.教育就是解放心灵[M].张春城,唐超权,译.北京:九州出版社,2010.

70. Tyler, R. W.. Basic principles of curriculum and instruction, Chicago: University of Chicago, 1949:105－106.

学位论文类：

1. 陈霞. 生命教育论[D]. 上海：上海师范大学，2009.

2. 程红艳. 生命与教育——呼唤教育的生命意识[D]. 武汉：华中师范大学，2001.

3. 李家成. 关怀生命——当代中国学校教育价值的新取向[D]. 上海：华东师范大学，2001.

4. 任丽华. 校本教研的理论与实践[D]. 济南：山东师范大学，2006.

5. 孙娇. 校本教材应用的策略与困境研究[D]. 杭州：浙江师范大学，2011.

6. 王丽雪. 学校实施文化管理策略的研究[D]. 长春：东北师范大学，2009.

7. 王一木. 儒家生命哲学与生命教育研究[D]. 南昌：南昌大学，2006.

8. 杨淘. 校本教研—教师专业化的必由之路[D]. 武汉：华中师范大学，2006.

9. 张美云. 生命教育的理论与实践研究[D]. 上海：华东师范大学，2006.

10. 张娜. 生命教育理论研究[D]. 长春：东北师范大学，2004.

期刊杂志类：

1. 蔡伟，高钗. 校本教材建设的思考[J]. 教育研究. 2006(2).

2. 蔡伟. 激励、竞争、开发[J]. 中国教育学刊. 1999(6).

3. 陈太胜. 巴赫金对话理论的人文精神[J]. 学术交流. 2000(1).

4. 冯建军. 论教育学的生命立场[J]. 教育研究. 2006(3).

5. 冯建军. 生命教育：引导学生走好人生之路[J]. 思想理论教育. 2003(6).

6. 冯建军. 生命教育论纲[J]. 湖南师范大学教育科学学报. 2004(5).

7. 高清海. "人"的双重生命观：种生命与类生命[J]. 江海学刊. 2001(1).

8. 何华武. 坚持以人为本，强化规范管理[J]. 当代教育科学. 2003(24).

9. 李润洲，张良才. 论"教师即研究者"[J]. 教育研究. 2004(12).

10. 厉以贤. 终身教育、终身学习是社会进步和教育发展的共同要求[J]. 教育研究. 1999(9).

11. 刘宝存. 校本管理研究比较[J]. 教育研究. 2001(12).

12. 刘次林. 教师的幸福[J]. 教育研究. 2000(5).

13. 刘飞. 办学理念：对学校三个追问的回答[J]. 中国教育学刊. 2010(2).

14. 刘兼. 国家课程标准的框架和特点[J]. 人民教育. 2001(11).

15.刘剑玲,文雪.教学不仅仅是告诉[J].教育导刊(上半月).2005(1).

16.刘琦艳.生命哲学对基础教育的几点启迪[J].当代教育论坛.2008(2).

17.刘思允,张世爱.敬畏生命、关注人生、融入生活——生命哲学视野中的生命教育探析[J].当代教育科学.2007(16).

18.刘铁芳.生命情感与教育关怀[J].高等师范教育研究.2000(6).

19.刘晓东.论教育与天性.南京师范大学学报[J].2003(4).

20.柳夕浪.新课程实施背景下教学制度的反思与重建[J].当代教育论坛.2002(5).

21.马翠微.中小学特色学校概念探析[J].教育科学研究.2005(11).

22.仇惠龙,赵建平.构建中小学教师培训模式的探索[J].教育理论与实践.2006(1).

23.苏鸿.新课程背景下学校教研制度的重建[J].教育与管理.2004(4).

24.孙孔懿.论学校特色的内涵及本源[J].教育导刊.1997(Z1).

25.檀传宝.论教师的幸福[J].教育科学.2002(2).

26.唐淑云,吴永胜.罗杰斯人本主义心理学述介[J].哲学动态.2000(9).

27.王鉴.课堂重构:从"知识课堂"到"生命课堂"[J].教育理论与实践.2003.23(1).

28.吴刚平.校本教学研究的意义和理念[J].人民教育.2003(5).

29.吴康宁.欧美大教育社会学三大流派[J].教育研究.1986(9).

30.武浩蔚.学校特色发展的感性认识和理性思考[J].教育科学研究.2011(3).

31.肖甦.苏霍姆林斯基的教师理念及其启示[J].教育研究.2004(8).

32.徐春林,黄艳红.生命哲学与生命教育[J].思想理论教育.2007(10).

33.叶华松.生命哲学视野下的大学生生命教育研究[J].中国高教研究.2011(5).

34.叶澜.让课堂焕发生命的活力[J].教育研究.1997(9).

35.曾宁波.新课程改革背景下学校教研制度的探讨[J].课程·教材·教法.2003(6).

36.曾晓东.对中小学教师绩效评价过程的梳理[J].教师教育研究.2004(1).

37.张学广.坚持制度创新,加强教师队伍建设[J].辽宁教育研究.2003(3).

38.张增田,靳玉乐.论新课程背景下的对话教学.西南师范大学学报[J].2004(5).

39.赵昌木.教师成长:实践知识和智慧的形成及发展[J].教育研究.2004(5).

40.郑金洲.办学特色之文化阐释[J].中国教育学刊.1995(5).

41.钟启泉.社会建构主义:在对话与合作中学习[J].上海教育.2001(2).

42.周志毅.课程变革:从知识形态走向生命形态[J].全球教育展望.2002(3).

43.朱华贤.比守时更重要的……[J].教育时报.2003.3.18(4).

其他：

1.《基础教育课程改革纲要(试行)》,2001.6.

2.重庆市南岸区上浩小学课题组:重庆市教育科学"十一五"规划 2008 年度课题《上浩小学生命教育的实践研究》研究报告。

3.张光义、张航.学校核心竞争力之核心——文化力,中国教育先锋网.http://www.top100zx.cn/Detail Article.aspx? id=542.2005,08.